EL SENDERO ZODIACAL DEL LOCO

MAURICIO PUERTA

EDITOR GENERAL: Camilo Duarte
Distribuidor Internacional:
DACH Enterprises Corp.
605 Ponce de Leon Blvd.
Coral Gables Fl 33134, USA
dach@udsa.com
Distribuidor Colombia
PAVAL DISTRIBUCIONES SAS.
NIT. 900.498.605-8
dispaval@gmail.com
Carrera 3 No. 21-46 Of.902-B
Tel. (1) 2410681 Bogotá
Cel. 3208506406

Copyright © 2010 DACH Enterprises Corp.
All rights reserved.
ISBN: 147507753X
ISBN-13: 978-1475077537

A MI ABUELA

INDICE

	Introducción	3
1	La Primera Puerta	8
2	La Segunda Puerta	26
3	La Tercera Puerta	43
4	La Cuarta Puerta	62
5	La Quinta Puerta	82
6	La Sexta Puerta	100
7	La Séptima Puerta	118
8	La Octava Puerta	132
9	La Novena Puerta	157
10	La Décima Puerta	184
11	La Undécima Puerta	225
12	La Ultima Puerta	259

AGRADECIMIENTOS

Agradezco a quienes me permitieron compartir su vida en este sendero, pues con ello me inspiraron para escribir este libro.

El Autor

EL SENDERO ZODIACAL DEL LOCO

La primera carta del Tarot lleva el nombre de El LOCO y representa, precisamente, a alguien que por su estado de "locura" tiene permiso de la vida para hacer "lo que a bien se le venga en gana" o lo que su locura le indique que debe ser y hacer por el camino de la existencia. Pero, seguramente, al Loco le importa un soberano comino su manera de ser, lo que va a hacer o el camino que va a seguir. ¿Acaso va por alguno? ¿Quizá para el Demente hay sendero? ¿No será él su propio camino y mucho más real que el nuestro, porque en el suyo no hay contradicciones? Cuando el Loco pelea consigo mismo o con sus monstruos imaginarios, ni siquiera sabe que lo son; es decir, que son imaginarios ni que son monstruos. Como cualquier borracho, el Perturbado actúa bajo los efectos de su locura.

El Desequilibrado puede comportarse y vestirse como a bien quiera o no quiera; puede decir o no decir lo que se le ocurra; puede bailar en un velorio o gritar en una iglesia. Para eso está... ido de remate y los demás lo saben. Sencillamente es un lunático y punto. Es más, el Loco no sabe que para los demás él es un loco. Y por no saber dicho saber, es que le permiten actuar como actúan los chiflados, pues él ni siquiera es consciente de su locura. Tal vez los demás sean los locos o quién sabe si lo sean, porque el Trastornado jamás juzga a los demás, puesto que de pronto, los demás no existen o tan solo son objetos o accidentes del paisaje que recorre. Es más, ni siquiera admite a la gente como son o como no son, porque nada tiene que admitir o negar con respecto a ellos, a nadie ni a nada.

Pero, en su eterno trance, en su permanente estado de demencia, el Loco puede ser feliz. Y puede vivir una felicidad que ninguno de nosotros conoce porque no la busca, él simplemente ES su feliz desvarío. Puede ser hijo de alguien importante o de un cualquiera, porque para él no hay padres ni hijos. ¿Para el Loco qué significará el sexo? ¿Acaso él se identificará con alguna clase de actitud sexual? ¿Cómo hará el Chiflado para satisfacer la llamarada sexual? Es más ¿sentirá alguna necesidad de satisfacción o reproducción natural? ¿Sabrá qué es reproducirse? Y, de saberlo, ¿para qué va a querer que alguien herede su condición? El Loco es un virus andante del que nadie quiere contaminarse.

El Lunático ha nacido dos veces: nació de quien lo parió en su materia, pero también nació el día en que se enloqueció. Y son dos nacimientos distintos, pues seguramente en el primero lloró y en el segundo gritó henchido de éxtasis consigo mismo. Y desde aquel día vaga por el mundo entero, por su propio mundo entero, solito para él y los personajes que crea y que están acordes consigo mismo en su éxtasis de pasión. ¿A quienes verá? ¿Con quienes se encontrará? ¿A qué seres inimaginables les dará vida siendo él su creador? ¿Qué misterioso impulso lo lleva a seguir su marcha por el mundo sólo conocido por él aun cuando no lo conozca? Porque vemos al Loco, pero no lo que él ve. Y lo vemos con lástima o con horror, con las mismas que él no siente por nosotros.

Y ¿a qué se deberá su locura? ¿Será por una embriaguez de sí mismo? ¿Será una maldición que carga de sus ancestros? ¿Será que alguien lo enloqueció? ¿Lo habrá enloquecido el amor o alguna pasión insatisfecha que jamás debió pretender alimentar y eso lo trastornó? ¿Alguien le habrá dado alguna pócima para que perdiera la razón? ¿Será que su ebriedad de conocimiento lo llevó a chiflarse al no saber qué hacer con tanto conocimiento almacenado en su interior? ¿Acaso él mismo quiso ser Loco para poder ser... Loco? Sea lo que fuera, sólo hay una cosa segura: qué él es el dueño de su locura. ¿O su locura es dueña de él?

¿Será posible que el Loco recupere algún día el juicio? No creo, porque para el Loco recuperar la cordura sería estar loco; pero no como el Loco que él no sabe que es, sino como los locos que somos los demás. Y, de ser así ¿para qué le serviría recobrar la razón? ¿Para volver al mundo del automatismo diario de los seres comunes y corrientes que creen ser dueños de dicha cordura y razón? ¿Qué puede hablar y cómo estar de acuerdo con los cuerdos, así como lo está cada vez que en su demencia está acorde consigo mismo en sus monólogos de Loco delirante?

Creo que al Loco, aun cuando no se canse en su deambular, en algún momento su cuerpo le pide que lo deje descansar; y, entonces, se ha de reclinar por ahí, en su cama de Rey que es la banca de cualquier parque, hasta cuando algo en sí mismo le diga que debe continuar. Y el Desequilibrado, mientras duerme ¿qué soñará? Acaso, cuando lo hace, ¿sabrá que es un sueño o que es tan sólo la continuidad de la locura en la cual él no sabe que está? O ¿soñará que está cuerdo y al despertar pensará que tuvo un sueño en el cual estaba loco, como los que él ve? Imagino que el Loco también recarga su energía en las noches de Luna, para ser el lunático que sólo ella reconoce como su eterno amante que, noche tras noche, la mira perplejo como si fuera él mismo.

Y ¿de quién se acordará o qué recuerdos en su mente tendrá? Es más ¿los tendrá? El Loco ¿qué querrá? Estoy seguro que sólo de aquello que tenga necesidad; y eso, sólo él lo sabrá. No como nosotros, la masa de cuerdos de la orilla de acá, que queremos más de lo que no necesitamos, sin saber que por eso actuamos como locos sin ocuparnos tan sólo de la necesidad.

¿Será que el Chiflado conoce su tiempo? ¿Sabrá lo que es tener alguna edad? ¿Cómo hará para sentirse joven o viejo? Su cuerpo puede cargar años encima, pero su actitud puede ser juvenil y montaraz; como el niño que no depende de las formas ni de la materia que ve, sino que su curiosidad lo lleva a ser el eterno niño que hay en todos nosotros. Tan sólo que, como él no lo sabe, por eso no pierde la inocencia natal. Se liberó del mundo de la lógica ajena y entró a vivir su lógica personal; que sin importar si es o no la lógica de verdad, es su raciocinio singular. No tiene pasado ni futuro; él tan sólo es el presente que vive y, ni siquiera sabe que vive dicho presente, porque en su mundo no existe el tiempo, ni se siente dueño de algo. Y si va a defender cualquier cosa, es su propia locura que no necesita defensa. Tal vez, y debido a su arcaico instinto de conservación, defienda la vida para poder seguir siendo... el loco que es.

Y el Loco... ¿a quién envidiará? Creo que a nadie, porque en él no hay dualidad. Y ¿en quién creerá? ¿Acaso tendrá Dios? Tampoco creo, porque entonces se sentiría pecador y podría juzgar a otros como pecadores perdidos; pero, como él no tiene programación, eso lo hace ser un ente irracional para quienes tienen su vida programada por Dios y el horario de la rutina diaria. No he conocido el primer loco que pregunte qué hora es o en qué dirección va; no lo he conocido sencillamente porque no tiene afán ni está perdido, como nosotros los pecadores. El Trastornado sencillamente es y está lo que tiene que ser y en donde le corresponde estar. Jamás se va a preguntar lo contrario ni existe la posibilidad de dudar, porque para él la duda es algo imposible de comprender. Está en armonía consigo mismo, como ninguno de nosotros lo está. Y, de ser así, es uno con su espíritu, como lo quisiéramos ser nosotros también.

Pero ¿en donde vive el Loco? Ahí en donde lo encontremos; tal vez en la banca de un parque en donde durmió anoche al borde de cualquier sendero, con algún perro pulguiento como testigo. Y ahí está con su eterno aspecto de recién levantado, desgreñado y sucio en su elegancia; con los zapatos rotos y una carcajada que nos lanza desde el fondo de sus ojos idos, que quién sabe qué de nosotros estarán mirando. Sí, al Loco le ha correspondido vivir con los mortales, sin saber siquiera que lo son; porque para él su locura es inmortal. Y si para él no existe el tiempo, tampoco tiene fin su estado actual ni pretende que lo tenga en algún momento de la eternidad. ¿Por qué? Porque al loco no le interesa salir de su estado actual. Es más, para él no existe algo que pueda llamar "mi estado actual". Y no existe, porque no está parado en alguna orilla desde la cual se pueda juzgar, como lo hacemos nosotros con él, parados aquí en el costado de la razón y la sanidad, viendo al pobre Loco en su constante deambular. Para el Lunático no hay espejos en los cuales pueda mirarse, porque cualquier reflejo suyo es él mismo, sin dualidad.

EL SENDERO ZODIACAL DEL LOCO

Y el Loco ¿será peligroso cual demonio poseído por la oscuridad o un ser tranquilo metido en su soledad viéndonos desde allá? ¿Quién estará más loco: el borracho preso de su embriaguez, el asesino cautivo de sus celos o el Loco que ni siquiera sabe de su irracionalidad? Todos, incluyendo al Loco, podemos ser destructivos con los demás y consigo mismos en un momento determinado; y al siguiente estallamos en júbilo de carcajadas al vernos invadidos por una energía imposible de clasificar.

Sin embargo, hay algo seguro: que el Chiflado, al igual que nosotros, ha contestado a un llamado... del más allá. La pregunta es: ¿Quién llama y qué dicen desde allá? Y ese allá ¿en dónde está? ¿Adentro, afuera o... más allá? El problema no radica ahí, sino en que todos hemos respondido a ese llamado y por eso estamos, como el Loco, caminando sin rumbo... hacia allá.

LA PRIMERA PUERTA

El Loco salía desde la profundidad del abismo sin fondo de un salado Océano sin nombre, muy cerca del amanecer. ¿Y por qué no? Un Loco puede salir de donde quiera, cuando lo desea y como a bien se le venga en gana. Es más, salía cubierto con un vestido de algas del mismo Océano, y con una caracola espiralada en su cabeza enmarañada llena de estrellitas de mar, como nunca se había visto jamás. Y llevaba otro gran caracol en la mano como si fuera su trompeta de avatar, cual símbolo de una manifestación celeste y de la palabra de vida. Porque como en cualquier sueño, uno puede ser lo que sea y vestirse como quiera, porque tampoco lo desea; es así y nada más. Sus pies descalzos dejaban tras de sí las únicas huellas que se veían por la playa; pisadas de las cuales, por cierto, él tampoco era consciente porque, además, las olas las borraban al lamer la playa.

Y el Demente caminó por el arenal iluminado por la Luna Llena, mientras deslizaba los dedos por entre su cabellera peinándosela en su mejor estilo. Entonces se dirigió hacia el Este, hasta cuando se detuvo en frente de una enorme puerta. Para un Loco puede haberlas donde él las ponga en su imaginación. Pero ésta no era un puerta cualquiera: tenía un marco de fuego color rojo vivo por la cual deseaba pasar; pero, a pesar de ser Loco, éste no era bobo. Sabía que el fuego quemaba. Y, entonces, como un demente puede dialogar con quien quiera, se paró frente a ella y le dijo: puerta, hagamos un trato: si me dejas pasar sin quemarme te prometo que no te voy a apagar.

Tal vez la puerta de fuego, comprendiendo que al Perturbado tan sólo le bastaría con echar unas cuantas manotadas de arena encima de ella para apagarla por siempre, entonces, bajó la intensidad de sus llamas para que pudiera atravesar por ella. Y así fue. La cruzó con aire de guerrero triunfador, pues para él las llamas siempre habían sido símbolo de amor espiritual, iluminación, purificación y trascendencia.

A media que el Loco entraba en el paisaje nocturno ya casi amaneciendo, el lugar se fue llenando de cactus y zarzas. Y viendo que las espinas lo herían, levantando un palo a manera de lanza que encontró por ahí tirado en la arena les dijo: ¡Apártense de mi camino!

- ¿Cuál camino?, preguntaron las zarzas. Si aquí no hay sendero alguno. Ah sí, claro, los locos también pueden hablar con las zarzas y éste no era el primero en hacerlo. Un tal Moisés se la había adelantado. De todos modos... ¡estamos a sus órdenes! Pero si va a seguir caminando por entre nosotras, recuerde que cada quien debe cuidarse de sí mismo. Si se chuza la culpa no es nuestra.

- ¡Hagan como yo digo! Porque esta lanza en mi mano es atributo del guerrero que soy; símbolo de combate y de poder; de propiedad privada derivada del botín que busco y no del trabajo que hago. Yo soy el eje y la fertilidad del mundo; soy el poder del rayo solar; soy la sexualidad, la pasión y la virtud. Y cuídense de mí porque también soy lo inconsciente primitivo.

- ¡Soy esto, Soy aquello! ¡Se hace como yo digo o no se hace! Yo Quiero. Yo Soy. Yo, yo, yo. Repusieron las zarzas en coro y en tono burlón, preguntándole que al fin y al cabo quién era él.

Ante su insolencia, el Loco también las amenazó con prenderles fuego trayendo una antorcha encendida desde la puerta.

- ¡Lo haremos, lo haremos! Gritaron las tunas al verlo retroceder. Pero recuerda que las leyes fueron hechas para ser infringidas.

Entonces las zarzas se abrieron agachando sus ramas, para que el Loco cruzara mientras les decía: voy por delante, porque quiero llegar a ser lo que soy.

- ¿Para eso fue todo? Preguntaron las malezas, mientras él, ignorándolas, seguía abriéndose camino por entre todas ellas.

Cuando ya iba bien adentro aún se burlaban de él gritándole: Yo dinamizo, yo ejecuto, yo forjo, yo el primero. !Yo el Locooooo!

Como las zarzas estaban siendo para el Demente una especie de censura, de complicación interior, de lo inconsciente, del olvido, del rechazo y de la represión, sabía que tenía que abrir y precisar el camino y los procesos de su vida buscando los nuevos senderos por en medio de ellas. Ante las espinosas matas, él había actuado bajo impulsos que no consideraban los deseos, opiniones, ningún protocolo o el tiempo de los demás. Había procedido como un individuo independiente y sin preocuparse, mientras consideraba que dicha actuación era una adecuada expresión de sí mismo. Y el Loco siempre había actuado según sus deseos e impulsos espontáneos.

Al ir caminando, le pareció normal que debía obligar al alma a penetrar en la tierra ardiente por donde iba, para someterla a un proceso purificador. ¿Purificador de qué? ¿De su locura? ¿Pero cómo, si él no sabía que estaba loco? Es más, el hecho de que las zarzas le hubieran obedecido, le hacía afirmar mucho más la energía del ego ¿Éste se lo iría a devorar? El había formado su carácter, pero tal vez ahora debía aprender a dominarlo y lograr el control de sí mismo, probándose a través del poder que necesitaba para adquirir una personalidad; una personalidad tal, que le dejara manifestar en el mundo su esencia de Loco.

Pero habría que comprenderlo en su chifladura si le daba por buscar la fama y el reconocimiento, subrayando la importancia del yo y de su expresión individual. Al fin y al cabo estaba Ido y podría creerse Napoleón o Jesucristo, para hacerles compañía...

EL SENDERO ZODIACAL DEL LOCO

Sabía que ambos habían tenido conciencia de su propio punto de vista, una gran seguridad en sí mismos y una mayor mesura en su genuina búsqueda de la seguridad personal.

- ¡Sí!, exclamó de repente. Voy a conocer totalmente y a enfrentar todas las experiencias. Voy a arremeter desplegando todas mis fuerzas de choque. He de buscar algo que fertilizar y pueda manifestar mi fuerza en un nivel concreto.

Y con esa firme idea siguió caminando por entre los matorrales hasta cuando se detuvo frente a una enorme roca a la cual trepó para divisar el paisaje. Fue allí cuando, cayendo en la cuenta de su enorme soledad, imaginó verse rodeado de una gran cantidad de gente que lo vitoreaba. Y el Loco se inclinó ante su imaginaria multitud de seguidores, pensando que ahora debía animar a los demás a ser independientes y a que lo siguieran. Pero había un problema: que como siempre había estado sólo, ahora le correspondía aprender a adaptarse a los demás y a escucharlos antes de emitir un juicio. Así como él se había convertido en la fuerza creativa predominante en su propia vida, ahora lo podría ser de estos seres que se imaginaba como rebeldes con causa.

Ahora él iba a dominar a las multitudes, desarrollando una capacidad para hacerse valer en el mundo exterior que lo rodeaba. Ahora no sólo era un loco, sino un loco líder entre quienes lo aclamaban. Pero, ejercer el liderazgo por medio de la acción, la energía física y la lucha, era algo que él no sabía cómo hacer, pero lo iba a aprender muy pronto. Dirigir y guiar en forma correcta los asuntos planetarios y el rebaño, cual el Loco Maestro lo había hecho, era una verdadera... locura. ¿Cómo iba a distribuir su poder a otras personas? ¿Cómo iba a contaminarlos con su virus de locura tal cual lo habían hecho un tal Loco Hitler o Loco Gandhi?

- Pues bien -se dijo- como ellos dos voy a hacer lo que quiera sin que los demás me planteen exigencias.

Voy a hacerme valer, e imponer poderosamente mi acción y mi ley al antagonista. Voy a luchar por cualquier causa, y a poner a prueba mi voluntad y mi valor ante el mundo.

El Loco estaba dispuesto a poner su acción y naturaleza combativa al servicio de una causa sin intereses egoístas, que fuera más allá del deseo de recibir sólo para sí mismo y ponerse, así, al servicio de la luz. Al menos de la luz que él veía en su interior. Algo en sí mismo le decía que debía aportar innovadoramente su talento a causas humanitarias y arrastrar o encaminar a los demás concentrando la atención ajena, así como lo estaba logrando ante su imaginario ejército de seguidores. Le llamaba mucho la atención comenzar a ser el paladín de las causas perdidas y de los oprimidos; se veía siendo portador de entusiasmo, fe y voluntad para despertarla en los demás, sirviendo de inspiración a todos. Al fin y al cabo, si muchos otros locos lo habían logrado, ¿Por qué no él?

Como estaba decidido a utilizar su combatividad para una buena causa, debía aprender a valorar la autoestima, la identidad y la independencia de las personas que estaban debajo de él, ahí al lado de la roca. Y, entonces, poniendo su mano derecha entre la ropa mugrienta que llevaba puesta, y acomodándose la caracola que traía cual casco, exclamó:

- Voy a buscar lo que puede ser utilizado para la expresión divina; voy a confiar ciegamente en mi inspiración interior; voy a desplegar mi talento para ir a la médula de cualquier asunto. En fin, voy a ser reconocido y siempre un pionero de nuevos horizontes ante ustedes.

Y así el Loco, bajándose de la roca, se aunó con la gente que lo abrazaba y besaba queriéndole arrancar la túnica y las estrellas de su larga cabellera. Como todos ellos querían conformar la verdad a la medida de sus deseos, y conseguir su propia identidad espiritual, el Chiflado -que entre otras cosas ellos no sabían que estaba loco- era su único y mejor modelo de vida. Entonces les dijo que con su guía y ejemplo les iba a enseñar una lección de amor; y que irían a buscar nuevas emociones y planos de expresión, para así sobrecargar sus recursos emocionales y físicos, como él lo hacía en las noches de Luna Llena. La misma bajo la cual había nacido por vez primera.

Pasados los días, el Loco entró en una especie de paranoia como nunca antes le había sucedido. Y comenzó a preguntarse hacia donde iría con toda esta gente si ni él mismo tenía camino. Entonces tuvo que detenerse a considerar las consecuencias de su impulsividad para no tener que arrepentirse luego. Y comenzó a aprender a pensar y a reflexionar en profundidad sobre todos los temas antes de ponerse en acción. Fue allí cuando empezó a desarrollar el poder de su propia consciencia. Y de lo primero que hizo consciencia fue del hecho de que debía aprender a usar la fuerza vital con un propósito desinteresado; y a cultivar un sentido especial de la vitalidad de la vida para hacerse valer. Sabía que la multitud estaba decidida a colaborar con el plan. Pero... ¿Cuál plan?

Toda esta caterva de gente que se había imaginado, estaba poseída por reacciones instintivas que, sin fuerza moral e interesados sólo en satisfacer sus apetitos personales, aparentaban ser lo que no eran; como aquellos seres de "sangre fría" abusadores de la confianza ajena, calumniadores, crueles, delatores, indiferentes, inescrupulosos, irresponsables, mentirosos y soberbios, a quienes sólo les interesaba la auto gratificación y la satisfacción del deseo primitivo que los poseía. Comprendió así que ellos, para lograr dicho deseo, podían llegar a convertirse en criminales; es decir, en seres ciegos y sin dirección pero con corona; y para quienes todo era lícito con tal de imponer su "santa" voluntad. El Loco sabía que esa clase de gente siempre vivía en la orilla enfrente a la suya.

Precisamente, desarrollar el poder de aplicar la voluntad para controlar las fuerzas, era algo que como lunático, él jamás había podido lograr ni le interesaba hacerlo. Pero, como ahora todo era diferente, debía despertar esa voluntad de llegar a lo más inferior para controlarlo. Tal vez eso le ayudaría a expandir totalmente sus impulsos volitivos para expresar la voluntad de hacer y de ser. Entonces comprendió algo fundamental: que debía evitar derroches innecesarios de energía y vigor; así como pasar de un extremo a otro. Que primero debía matar la propia voluntad para que reinara la Voluntad Divina.

En ese momento cayó en la cuenta que alguien de la muchedumbre que lo seguía, al ver sus vestimentas ajadas, le estaba colocando una delicada manta encima de ellos. Pensó que como era algo que no le pertenecía, pero que seguro se la estaban poniendo con mucho amor, debía aprender a renunciar a todas las cosas a las cuales concedía un excesivo valor y valorar sólo aquello que necesitaba. Como alguien había vislumbrado que él requería de dicha manta para protegerse del ardiente sol que se exaltaba en lo alto del firmamento.

El hecho de acabar de implantar una semilla de amor en la gente que creía en él, lo puso a meditar en la semilla de luz yaciente en todas las formas. Debía controlar el pensamiento; es más, debía vivir controlándose y, de ahora en adelante, desconfiar de los impulsos que le hicieran lanzarse para embestir contra los obstáculos, como lo había hecho en el pasado cuando luchaba con sus monstruos imaginarios. También le convenía mantener la libertad personal a toda costa y una firme capacidad para contenerse; debía vencer las dudas, los derrotismos, el escepticismo y todos los impedimentos. Sino ¿cómo iba a guiar a quienes lo acompañaban?

Pero, así mismo, el Loco debía cuidarse de la desconfianza y del temor que podría llegar a sentir hacia otras personas que quisieran o pudieran bajarlo de su pedestal; aquel que pretendía alcanzar algún día y que seguramente le iba a costar mucho esfuerzo. Además de su frustración sentimental y del pesimismo, también quería dominar al mundo mediante el ego

- Debo generar ideas nuevas en ellos, pensó mientras los observaba atentamente. Como debo fomentar los nuevos comienzos en su vida, voy a dar el impulso inicial a esta empresa y con ello dar vida a cosas nuevas.

Y, entonces, dirigiéndose hacia ellos les dijo:

- He de encabezar impulsivamente nuestra marcha hacia el futuro y a todo tipo de comienzos. Juntos vamos a irrumpir en medio de todos los obstáculos, reaccionando en forma creativa frente ellos. Pero, para lograrlo, debemos romper la inercia y todas las barreras que se nos presenten en el sendero, expresando las ansias de autoridad y de superioridad agresivamente. Desde hoy, vamos a iniciar animosamente y con éxito la acción, los cambios y cualquier cosa para poder integrarnos. Voy a enseñarles a liberar la energía y el fuego cósmico, en una dirección determinada y hacia una nueva experiencia.

Todos los miembros de su ejército imaginario aplaudieron llenos de satisfacción y enloquecidos con sus ideas. Ahora sí les había llegado el Mesías conquistador que necesitaban. Esas eran las palabras que siempre habían querido oír de alguien que pudiera ser su verdadero líder. Y quién más como este loco les podría desarrollar el poder de destruir, pero aplicado con amor. Todos iban a entrar a luchar por el Señor Loco, reverenciando a la deidad contra la cual habrían de batallar. Sin embargo, había una advertencia que hacerle al Lunático éste, una que él no les había hecho en su ardor guerrero: que no debían permitir que la ambición degenerara en avaricia, ni que apareciera agazapada por ahí la codicia lujuriosa por el poder.

Pero estos seres ficticios, tal vez representando una parte del mismo loco, reunían las características propias de un ser "normal" acelerado, hiperviril, seductor, obstinado, voluntarioso, luchador y agresivo. Una persona que con su modo de ser conduce a la vida creadora en la tierra y a la oscuridad de la materia; alguien dominado por el esfuerzo dirigido de su personalidad.

Y, como el Loco quería hacer algo mejor de su vida que eso, intuía el propósito de la existencia mediante su interacción con el medio ambiente. El hecho de fijarse metas elevadas y hacer un aporte sustancial al mundo gracias a su fuerza, no era nada nuevo; ya muchos otros Locos lo habían intentado terminando algunos crucificados, otros suicidados y uno que otro asesinado. Su ejemplo lo debía llevar a pensar en usar la fuerza más que el razonamiento lógico y diplomático.

Estaba determinado a lograr la liberación y retornar al origen; es decir, llegar a la unidad por medio del esfuerzo. Pero, para lograrlo, el Desequilibrado que guiaba a tanta gente, debería dominar primero su eterna sed de aventura, perseverar en una dirección determinada y ser capaz de hacer que las cosas sucedieran. Démosle por válido que en medio de sus visiones había tomado conciencia de su capacidad natural de liderazgo y directa acción para alcanzar algo. Pero el hecho de embarcarse en algún tipo de búsqueda, como ésta que se había propuesto; y el hecho de emprender una búsqueda de su propio poder y encontrarlo para dirigir su vida desde dentro de sí mismo con su propia fuerza, era como lanzarse a situaciones peligrosas con el fin de probar su propio valor.

- Voy a hacer a esta gente consciente de la creación Divina, se dijo a sí mismo sentado en la arena mientras trazaba algún diseño en ella con el dedo índice de su mano derecha. Voy a introducir la idea Divina en su mente y a llevarlos desde la etapa de la individualización al sendero del discipulado. Voy a dejarles muy bien enclavado y marcado en su imaginación, el principio de la primera subjetiva y latente conciencia de la existencia; y el comienzo del ser humano en el círculo de la experiencia que vamos a vivir. Los voy a salvar de la ignorancia.

Parecía ser que el Loco estaba firmemente dispuesto a ser quien sentara los precedentes e ir directo al grano en todo sentido. Pero, manifestar acciones y pensamientos con independencia y un espíritu arrojado y positivo, no era algo fácil de hacer y, menos aún, en medio de la gente tan bárbara que lo seguía. Sin embargo, estaba dispuesto a poner en práctica sus iniciativas con energía audaz en medio de esta clase de discípulos, para así satisfacer sus propios deseos. Como a toda costa quería ser el pionero de su propia voluntad, le parecía fácil ser independiente y líder en medio de gente ignorante a quienes se les podía vender cualquier idea como la mejor de todas; y ser no sólo pionero y el primero, sino el principio de todas las cosas. Es decir, ser quien es en sus propios términos. Y era fácil, porque para la multitud el Loco se había convertido en su Libertador.

Sin embargo, el Chiflado debía supervisar las líneas maestras y estar seguro de querer morir para la forma y transformar el amor a la libertad por sí mismo, en un amor a la libertad más elevado que en verdad lo liberara de las garras de los impulsos egoístas; además, debía transformar su deseo de recibir en deseo de recibir para compartir. El Loco debía orientarse hacia la acción, poner a marchar las cosas, y vivir y trabajar en un alto nivel de abstracción, manifestación y organización permanente.

Un día, el Demente sintió que toda esta actividad le estaba haciendo avivar de nuevo la subida de la savia de la juventud. Recordaba lo que había aprendido acerca del egoísmo cuando era joven; había sido consciente que éste no era bueno, pero que si era un egoísmo consciente era muy necesario para sobrevivir; y ese sentimiento lo estaba impulsando de nuevo e inconscientemente, hacia un nacimiento espiritual. Ahora quería constituirse en la clave de su propia identidad para así, a su vez, ayudar a crear la propia identidad de quienes lo estaban escuchando. Quería engrandecer el gusto por la personalidad y el espíritu, para exteriorizar las necesidades de realización de su yo y de su valor interior, de una manera más efectiva.

- Voy a hacer que el ego opere y coopere, se dijo a sí mismo. He de poner el acento en -y reafirmar- el Yo, pues quiero poner al día mi propia individualidad en el mundo que voy a conocer explorando y labrando nuevos caminos. Me prometo hacer presencia en mí mismo... siempre.

Pero dicho sentimiento haría que el Loco se alejara del centro para abrir los espacios a una nueva creación; al igual que su madre lo había hecho para que él naciera. Al menos ya sabía que podía aportar capacidad de comando, conducción, ejecución, energía, fervor, movimiento, pasión y vehemencia a todo lo que tocara; así como ruido a la vida que lo rodeaba. Y con dicha fuerza iba a arrastrar a los demás hacia nuevas realizaciones.

- Nuestro gran error sería actuar antes de pensar, dijo a la turba. Sin embargo, tenemos que hacerlo decisivamente a través del deseo y del impulso; y con la fuerza que exterioriza la expresión de nuestro yo. Vamos a afirmarnos tomando conciencia de nosotros mismos para controlar todo lo que tendremos a nuestro alrededor.

Pero el Loco debería asegurarse primero que hubiera en él un ente separado que experimentara las cosas, tal cual le habían recomendado al Loco Arjuna antes de entrar en la batalla. Eso le haría aumentar su efectividad y potencia a los esfuerzos constructivos y regeneradores, así como el riesgo para no identificarse con aquello que le sucediera y pudiera actuar de una forma mucho más libre, sin sentirse alegre o entristecido por los resultados. Le era necesario comprender que había que actuar en el mundo sin importar los resultados. Que había que adelantarse a los rivales que iba a encontrar en su sendero, tan imaginarios como la chusma que lo acompañaba ahora.

- ¿Y qué tipo de herramientas vamos a utilizar para defendernos? Preguntó uno de ellos impaciente.
- Pues eso depende de si vamos a afrontar y a sobreponernos al enemigo en nosotros mismos, le contestó el Demente sabiendo por qué se lo decía. Primero vamos a afrontar valientemente los retos internos y luego los externos. Van a ver cómo, luego, hemos de alcanzar grandes éxitos al enfrentarnos a pruebas más difíciles. Les juro que vamos a aniquilar a nuestro peor enemigo; es decir, aquello que no somos pero que se ha adueñado de nosotros cual si fuera una locura.

Lo que el Loco estaba tratando de infundirles, era la idea de buscar el ímpetu necesario para aprender nuevas habilidades y salidas en los pasos difíciles, concentrando la energía de cada quien con miras a su lucha por la vida. Él iba a conducirlos al idealismo, al esfuerzo y a la evolución; pero también al fanatismo destructor de la guerra. Obviamente, estaban mucho más interesados en defender, por medio de la contienda, sus intereses, la individualidad que estaba creciendo y el propio terreno.

- ¡Sí! Vamos a dejar atrás a los adversarios, grito uno de ellos levantando su brazo derecho con el puño apretado.
- Con calma, le respondió él. Hay que saber disfrutar del buen desafío de nuestros futuros competidores; y yo los voy a empujar a ese desafío, y a que se atrevan con todo y con todos.
- ¡Vamos a enfrentar y a destruir a los enemigos!, exclamó otro levantando una piedra del camino.

Mientras el Loco observaba sus actitudes, algo en su interior le decía que él tenía que establecer relaciones entre los opuestos, para hacer frente a todos los conflictos psicológicos internos que tenía, así las acciones fueran bruscas e intensas por parte de los demás. Dicha relación le podía indicar en donde habría conflictos y discordia en su interior, mientras inspiraba antagonismos, cólera, ideas arriesgadas e impulsos precipitados en los demás.

- Iremos más de prisa que nuestros competidores, exclamó. Y también vamos a luchar contra las presiones del mundo exterior. Pero una recomendación: hay que mantener nuestra individualidad despierta en su conciencia, en su alta vibración; y firme en medio de las presiones del mundo y ante la oposición. Hemos de saber mostrarles a todos nuestros instintos competitivos.
- ¡Sí! No vamos a permitir que los demás nos cierren el paso, gritó otro exacerbado mientras le sacaba punta a un palo que se había encontrado por ahí.

El Loco les estaba propiciando la iniciativa sobre asuntos marciales y el confrontamiento con los oponentes, para que aprendieran a reaccionar ante las invasiones. Pero, mientras los incentivaba a la lucha, algo en él le estaba revelando desde ahora el proceso inconsciente de separarse de los demás y rechazarlos en algún momento de su trayectoria de vida. Él no podría salvar a las personas que lo acompañaban de las depresiones, la locura y los obstáculos. ¿¡Cómo un Loco iba a salvar a otros de la locura!?

Sin saberlo, le estaba dando expansión al límite del karma de cada uno de ellos, y sembrando inconscientemente las semillas del apego personal.

- El mundo va a desafiar nuestra voluntad, les dijo en un arranque de conciencia. Y es en nuestra actitud ante ello que se va a reflejar el grado de voluntad alcanzado. Vamos a representar dicha voluntad de transformación en los hechos de la vida diaria. Les voy a dar energía y valor para soportar la dureza de la suerte; pero de ustedes depende dar la impresión de más fuerte y más débil en el momento oportuno, para asestar el golpe certero al enemigo. No puedo describir su deseo y voluntad de supervivencia porque no los conozco, pero sí soy consciente de las ganas que tienen de luchar por la supervivencia y por un ideal. Tenemos que empezar a ser nosotros mismos por medio de lo que queremos, dejando huella en el mundo que vamos a conocer.

El Loco les estaba confiriendo la voluntad de rápido impulso, declarando sus propios intereses y haciéndolos valer tal como ellos eran; como seres que buscaban la independencia, la individualidad, las iniciativas, la libertad y su poder ante la vida. Todos iban a aprender a utilizar y a controlar la fuerza y la energía impulsiva como lo creyeran apropiado. Pero, conseguir lo que uno quiere jamás ha sido fácil y hay, además, que correr muchos riesgos. Él ya les había demostrado la clave para llegar al liderazgo y manifestar la asertividad efectiva y exitosa, como lo habían pretendido hacer el Loco Atila o el Loco Mussolini. Pero como ellos, él era un Maniático que tenía que denotar el área en la cual dicha asertividad debía conducirlo a una independencia dichosa y a la renovación de su energía psíquica.

Tal vez se había propuesto mostrar la violencia, pero también abogar por el derecho y la naturaleza de la aptitud particular para tomar la iniciativa. Y dicha violencia que se iba a generar, anunciaba la desdicha de los hombres pacíficos y una etapa importante del proceso evolutivo de todos los implicados. Iban a destruir las apariencias materiales para crear, encendiendo la pólvora que podía consumir o destruir todo.

- Hay que establecer y defender el propio espacio existencial y territorial, dijo uno de los soldados insistiendo en esta idea, mientras se acomodaba la piel de carnero que traía puesta.

- Sí, pero es mucho más importante establecer primero la evolución hacia la perfección y la supervivencia del más apto, le contestó el Loco acomodándose a su vez la caracola en su cabeza. Si nos identificamos demasiado con lo material, empezamos a creer que somos el mundo, y ser EL mundo no está muy lejos de ser DEL mundo. Por tal motivo, desde ahora y muy temprano en nuestras vidas, debemos trabajar el desprendimiento y la no-posesividad.

El Lunático quería convertirlos en actores de su vida, así como a sus ideas en acción; y las exclamaciones que les escuchaba le indicaban cómo, qué y en donde cada uno de ellos iba a utilizar su fuerza. Como sabía que apenas entraran en batalla iban a liberar rápidamente la energía pura, quería impulsar su movimiento hacia adelante; así como la autoafirmación al enfrentar la vida misma. Tenían que hacerse valer proyectando su energía, al dinamizar y trastornar la naturaleza impulsándola hacia la acción. Dicha actitud les haría definir el poder de un compromiso específico capaz de inspirar aquella asertividad productiva y el Yo, proporcionándole cada uno de ellos una forma concreta.

Pero hacer ver a la persona qué quiere realmente, ir tras lo que se quiere en la vida y lograr obtener firmemente lo que se desea, implica ir por donde nadie ha andado. ¿Quién, mejor que el Loco podía indicarles el escenario en el cual habrían de actuar para conseguir sus objetivos? ¿Quién mejor, si para él cualquier escenario era válido? Lo que no podría lograr en ellos, era determinar los anhelos amorosos; en eso fallaría de la misma manera en que estaba siendo exitoso al incentivarles la energía, la combatividad, los deseos violentos, los impulsos dinámicos, los odios, la rebeldía, las rivalidades y la tensión de la cual disponían en abundancia. Podía enseñarles a dirigir conscientemente la agresividad y la fuerza de voluntad hacia un objetivo legítimo o válido. En eso estaba obteniendo buenos resultados al estimularles constantemente el egocentrismo, su presente, la agitación, la interacción creativa y satisfactoria con los demás y la temeridad. Pero del amor ni hablarles.

- ¡Vamos a exigir el reconocimiento abierto del poder individual que tenemos!, vociferó un grandulón que había hecho un garrote de un tronco caído; pero que el Demente se imaginó como si fuera una enorme espada símbolo de coraje, fuerza y honor como atributo de este guerrero.
- Un momento, un momento, le contestó el Loco. Ten cuidado con la espada que blandes en tu mano, porque ella es símbolo de la palabra de Dios, de la potestad suprema y del derecho a imponer. Primero vas a expresar la individualidad en la acción, la autoafirmación y el poder que en este momento no has demostrado tener, porque te estás basando en un arma y no en ti mismo. Vas a mostrar la forma en que aceptas los desafíos en las pruebas vitales que requieren decisión y valor, no garrotazos de tu parte.

Como el loco sabía de memoria la tendencia de la vida al expresarse, siempre se mostraba positivo ante ella, procurando salir victorioso de todos los encuentros habidos con sus monstruos internos. Había aprendido a producir una corriente constante de energía sacando a la luz las cualidades latentes en él; las mismas que el tropel de bárbaros le reconocían ahora. Dicho logro le hacía rendir homenaje a aquello en lo cual creía, así como saber lo que quería en la vida e ir tras ello. Pero ¿qué quería el Loco?

Sus palabras los inducían cada vez más a la actividad, al coraje, al emprendimiento, al nervio y a la resistencia por el sendero que iban recorriendo siempre más lejos de los matorrales espinosos en donde se los había imaginado por vez primera. A su vez, él estaba midiendo su habilidad para disfrutar de la vida y su valor en los logros externos.

- Les voy a enseñar el valor y la devoción a una causa como obligación consciente, dijo levantándose con dificultad. Como su enemigo ha de ser el aburrimiento, la impaciencia y el malhumorado individualismo, tienen que luchar contra la tendencia a embestir estúpidamente. Voy a mostrarles cómo se deben afirmar y a revelar el deseo que los motiva a actuar provocándoles un infatigable esfuerzo de acción. Hay que poner en movimiento todas las actividades vitales, porque eso les va a proporcionar atrevimiento, espontaneidad, fuerza y vigor para pedir lo que quieran. Moverse desde sí hacia fuera sin importar las condiciones externas, no es fácil pero tienen que aprender a hacerlo, para obtener lo que desean por el método que sea y sin cansarse jamás. Jamás olviden que, como yo mando, voy a imponer una convivencia social fuerte, libre y soberana entre nosotros, con un método específico con el que se pueda manifestar la famosa asertividad aceptada por todos ustedes.

Pero el Loco estaba pasando por alto un hecho fundamental: que regir la naturaleza animal del hombre era la tarea más difícil de lograr. Esa naturaleza bestial la tenía enfrente y dentro de sí mismo. Olvidaba que la actitud de toda esa gente les estaba haciendo revelar su impulso sexual, pues el olor a sangre que presentían los excitaba física y sexualmente. El sólo hecho de querer penetrar en terrenos ajenos y desconocidos para adueñarse de ellos, revelaba la forma que tenían para acercarse a alguien o de buscar algo. Sin quererlo, el Loco estaba forzando las situaciones sexuales escondidas en su interior; pues en la primera oportunidad que tuvieran iban a impresionar a los demás con su atractivo sexual o su poder. Los estaba impulsando al principio sexual iniciador y no sabía qué encontrarían sexualmente excitante en los demás ¿Saquear? ¿Robar? ¿Violar? ¿Hartarse? ¡SEXO!

Sin ser consciente de ello, el Loco les iba a mostrar el rostro de la pasión, y cómo cumplirían y expresarían sus deseos; porque si hay algo que le fascina a la bestia salvaje, es precipitarse en la persecución del placer.

- Vamos a purificar nuestros instintos, les dijo intuyendo algo terrorífico en su interior. Es mejor reproducirse a través de alguna clase de acción creadora, que malgastar la energía que vamos a necesitar todo el tiempo. Como satisfacer las necesidades de nuestro yo y los propios deseos y pasiones es algo muy personal, no puedo ni debo influir en lo que deseen hacer con su vida emocional a cada momento.

Y en eso el Loco tenía razón, pues él no era experto en esa clase de temas. Sabía cómo ir directo al objetivo, pero no en dicha cuestión. Podía indicarles su capacidad de actuación y los asuntos en donde podían manifestar anhelo de probar cosas nuevas, su curiosidad y un espíritu aventurero y pionero; es más, sabía cómo propiciar lo dependiente del azar y las especulaciones energéticas, pero no como proteger de la mejor manera a los seres amados. Sin embargo, lo que el Loco sí sabía era cómo separarse psicológicamente de los demás mediante su agresividad.

- Bueno, creo que ya estamos preparados para empezar la batalla, dijo solemnemente con su mano derecha metida nuevamente entre la túnica abierta y con la izquierda dándoles la bendición, como símbolo de acercarlos a lo santo y de la transferencia que les hacía de su fuerza. Sólo me queda una recomendación: que para recuperar la salud individual por haber roto el ritmo de la Naturaleza en sí mismos, tienen que ser uno con la pasión y con la fuerza con la cual luchará el organismo contra las enfermedades. Tienen que superar los desenfrenos a través de la fuerza, y recordar que tenemos que sobrevivir más que los enemigos, pues la misión de ellos es la misma nuestra: ganar la guerra. Por eso vamos a suprimir o trasponer cuantas resistencias se nos opongan al plan propuesto, transformando la capacidad para afirmar la voluntad personal. Como vamos a vencer las dificultades y cuantas cristalizaciones de afectos, ideas o intereses dificulten el libre fluir del progreso humano, hay que vitalizar la materia viviente. Y por último, tienen que aprender a vivir regenerándose constantemente. No se dejen vencer por el cansancio.

LA SEGUNDA PUERTA

Casi sin darse cuenta, la tropa dirigida por el Loco se había ido internando en otra clase de naturaleza más... salvaje. Al sonido del viento solitario que barría los arenales y estremecía los abrojos, lo había ido sustituyendo un gorjeo de aves y ruidos extraños. Cuando cayeron en la cuenta que el arenal había sido cambiado por un pasto suave de un verde oscuro tachonado de lirios, margaritas y flores lilas aquí y allá, comprendieron que estaban entrando en un paisaje primaveral.

La turba se sintió atemorizada. Tal vez estaban más acostumbrados a su vida entre cactus, espinos y cardos, que a esta selva exuberante llena de colores, árboles frondosos y sonidos aterradoramente nuevos. Todo era tan enmarañado que sus toscas herramientas no les permitían abrirse paso como bien quisieran en medio de tanto bejuco viejo.

- Vean a estos árboles como símbolo de ascensión hacia un plano superior, les recomendó el Loco entrando en la maraña. En ellos están representados los ciclos de la evolución cósmica, como la columna vertebral de crecimiento universal; ellos son la fuerza captadora, creadora, devorante y nutritiva, que siempre debe recordarles que ustedes tienen que lograr poner en contacto lo terrenal con lo celestial. Esa es la regeneración perpetua de unión entre lo continuo y lo descontínuo que hay en ustedes; de la vida del espíritu en constante evolución. Observen cómo cada árbol involucra a los cuatro elementos: las raíces están en lo profundo de la Tierra, el Agua circula como savia símbolo del alimento de la inteligencia, de columna de luz, de energía sobrenatural, de inmortalidad y de perfección espiritual; el Aire alimenta sus hojas, y él mismo produce y alimenta el Fuego. Cada uno de ustedes debe buscar un árbol bajo el cual puedan lograr... la iluminación. Como el Loco Buda.

EL SENDERO ZODIACAL DEL LOCO

De pronto, en medio de dos gigantescos arrayanes, el Trastornado y su ejército vieron cómo colgaban unas enormes lianas cual serpientes que terminaban enroscándose en sí mismas en el humus fértil; lo extraño era que las plantas trepadoras, igual que cortinas llenas de musgos y líquenes, formaban una puerta que los invitaba a seguir adentro y hacia adelante.

- Al final, las cosas siempre se resuelven, dijo el Loco. Vamos a entrar a paso lento pero seguro, porque así se gana la carrera.

En un momento dado, uno de los soldados se abalanzó sobre un enorme fruto que colgaba de uno de los árboles, mientras gritaba: ¡Es mío, lo quiero! Y antes de que el Loco pudiera detenerlo, ya el bruto estaba retorciéndose en el suelo muriendo en medio de su propia babaza. El fruto era venenoso.

- ¡De aquí no se pasa! les advirtió. No hemos empezado y ya tenemos un muerto a cuestas. Les aconsejo que vivan y dejen vivir a cada criatura que se encuentren por el camino. Yo asumo la responsabilidad por mí mismo, pero no puedo asumirla por ustedes.

Más se demoró el Loco en decir esto, que en ver cómo, otro de ellos, recostando su pesada maza contra una roca a la orilla de un pantano, se inclinaba sediento para beber de su agua.

- ¡No la agites! Le gritó. El pantano representa tu arcaica mente apenas en formación...
- Está bien ¡No lo haré, no lo haré! Respondió el sediento hombre. Pero ya era tarde. Al retirar los flexibles juncos de la orilla con su brazo, había rozado un sapo agazapado por ahí y cuya piel era venenosa al tacto; y ahora, igual que había sucedido con el otro bárbaro, éste se revolcaba en medio de los estertores de la muerte.
- Entonces ¿qué es lo mío si no puedo adueñarme de nada? Preguntó otro mirando desorbitado hacia todas partes. ¿En dónde está el enemigo? Si no lo veo, no existe.
- Conclusión estúpida, acabas de conocerlo porque está a todo tu alrededor. Se llama... la materia viviente.

Respondió el Loco desmenuzando entre sus manos una flor de orquídea seca. En este paisaje todo se alimenta de todo, incluyéndonos nosotros mismos.

- ¿Y yo qué? ¿De qué me alimento yo?
- Primero tienes que saber que es y qué no es alimento. Observen a las aves, si comen de tal o cual fruto, pueden hacerlo ustedes. Al menos eso me decía mi loca abuela cuando estaba pequeño, como de unos doce años. Yo mantengo la presencia activa en mí mismo y reflexiono antes de actuar tan estúpidamente como lo hicieron sus dos compañeros.

En ese momento pasó volando una bandada de loras chillando al unísono: yo acumulo, yo poseo, yo quiero, yo tengo...

- ¿Quién les habrá enseñado a hablar a estos pajarracos? Se preguntó el Loco. Debe haber gente viviendo en medio de esta selva y seguro que ya nos han visto. Bien, ya saben en donde encontrarnos.

Con el paso de los días, la tropa aprendió a saber qué comer y qué dejar quieto; en qué tronco recostarse y en cual no; que animales cazar y a cuales respetar. Habían asimilado cómo adaptarse a los cambios y a afrontar la realidad de la materia con ejecución, lentitud, paciencia y prudencia. Se habían ido internado tierra adentro, y almacenando algunas provisiones mientras seguían aprendiendo a desprenderse de todo lo inservible e inútil y a relacionarse con el nuevo mundo terrenal por el cual iban.

No era fácil aprender a explorar el mundo a través de los sentidos, porque éstos los incitaban a cada rato a adueñarse de lo que veían, tocaban y olían. No comprendían que lo que la evolución había logrado, aún en ellos mismos, era convertir la semilla en substancia. Estaban muy lejos de saber que lo que debían hacer era cuidar que la semilla creciera dentro de la confianza y la certeza de que la espiga sería el pan de mañana; que se transformaría en sustancia y que así fructificarían los sembrados. A ellos les correspondía ser los guardianes de la semilla más que intentar adueñarse de ella. Es más, la vida les había proporcionado un recipiente para que la energía se manifestara; recipiente que en ellos era el cuerpo físico y en lo que los rodeaba, precisamente eso: cada árbol, cada animal, cada flor que alcanzaban a ver en medio de la selva. No sabían aún que la materia era un medio de expresión y un campo de esfuerzo para que morara el alma. A ellos lo único que les interesaba era satisfacer sus propios deseos y necesidades.

- Tenemos que alcanzar maestría sobre la materia física, les insinuó el Loco al ver los ojos posesivos con los cuales miraban todo a su alrededor. Vamos a aprender a acumular riqueza y seguridad.

Palabras llevadas por el viento, pues lo que todos deseaban hacer era acrecentar y acumular sus bienes materiales y tesoros, tanto como su bienestar. Y, para lograr su propósito, habían ido llenando sus bolsillos y zurrones de cuero duro, con todos los objetos que creían de valor. Pera a cada paso que daban querían más y más.

Fue entonces cuando cruzaron por un cercado que protegía unas cabañas de madera, en donde un grupo de aldeanos se alegraba de la cosecha que acababan de recoger a manos llenas. A sus ojos, las campesinas les parecieron hermosas en medio de su abundancia de carne; y más así como estaban, gozándose en medio de la embriaguez que les producía el vino que sacaban de unos grandes barriles de roble. Ya se imaginaban sembrando en ellas sus semillas de fertilidad como símbolo del esfuerzo espiritual que aún no lograban obtener.

Las copas en que todos bebían eran de bronce o jade; y los collares de joyas preciosas que colgaban entre sus pechos, eran enormes esmeraldas que reflejaban la luz primaveral y que parecían aún más grandes a los ojos de aquellos bárbaros prontos a lanzarse sobre el botín. Al contrario de lo que ellos veían, el Loco percibía en estas piedras, el símbolo del poder sobre el mundo y sus deseos; y la vanidad de las cosas humanas, aun cuando también encarnaran el conocimiento esotérico, y la figura del alma y de las riquezas desconocidas de lo inconsciente. Mientras evocaban en él pasiones y ternura, los bárbaros ya sentían entre sus dedos aquellos anillos de lapislázuli, turquesa y zafiro que veían en las manos que a lo lejos levantaban las copas brindando por la suerte de su recolección. Parecía que Atila y sus secuaces hubieran vuelto a la vida en un carnaval de carne.

El Demente comenzó, entonces, a ver en semejante cantidad de carnes, unas crudas y otras humeantes, la potencia diabólica que habitaba en el cuerpo de toda esta gente. Desde el momento mismo en que había empezado a presenciar semejante espectáculo, jamás pudo olvidar que la humanidad o la naturaleza humana que ha perdido su rectitud, es carne y que lo divino es espíritu. Vio cómo la avidez, los celos, los excesos y el terror a perder lo que poseían, se estaba adueñado de sus bárbaros; cuando lo que debían hacer era vencer la materia tarde o temprano.

- La carne es enemiga del alma, les dijo. Es símbolo del ser corrupto y este es el mejor momento para vencerla.

Pero, buscar pacientemente su objetivo hasta lograrlo, así como la seguridad material, los hacía complacerse, precisamente, en lo material que estaban viendo. Pensaban que podían matar dos pájaros de un solo tiro: concretar sus valores materiales y, a la vez, los sensuales. Sin embargo, aún eran inexpertos en aquello de saberse conectar con el mundo material y sus recursos; sencillamente creían que les pertenecía todo lo que les gustara.

- Tienen que conservar lo conquistado y disponerlo para el uso en la oportunidad precisa, les recomendó el Loco viendo que ya estaban saltando sobre la cerca. Porque esa gente también va a querer conservar o defender como propio, todo aquello que han conseguido como heredad y con su trabajo.

El saqueo fue inmediato y fácil; al fin y al cabo los labriegos no eran guerreros ni esperaban que nadie los atacara jamás y, además, estaban ebrios. Hasta les pareció una fiesta lo que les estaba sucediendo, mientras los salvajes cargaban con sus mujeres y todo lo que alcanzaran a mano. Los salvajes querían demostrar y mostrar cuanto podrían tener, por el simple placer de tenerlo; y disfrutar de los placeres sensoriales, así como tener y retener la estabilidad material que estaban adquiriendo.

Mientras tanto, el Loco los observaba de lejos sabiendo que no se podía dejar dominar por la materia, porque su instinto así se lo había enseñado. Ya él había aprendido a entrar en resonancia con el material viviente y no estaba interesado en estructurar enormes imperios ni operaciones de grandes empresas personales o ajenas, tal como lo ansiaba su ejército de bestias ansiosas de poseer. Y eran esas mismas ansias quienes, poco a poco, los estaban llevando a formar parte del mundo y a sólo querer gozar de los bienes materiales. Parecía ser que el enemigo estaba ganando; que ahora eran DEL mundo.

Entonces, el Lunático comenzó interesarse en la realidad del universo físico que lo rodeaba, y a tener la vivencia de la maravilla de dicho mundo físico. Quería usufructuar al máximo la potencia de placer que la tierra y la vida pudieran darle sin pretender adueñarse de algo. ¿Por qué su gente actuaba así, si lo que debían lograr era el justo uso y control de la materia? Pero no, la horda de carniceros quería mantener, solidificar y preservar lo conseguido o establecido con la masacre que acababan de realizar. El Loco, entonces, se acercó temerosamente a lo que quedaba del pueblo asolado por su gente. Un lamento allá, un quejido aquí y las carcajadas grotescas de la turba, no lo dejaban razonar de inmediato.

- Les advertí que no debían apegarse ciegamente a los bienes terrenales, les dijo en tono de regaño. Es imperioso no dejarse dominar por los deseos físicos y materiales, tomando una actitud menos interesada en relación a sus posesiones.
- De ahora en adelante sólo nos interesa preocuparnos por la conservación de todo lo que ya ha llegado a ser patrimonio nuestro, y por obtener

resultados concretos en todo. Exclamó uno de ellos en nombre de una veintena de soldados que más parecían payasos con sus pieles de buey y coronas de oro en la cabeza. Aquí nos vamos a quedar y a tomar el dinero y las mujeres de estos muertos, para construir nuestro mundo.

- No, no se queden aquí, exclamó el Loco con tono de angustia. Si así lo hacen habrán perdido la primera batalla.
- ¿Acaso te parece que la hemos perdido? Preguntó un grandulón limpiándose los bigotes que chorreaban el vino de la victoria, mientras levantaba su mano mostrándola llena de collares y anillos. Mira todo lo que tenemos, dijo apretando a una gruesa mujer contra su pecho.

El Loco nada pudo contestar, pues ellos veían una ganancia en donde él veía una pérdida. Y comenzó a alejarse, dejándolos actuar con eficacia y por el impulso de sus deseos. Pero no iba sólo, cuando volteó a ver cuántos se quedaban, observó que algunos seguían con él. Tanto así que uno de ellos, apoyando la mano sobre su hombro le dijo: quiero seguir siendo su útil subalterno, pues necesito aprender con usted a desarrollar y controlar los medios de expresión.

- Tienen que completar todas las ideas que comiencen, les dijo éste mientras iban quedando atrás los vítores y la algarabía embriagante de quienes habían permanecido cual zopilotes comiendo del festín. Hay que hacer de los sueños una realidad tangible, pero no como hicieron sus compañeros. ¿Cuánto faltará para que unos se vuelvan contra los otros? Debemos consolidar las cosas en todos los aspectos por medio de la reflexión, la rutina y el trabajo honesto, dedicándonos totalmente a él y explotar los propios recursos para ganarnos la vida y, en vez de hacer lo que ellos hicieron, expandir las ideas de otras personas dándoles forma, función y fundamento. Así podremos llevar a buen término las empresas y la energía abstracta, al ámbito de los efectos reales y experimentables. Cada uno de ustedes debe permanecer concentrado en su trabajo con tenacidad.

El Loco les estaba dando una serie de fórmulas para afirmar y consolidar el poder, confiando en sus propias fuerzas para salvar todo tipo de obstáculos con su perseverancia. Tenían que desarrollar las energías que recibieran y configurarlas imponiéndoles su propio estilo, para así florecer armónica y artísticamente, y no como acababa de suceder. Había que estructurar la forma y los dones, e incentivarlos primero hacia la experiencia a fin de adquirir conocimiento y luego hacia un nuevo comienzo. Tenían que percibir el aspecto concreto de la vida.

- Pero yo deseo obtener confort, placer y satisfacción, repuso uno de ellos. También quiero lograr un nivel de seguridad material acomodado, pero no como lo consiguieron nuestros amigos.
- Es cierto, le respondió el Loco, hay que amar la comodidad siempre y cuando ésta inspire armonía. Hay que expresar la felicidad, pero moderadamente y no como lo acabamos de presenciar. En vez de hacer lo que ustedes acaban de ver, hay que ayudar a conservar una sociedad estable y construir un futuro sólido.
- ¿Pero qué tiene de malo poseer? Preguntó alguno de ellos secándose el sudor de su frente.
- Nada, mientras no acabes siendo poseído por lo que crees tener, respondió el Loco mientras veía cómo el hombre sacaba de su bolsillo un gran anillo arrojándolo lejos. Eso que acabas de hacer es lo que te va a dar solidez y ayudará a incorporar en ti mismo el sentido de un valor más permanente. Vengan, vamos a reunir todos los hechos recientes y sentémonos tranquilamente ante ellos para luego actuar.

Entonces, cada quien comenzó a sacar de sus alforjas copas, medallones, cinturones, collares, coronas y anillos que fueron poniendo delante de sí mismos mientras se sentaban en círculo. Tal vez con eso pensaban solventar hoy las necesidades de mañana. Pero, por ahora, lo que estaban demostrando al Loco era que tenían un fuerte sentido de lealtad y, por ello, un porvenir seguro con él.

- Hay que ser eficientes en asuntos prácticos, les dijo; así como estables, ingeniosos y productivos. Hay que usar la fortaleza con paciencia y sensatez. Jamás dejen de anhelar la liberación; pero para lograrla hay que desprenderse de los apegos que no los dejan evolucionar. Por eso hay que impulsar a la voluntad produciendo ímpetu y movimiento, para lograr una mentalidad más abierta y así, además, superar cualquier adversidad; como la que no supieron vencer quienes se quedaron atrás.

Sin saberlo, el grupo que había permanecido a su lado había presenciado un matrimonio entre la barbarie y la materia; en donde ésta última había triunfado sobre ellos, al no haber sabido armonizar los factores opuestos -materia-espíritu- facilitando así la concordia. No habían logrado comprender la ley de la atracción en pares de opuestos como el sexo y la ilusión.

- Ustedes deben concentrarse en lo concreto, en lo tangible y en lo positivo sin tomar en la cuenta lo negativo, les dijo en tono severo. Deben establecer un estricto código de valores no materialistas y profundizar sus apreciaciones relacionadas con las sensaciones físicas inmediatas, para que no les suceda lo que a sus compañeros de contienda.

De repente el Loco comenzó a sentirse como si le estuvieran confiriendo iluminación a un iniciado. Y comprendió que debía guardar el secreto de la Luz, sin darle perlas a los cerdos, como lo había recomendado un Loco anterior a él. Como tenía que lograr la victoria sobre el deseo para llegar a la iluminación, se retiró un tanto en medio de un jardín de olivos que encontró por allí cerca y se puso a meditar sobre la conciencia del sendero que conduce a la unidad. Algo en él le iba a revelar la zona que controla la Luz, para poder transmutar su oscuridad en iluminación y en dicha Luz. Ahora poseía un secreto: que podía utilizar los instintos para llegar a esa luz.

- ¡Gente, vengan a mí! Exclamó al rato viéndolos absortos ante los objetos que habían sacado de sus talegas de cuero. Vamos a eliminar las sustancias tóxicas.
- Pero ¿cuáles? Yo no traigo ninguna, dijo el más joven de todos.
- Claro que sí, recalcó el Loco. Tienen que reenfocar los deseos inferiores; corregir el engreimiento, la falta de integridad personal y la obstinación, en vez de optar por una tozuda pasividad en el empleo de sus talentos. Tienen que ser menos intransigentes, obstinados y tercos; y evitar cualquier exceso en la bebida y la comida. Entre ustedes tienen que frenar la conducta impulsiva de otros y huir del pesimismo. No deben ser tan avariciosos ni egoístas, como ya vieron que sucedió con los demás que se creían tan fuertes y su debilidad los entoxicó. Querer ser reconocido como alguien importante y de valor, hay que sabérselo ganar con sabiduría, no a punta de fuerza muscular. Tienen que transmutar el deseo en amor y aspiración, pues vencer al deseo es lograr seguridad en el verdadero amor.
- ¿Y en donde está el amor? Preguntó uno de los bárbaros.
- Vamos, sigamos el camino, de pronto está esperándonos a la vuelta de aquel paisaje, insinuó otro de ellos.

Pasados los días, alejándose del Este, bajaron por un sendero que llevaba hacia la vega de un río en donde se oía una gran algarabía. Era un grupo de personas que, bañándose en sus orillas, trajeron a la memoria del Loco el recuerdo de las Ninfas y Silfos que perseguían Baco, Pan y los Sátiros en medio de su locura sexual.

- Vengan, vamos a gratificar los cinco sentido, dijo uno de los bárbaros apenas vio el espectáculo.
- Hay que amar y atraer a los demás, les dijo el Lunático ¿Alguien se quiere iniciar en el amor? ¿Quién quiere compartir la sensualidad? ¡Esta es su oportunidad!

Nadie contestó porque en el fondo nada sabían acerca del amor ni cómo buscar armonía, placer y una relación que les permitiera verse reflejados en el otro. No tenían ni idea de qué era dar amor hacia el afecto, la armonía, la benevolencia de buena ley, las ganas de ser sociable, el placer y una vida fácil a través del amor. Ahora tenían que aprender a complementar, mediante el amor, toda clase de odios, como los rencores que se habían adueñado de sus antiguos compañeros de andanzas.

Entonces, se fueron acercando poco a poco al grupo de seres desnudos que retozaban plenos de inocencia, dispuestos a determinar las tendencias afectivas y eróticas que se fueron adueñando de ellos poco a poco. Pero ¿cómo expresar afectos, armonía, belleza, el principio sexual de recibir -en lugar de iniciar- emociones? El Loco nada les decía, porque sabía por propia experiencia que en cuestiones sexuales cada quien tenía su propio manual de funcionamiento.

Estaban próximos a fundirse de una manera comprensiva, sensible y simpática con lo contemplado; y debería ser así por su misma inocencia convertida ahora en timidez. Tanto que, cuando hombres y mujeres se dieron cuenta de su presencia, no sintieron ningún temor ante ellos. Es más, los invitaron a fomentar el disfrute a largo plazo de los amantes y de la autoestima; y, además, les garantizaban que la chispa inicial del amor prevalecería entre ellos. Al fin y al cabo estos tozudos bárbaros eran como carne nueva y virgen para el rebaño de bañistas.

El Loco los observaba desde no muy lejos, detrás de un tronco seco y viejo en donde se recostó pensativo. Y fue viendo desde allí cómo, poco a poco, todos se fueron integrando en las relaciones íntimas con este extraño grupo de personas a quienes, al parecer, sólo les interesaba el placer de ir creando nuevas relaciones. Cada uno de los tozudos cavernícolas, entrando en las aguas cristalinas, comenzó a contribuir para la armonización de los afectos con estos otros seres humanos, junto con el atractivo, el calor y el encanto necesario para unirse a dichas personas en una atmósfera de participación abierta. Además, el paisaje con el río de aguas translúcidas invitaba a hacerlo.

Pero, mientras los bárbaros veían en los nadadores, exactamente eso: un grupo de bañistas; el Demente veía que así como ellos entraban en el río, el alma lo hacía en el cuerpo humano. Sí, el Loco tenía otro concepto totalmente diferente acerca del amor; pensaba que, como era necesario para conciliar opuestos, tenía que cooperar y compartir las cosas y los afectos con los demás, dando así inspiraciones amorosas, artísticas y de convivencia social. Pensaba que era mejor desarrollar la compenetración intuitivo-sentimental de lo captado y su sentido de la belleza a través de la disciplina de las respuestas emocionales.

Estaba ensimismado en sus propios pensamientos, cuando vio con cierta envidia cómo todos estaban disfrutando del amor, de la naturaleza y de todas las formas, sin ningún sentimiento de culpabilidad. Rápidamente habían logrado embellecer, realzar y aumentar su identidad personal con alguien del grupo que les resultó atractivo y deseable. Estaba bien establecer contactos, escenarios externos e internos y relaciones con todo aquello que no eran ellos mismos.

Con su actitud permisiva, el Loco los estaba estimulando a la armonía, a desarrollar su capacidad de amar a otros, a ellos mismos y a recibir amor con todas las relaciones. Favorecer la igualdad y el sentido de la justicia en el amor; así como indicar la facilidad con la cual su gente captaba el amor y la simpatía de los demás, era todo un logro para ellos. Los bañistas les estaban mostrando cómo expresar la ternura, cómo sentirse apreciados y lo que apreciaban. Y habían sido unos buenos maestros en las artes marciales del sexo, porque de pronto el Loco fue consciente de cómo la horda comenzó a transformar sus valores emocionales, y la modalidad de entender y expresar la necesidad de intimidad. Se estaban humanizando al unir sus vidas separadas de otras personas.

El Demente comprendió así, cuándo necesita una persona cambiar sus hábitos externos para armonizar con lo que ella es interiormente; y estaba viendo cómo todos se aportaban placer mutuo y al mundo, sin hacer daño a nadie. Qué diferente situación con la experiencia que había vivido días atrás. Ahora veía cómo el amor armonizaba discordias y a cada uno de sus imaginarios guerreros. Precisamente, uno de ellos, viendo al loco pensativo y solitario, corriendo desnudo hacia él le dijo:

- ¡Qué maravilla atraer las cosas que se aman, a los demás y lo que uno valora! Acabo de conocer que tengo un don para hacer que los demás se sientan a gusto en cualquier situación; y he aprendido a valorar el carácter de los demás sin juzgarlos. Ahora puedo demostrar el talento natural que tengo para experimentar y expresar el placer compartido con los demás con interacción armoniosa; he sabido cómo ejercitar mi poder de cooperación, y a hacer que una amistad sea más profunda sin importar el sexo.

En ese momento el Loco presintió que no todos iban a seguir con él en su viaje; porque algo los había impulsado a vivir más en lo social, en donde los demás les estaban otorgando favores. Habían encontrado placer en las ganas de agradar y paz en los momentos gratos; así como una gran capacidad para descubrir la belleza y la simpatía en los demás. Habían aprendido a intercambiar su energía y a pacificar antagonismos internos por medio del amor. Y eso les había revelado la manera en que antes se habían sentido inadaptados, y ahora satisfechos y valederos socialmente. Estaban obrando en la sentimentalidad tan ajena a su mundo nativo.

Como vitalizar a partir de experiencias ligadas al placer, siempre había sido un buen bálsamo, ahora todos necesitaban la cercanía de otras personas y la comodidad que se ofrecían mutuamente. Acababan de cumplir con las necesidades físicas propias, encontrando esas cosas que eran agradables a la naturaleza; y eso les ayudaría de ahora en adelante a adquirir autoestima y confianza en sí mismos. Y dicho y hecho, cuando llegó la hora de partir, no todos estuvieron de acuerdo con seguir la marcha.

- Hemos visto puntos de compenetración e intereses comunes con estas personas, dijeron unos cuántos. Ahora sabemos que tenemos la capacidad necesaria para la relación consciente con esta gente.
- Pero no confundan el placer con el verdadero amor, les advirtió el Loco. Está bien observar la interacción social de los otros y aprender a ceder ante los demás; pero también hay que determinar el contacto físico con ellos. Es cierto que aquí han expresado dos cosas: el área en la cual ustedes habían reprimido sus facultades por miedo al rechazo o a las reacciones negativas ajenas; y el proceso por el cual, inconscientemente, se habían negado la autoestima al no participar en el entorno social. Ya saben cuál es el proceso para perder la autoestima y la confianza en situaciones sociales.
- Pero es que aquí aprendimos a poner a la esencia en compañía satisfactoria a través de las relaciones personales y sociales, exclamó otro. No ha sido solamente un encuentro sexual; también era relacionarnos con el medio a través de la compatibilidad con ellos. Ahora, hasta el paisaje nos parece mucho más bello.
- Sentimos que hemos realizado nuestro bien individualizado, agregó uno detrás suyo. Aprendimos a dar para recibir de las propias emociones y forma e identidad a lo que valoramos; es decir, encontramos un sentimiento de placer en la vida.
- Bien, dijo el Loco pensativo. Al menos no tuve que señalarles la manera correcta para introducir la armonía social en la vida personal de cada uno de ustedes; ni significar el área en la cual se habían negado a sentir placer por vivir de acuerdo con los valores ajenos. Estos hombres y mujeres les han mostrado que fuimos

hechos para divertirnos; pero deben aprender a usar las energías de forma tal, que hagan la vida más bella e inspiradora, porque si no quedarán tan atrapados del placer como sus compañeros quedaron del poseer.
- Pero es que ya sabemos qué nos hace felices, exclamó un viejo barbudo. Ahora podemos mostrar los valores personales que nos brindan placer y rodearnos de las cosas agradables y bellas que los demás tienen. Vamos a promover entre todos nosotros el bienestar y la comodidad; y propiciar la iniciativa acerca de deleites, diversiones, placeres de los sentidos y las relaciones maritales.

Limar diferencias y predisponer al individuo hacia la alegría, la dulzura y la ternura, no era una cosa difícil cuando el placer bacanal estaba de por medio; lo extraordinario era sacarlo de ese momento una vez hubiera entrado en él. Mostrar cómo deseamos y aquello que nos parece bello, es algo natural; pero de allí a adornar, civilizar y transformar algo instintivo en algo simbólico y psíquico, la cosa no era tan placentera. Ahora tenían que mantener el equilibrio y mostrar cómo dar de ellos mismos con el grado de imagen pública y popularidad que podían alcanzar. Pero, y cuando desearan la pareja del prójimo ¿qué iba a suceder entre ellos? Lo mismo que ya debería estar sucediendo con los saqueadores y sus tesoros.

El Loco, en medio de su chifladura, sabía que había que adoptar un enfoque mental para cultivar los deseos; que había que usar inteligentemente los encantos y agregar amistad, amor y belleza a la vida. El era un artista a la hora de saber apreciar la belleza física, y brillar con hermosura y refinamiento a pesar de su pelo grasiento y las uñas sucias. Sí, a pesar de todo eso, él sabía denotar la llave para adquirir un sentido de autoestima y para establecer valor ante los demás y en las distintas situaciones sociales.

Y de pronto, se levantó del tronco en donde se hallaba sentado, al ver que su tropa corría desnuda de nuevo a bañarse en las diáfanas aguas del río en donde los esperaban ansiosas sus parejas; ahora necesitaban... armonía; la misma que les otorgaba la creatividad y el expresar ritmo ya fuere de colores, formas, fuerzas, ideas, movimientos, palabras o sonidos. Los mismos sonidos que él escuchaba aún cuando iba ya lejos, muy lejos de la vega en donde todos se habían quedado retozando en brazos del más peligroso de los locos: Eros.

Cuál no sería su sorpresa cuando, ya en la distancia, oyó que lo llamaban y, al voltear a ver, observó a un centenar de sus aguerridos bárbaros que caminaban hacia él poniéndose sus pieles a la carrera.

- Queremos seguir contigo ¡oh Loco genial!, pues nos hace falta tu voz de Orfeo, dijeron al acercarse exhaustos. Hemos dejado atrás a los demás porque queremos percibir la belleza del arquetipo humano en nosotros mismos y nuestro valor como personas independientes de quedar atrapadas en el placer. Bríndanos información sobre los valores materiales y enséñanos a determinar el buen gusto y un estilo de vida como el tuyo.
- Pero también hay que determinar nuestras finanza, insinuó uno más; pues también hay que hacer énfasis en la seguridad económica si vamos a continuar acompañándote. ¿De qué vamos a vivir? Debes indicarnos en donde se ubica alguna cosa de valor y los valores complementarios.
- No tan rápido mi joven amigo, no tan rápido, recalcó el Loco. Eso puede producir autoindulgencia, ganas de gastar dinero y pereza en ustedes. Recuerden que estamos en una selva en donde rige el equilibrio de la naturaleza, de modo que ella proveerá. Mejor comiencen a sentir el alma de la vida de todo cuanto les rodea y a separar la forma primitiva de su energía y de lo cultivado, mientras estuvieron revolcándose en el río. Tenemos que aprender a separar lo sagrado de lo profano...

Y en ese momento detuvo sus palabras porque, curiosamente, el camino que siempre había sido uno solo, ahora se abría en dos. Y se quedó pensativo, mientras se deleitaba con una suave brisa que traía un lejano y delicioso aroma de jazmines en flor.

LA TERCERA PUERTA

De pronto la brisa que los acompañaba fue formando suaves remolinos cual si fueran columnas de aire que demarcaban el par de senderos. ¿Cuál de los dos seguir? Se preguntaba el Loco sin que los demás se percataran de su duda. No podía dejarles ver que estaba confundido. Pero lo estaba.

- No hay que andarse por las ramas, exclamó. Bueno, pienso que... algunos de ustedes deben aventurarse por el camino de la derecha y otros me acompañaran por el de la izquierda.
- Pero, ¿y si nos extraviamos? Preguntó alguno de quienes no lo acompañarían.
- Escúchame, aún no has oído nada y ese no es mi problema, le respondió. Debe haber señales por el camino que, si están atentos a ellas, no los dejarán perderse.
- Pues yo siempre he pensado que lo mejor para estar triste es saber algo; por eso no quiero saber de dónde vengo, en donde estoy ni para donde voy. Sólo quiero vivir al tope sin preguntarme absolutamente nada. Me parece que quienes saben mucho son como el Loco que eres. Es más, si sé que estoy perdido me voy a poner aún más triste.
- Pero ¿por qué?, preguntó el Demente. ¿Acaso yo no los alegro y les comunico ideas de la mejor manera posible? Pienso que transmito bien. O ¿no me he hecho entender? Vengan, sigamos andando sin importar hacia donde nos dirigimos; vamos a buscar estímulos en otros lugares y a convertir a todo aquel que nos encontremos, en un compañero de suerte. Hemos de aprender de otros.

Con su discurso, el Loco los estaba invitando a que fueran creando vínculos entre ideas, entre ellos mismos y las demás personas que se fueran encontrando por el sendero; y aún entre este mundo y el superior. Intuía que los dos caminos debían ser opuestos pero complementarios, como el blanco y el negro, el cielo y el infierno, lo de afuera y lo de adentro. En el fondo le importaba un comino no saber cual camino seguir, porque tampoco sabía hacia donde los dirigía. Entonces, tal como lo había propuesto, dividieron el grupo en dos partes iguales, un centenar por aquí y otros tantos por allá; se abrazaron, se dieron la mano, se desearon suerte y ojalá verse más adelante y, sin voltear a ver, continuaron con la expedición.

- Vamos a aprender a cultivar nuestros poderes de discernimiento intelectual para saber más acerca del mundo en el cual vamos a vivir, les dijo a quienes les había correspondido acompañarlo. Tenemos que caer mucho más en la cuenta de la importancia de la comunicación con los demás; no como les ha sucedido a quienes se han quedado atrás en el camino. Está bien cooperar con otros para sentirnos satisfechos; pero no nos podemos quedar a vivir en un mundo que no es el nuestro. Yo le oí decir a un Loco mayor que yo, que nuestro reino no era de este mundo. Como hay que seguir buscando el nuestro, nunca pierdan la curiosidad; porque quien está conforme es que está muerto.
- ¿Pero es bueno asociarse con diversas personas? Preguntó uno de ellos rascándose las greñas.
- Sí, contestó. Pero es mucho más importante comunicarse con los demás en muchos niveles; no sólo en éste que vivimos. Para eso tienen que usar y aceptar la razón lógica y pertinente, así como actuar y pensar rápidamente para adaptarse constantemente a través de la comunicación y el intelecto.

Pasados varios días de marcha y de nada saber del grupo que se había ido por el camino de la derecha, lo poco que quedaba de la tropa inicial, fue descendiendo por el sendero que llevaban hasta cuando llegaron a una especie de pueblo-plaza de mercado en donde todo el mundo hablaba, vendía, compraba y se movían sin parar. Tanto era el ajetreo que nadie cayó en la cuenta de que los bárbaros y el Demente habían llegado, mezclándose así con la muchedumbre alocada sin que se percataran de su presencia.

Todo era un desorden impresionante en donde el viento llevaba basura con papeles y documentos de un lado para otro, mientras la gente vociferaba por todas partes haciéndole propaganda a lo que vendían. Hasta había un grupo de culebreros, arlequines y saltimbanquis que divertían a los muchachos en una esquina de la plaza. Uno de ellos, un joven gracioso que iba ataviado con una abigarrada vestimenta, actuaba como sin carácter, sin ideas ni principios, con deseos tan confundidos que más parecía un tipo inconsistente e indeterminado que se pasaba de listo. El Loco pareció reconocer en él a una persona inestable sin individualidad ni personalidad; alguien con quien se identificó inmediatamente. Él también sabía de vez en cuando ser un artista Bufón; como tratando de mostrar la otra cara de la realidad con su conciencia irónica y maliciosa. Sí, el Bufón y el Loco tenían mucho en común: ambos eran nómades itinerantes; payasos de la parodia encarnada y de la inversión de las propias reglas.

El Demente esperó que los juglares terminaran con su obra de diversión para los muchachos, pues había sentido un afecto filial hacia ese Bufón con el que tanto se estaba identificando. Se acercó a la carroza de gitanos en la que andaban y esperó a que se quitaran el maquillaje que llevaban puesto para la función. Al fin y al cabo el Bufón era un actor, no como el Loco que era un loco. Obviamente, sin los colores en la cara, habiéndose quitado el gorro con campanillas y el vestido de sedas multicolores, el Bufón era como cualquier otra persona.

Como el Chiflado veía en la cara del Bufón el símbolo de la evolución del ser vivo a partir de la oscuridad hacia la luz, pensó que cada vez que alguien se maquillaba estaba haciendo exactamente lo contrario: ocultando en la oscuridad su verdadero rostro. Entonces se le acercó esperando que éste lo recibiera afectuosamente, pero no fue así. Tal vez en su papel de Bufón lo hubiera hecho, porque hubiera podido confundir al Loco con un actor más en medio de tanta gente. Pero ahora, en su papel por fuera de payaso, el actor veía a este extraño desfachatado como un miserable zarrapastroso que con su mano tendida le estaba pidiendo limosna; cuando lo que le estaba era estirando la mano para saludarlo.

- No tengo, le contestó el actor secamente.
- ¿No tengo, qué? Le preguntó el Loco
- Nada tengo para darte, vete, vete.
- Pero es que yo nada le estoy pidiendo, tan sólo quiero darle la mano y felicitarlo por su actuación. Además, quiero analizar, trazar hipótesis y crear un orden mundial nuevo por medio de la comunicación con usted. Creo que un Loco y un Bufón tienen mucho en común. ¿No le parece?
- Usted y yo nada tenemos en común, le contestó groseramente.
- Bueno, pero al menos usted me puede aportar la comprensión y el dominio del lenguaje, como lo hizo ante los chiquillos. Quiero tener la abstracción de ideas y opiniones que usted tiene.
- Váyase a amaestrar sus deficiencias y negatividad a otra parte, le espetó el actor en la cara.
- Pero me parece que el negativo es usted, le contestó el Demente. Aquí el positivo soy yo y deseo sólo en pos de un único interés, que me enseñe cómo ser un buen actor; es decir a representar el papel de una manera perfecta. ¿Acaso tiene usted un libreto, o dice lo que se le va viniendo a la mente en el momento oportuno?
- Para eso, usted tiene primero que analizar con objetividad sus propias cualidades, defectos y motivos con frialdad y mucha minuciosidad, le respondió secamente el actor. Además, debe examinar sus acciones pasadas para hacer un mejor uso de su futuro. Como buen actor, yo aprendí a vencer la tendencia difusa y la timidez.

El Loco prestó atención a la conversación como nunca la había prestado a nadie. Estaba ante alguien que podía desempañar un papel de forma tal que, al salir de él, seguía siendo el mismo de siempre, sin dejar que su actuación lo perjudicara, precisamente, porque tan sólo era eso: una actuación determinada, en un momento oportuno, en el lugar correcto y ante el público que le correspondía.

El Chiflado quería obtener la mayor información posible, porque él jamás había podido separarse del Loco y hacer conciencia de que tan sólo era un actor de la vida a quien le había correspondido el papel de Loco. Y debía estar haciéndolo muy bien porque, efectivamente, todo el mundo creía que él era un Loco de verdad. Quería reunir información, y reaccionar simultáneamente comunicándola eficazmente a los demás y al mundo entero, disponiendo, además, de un amplio espectro para analizar. Tal vez ésta era la persona que le iba a enseñar cómo saber que no era un Loco de remate, sino un buen actor.

- Tienes que dar forma a las ideas, e irradiar una energía mental cambiante y locuaz, le aconsejó el actor. Debes buscar maneras nuevas de hacer las cosas, así como yo mañana puedo representar no a un Bufón, sino a un erudito intelectual. ¿Cuál es la diferencia? Hay que cambiar de opinión frecuentemente, sobre todo cuando nos ponemos otro disfraz. Eso te lleva a desarrollar una gran capacidad para la variedad y la versatilidad, que te permite conducir a una análoga comprensión y a una variabilidad fluida de las circunstancias y de los hombres. Tienes que dar rienda suelta a tu rápida inteligencia y verbosidad; así como comprender todos los aspectos de una situación, pero sin identificarte con ella.

Y el Loco comenzó a sentir que estas enseñanzas le estaban ayudando a complacer su habilidad mental; aquella que siempre había tenido, pero de la cual jamás había sido tan consciente como ahora.

- ¡Voy a cosechar los beneficios de mi enorme poder intelectual! Gritó en medio de una súbita comprensión. Acabo de entender que la mente no es la fuente de mi talento.

- Sigue, sigue, lo alentó el comediante. Deja entrar los pensamientos nuevos, demuestra tu astucia, comprensión y energía creativa hacia la percepción, acumulando mucha más información, formulando preguntas y hallando conexiones entre distintas ideas.
- Voy a edificar sistemas de comprensión y a enseñar mucho mejor a los demás a aprender.
- ¿Has ensayado a escribir experimentalmente?
- No, contestó el Lunático, tan sólo me he dedicado a establecer conexiones con el mundo y los demás.
- ¿Y has ayudado a sacar de apuros a tus allegados?
- Pues, al menos he hecho que los bárbaros entiendan todo aquello que los rodea; los he estimulado en sus ideas y a gustar de las conversaciones cotidianas.
- Pues si les expones tu escepticismo, podrán percibir inmediatamente y verbalizar todas las conexiones que han establecido, pero de una nueva manera.
- Siempre he sido el primero en explorar nuevas vías de pensamiento, dijo el Loco pensando en todas aquellas personas que lo habían escuchado en los diferentes escenarios de su vida. Y he puesto el énfasis en la razón.
- ¿En cuál, en la tuya? Preguntó carcajeándose el comediante.
- Pues en la única que tengo para lograr una mayor estabilidad y una mejor concentración, en especial a la hora de concentrarnos en las realidades inmediatas. Con todas aquellas personas que me han escuchado he aprendido a dedicar más tiempo a las cosas y a disciplinar mi espíritu para llegar a la verdad. Siempre he apuntado a lo esencial y buscado de buen grado la simplicidad de la exposición bien sintetizada. Me encanta vivir en el presente y experimentar la diversidad de las cosas insustanciales que me ofrece la vida.

De repente el Loco se levantó con los ojos desorbitados y, abriendo los brazos haciendo una cruz con su cuerpo, exclamó:

- Voy a permitir que mi otro yo inicie la búsqueda de algo excitante y nuevo. De ahora en adelante voy a poseer múltiples habilidades; muchas más de las que he tenido. Porque ahora sé que estoy Loco, como antes no lo sabía; tan sólo que no dejaré que los demás sepan que ya lo sé. Y para haberlo sabido, alguna especie de división se debe haber producido en mí; porque uno es quien observa y otro es lo observado. Y yo, voy a seguir observando al Loco.

El Chiflado, entonces, respondiendo a estos nuevos estímulos, comenzó a bailar sobre la superficie de su propia existencia; y poniéndose el disfraz de arlequín que se acababa de quitar el actor, salió corriendo a buscar a sus amigos. Quería usar con ellos su nuevo considerable encanto y su nueva vívida imaginación; y realizar sus planes a una escala más amplia de la que había acostumbrado. Por una extraña circunstancia, ahora ansiaba ser racional en su afán de obrar bien. Pero, tener muchas inquietudes y una actitud lógica y racional, no era fácil para alguien que siempre había sido un Demente. Primero tenía que vencer la inconstancia, la versatilidad sin resultados, la prisa sin sentido, la separación de su ser y el crecimiento hacia adentro, así como la locuacidad sin sentido.

- Voy a ser constante con mi elección, sin pensar en la supuesta cantidad de posibilidades que estaría desaprovechando, se dijo para sus adentros. De ahora en adelante voy a sintetizar otros puntos de vista y a llegar a una decisión casi al mismo tiempo.

Y corriendo ya lejos del actor, oyó cuando éste, poniéndose sus manos alrededor de la boca cual si fuera un alta voz, le gritó: ¡tienes que aprender a utilizar con inteligencia cuánto sabes, así como a poner en práctica tus facultades para salir de los apuros!

Obviamente sus compañeros no lo reconocieron al primer momento de verlo llegar vestido con semejante atuendo. Pero al

Lunático cada vez le importaba menos la vestimenta; lo que sí le interesaba sobre manera era seguir desarrollando su papel de Loco en un estilo tan impecable que nadie se percatara que había dejado de serlo. Y, entonces, quitándose el maquillaje, los sentó a su alrededor ahí al lado de un edificio a mitad de cuadra y situado en una calle que iba de Este a Oeste, comenzando a contar lo que acababa de aprender con el comediante.

- Parecen una biblioteca llena de archivos, les dijo al verlos en medio de tantos papiros, enciclopedia y diccionarios. Vamos a disciplinar el espíritu, comenzó diciéndoles mientras se acomodaban entre los canastos, libros, documentos y papeles en general que sus salvajes habían adquirido. Pareciera ser que, mientras él había estado conversado con el teatrero, lo que quedaba de su tropa se había vuelto adicta a la lectura, la escritura, los escritos y los estudios en general.
- Nos ha encantado esta feria, dijo uno de ellos. Esta función de enlazarnos con los demás en temas inteligentes ha sido maravillosa.
- Hasta hemos comprado provisiones en sus graneros, añadió otro mostrando una gran cantidad de fresas, manzanas, piñas, pomelos y semillas de avellano.
- ¿Y de dónde sacaron la habilidad para convencer a otros para que les vendieran todo eso sin dinero? Preguntó el Loco.
- Hicimos un trueque, dijo otro cerrando el Kama Sutra que traía entre manos. Sencillamente les dijimos que sabíamos en donde había una cantidad de gente ebria llena de copas de oro y cobre, coronas y esmeraldas, para que se las fueran a robar. Y así, nos dieron todo lo que les pedimos a cambio de dicha información. ¿Buen intercambio, no?
- Además nos encimaron esta carruaje de madera como medio de transporte para llevar todo lo que tenemos, agregó el más joven de todos con una lógica y oratoria inapelable.

El Loco no iba a entrar con ellos en una polémica intelectual, porque esa era una de las puertas que más abría con frecuencia la discordia entre amigos. Recibir reconocimiento según las capacidades intelectuales de cada quien, era algo tan personal, como el hecho de usar o dejarse utilizar por la energía sexual. Además, la relación entre el yo y la sustancia que lo rodeaba, estaba cambiando a pasos agigantados. De pronto se quedó viendo la carreta que habían obtenido por medios no muy "santos" y dijo:

- Vamos a aprender a tratar el cuerpo con el respeto que se merece. Este vehículo nos va a servir para no forzar nuestro propio cuerpo; pero entonces, les aconsejo, mientras descansan, buscar el yo profundo por medio de la retención de la respiración. Las dos fosas nasales que tenemos, deben ser como los dos caminos que se nos abrieron días atrás; si no fueran distintos tendríamos una sola fosa y no un par.
- Es decir, ¿nos estás diciendo que hay que calmar cuerpo y mente, así como coordinar y unificar cuerpo y alma?
- ¿De dónde sacó esa idea semejante tipo tan tarado? Le preguntó el Loco de frente.
- Lo acabo de leer aquí, dijo señalando un renglón del enorme y viejo libro que tenía puesto en su regazo.
- Sí, es cierto; pero primero tienen que reconocer la dualidad y controlar la impaciencia y el nerviosismo, les recomendó.
- Pensar en la consciencia de la dualidad revela lo que se opone a la dualidad básica de la manifestación y la relación del espíritu con la forma. Dijo de nuevo y solemnemente el bárbaro ahora más civilizado.
- ¿De qué libro estás leyendo eso? Preguntó el Loco, sabiendo que dicha idea no podía provenir de un cerebro tan burdo.
- De este, dijo alargando el brazo con él en la mano. Se llama "Todo el Zodíaco". y en él dice que hay que compensar el yo inferior-mortal, con el superior-inmortal.

- Eso me suena como a un par de Locos de la antigüedad que tuvieron un extenso diálogo en un desierto. Creo que se llamaban Satanás y Jesús, respondió el Loco. Pues bien, como dice tu documento, hay que vivenciar la duda, para expresar la interacción entre las dualidades y la relación de los pares de opuestos. Ahora sé por qué el camino era doble; porque tras este par de puertas íbamos a aprender a tomar conciencia de la ambivalencia que nos asaltaría de aquí en adelante en el momento de elegir. Por eso quienes se han quedado en el camino lo hicieron, porque no sabían que podían elegir ya que obró sobre ellos la mayor fuerza de gravedad que actuaba sobre cada quien en ese momento. En unos la fuerza del tener y en otros la del placer.

- Hay que otorgar al iniciado una palabra que lo conduzca a la fusión de pares de opuestos mayores; continuó leyendo el soldado rascándose la cabeza con incomprensión. Hay que producir los cambios necesarios para la evolución de la conciencia en un punto determinado del tiempo y del espacio.

El Loco había sido consciente de su doble papel de Loco y de ahora saber que lo estaba. Y algo en su interior le decía que había que guardar el misterio o secreto de dicha dualidad. Por fin había logrado fundir lo humano con lo divino; es decir, los opuestos. Ahora podía expresar mucho mejor su dualidad esencial; y, saberlo, lo haría distribuir las sustancias que le eran esenciales para la fuerza locomotriz del cuerpo. Como la carreta a la cual los bárbaros ya le estaban poniendo con empeño toda su fuerza; pues, mientras dialogaban, algunos de ellos la habían cargado con todos los documentos y bienes adquiridos.

El Demente supo, entonces, que saber transmitir fuerza al cuerpo-vehículo, era necesario para manifestar el impulso del principio psíquico, para así ir de la etapa de la individualización al sendero del discipulado; y le era necesario, también, llevar las energías planetarias a un nivel más alto y abstracto. Mientras cargaban su recién adquirido carretón de carga, el Loco recordó cómo en su deambular, mucho antes de imaginar encontrarse con toda esta gente, él había coleccionado, contado, etiquetado, reorganizado y gastado muchas de sus ideas; cómo había nombrado cosas, imágenes y objetos; y se había interesado por las cifras, los hechos y las relaciones de los diversos elementos que había encontrado en el entorno.

Ahora era distinto: si en aquellas épocas había succionado por la raíz, ahora quería convertirse en el vehículo dador de su propia sabiduría. Sabía que debía animar el pensamiento seminal y abrir la mente al deseo de aprender y de considerar las sugestiones más provechosas hechas por los demás, como le había sucedido con el Bufón.

- Debemos acrecentar nuestra capacidad de agudeza en los procesos mentales, así como el sentido latente de la dualidad y del discernimiento que estamos viviendo, dijo el Loco a una partida de salvajes que para nada le estaban prestando atención; pues estaban embebidos por la lectura de los libros y documentos que habían adquirido en la plaza de mercado.
- Hay que definir la manera en que abordemos las cosas en un sentido intelectual y la naturaleza de nuestros talentos mentales, contestó uno de ellos sin siquiera levantar la cabeza del libro que leía.
- Yo sé que la lectura les va a dar claridad mental y una mejor manera de comunicación, elocuencia e imaginación. Pero, tengo una inquietud: ¿mucha lectura no ira contra la intuición natural de ustedes?
- Pero es que leer aumenta nuestra capacidad de invención y de movimiento en el entorno, respondió con algo de nerviosismo alguien sentado a su diestra.
- Todo lo contrario, Señor Loco, dijo otro. Me parece que vamos a adquirir más persuasión y rapidez mental intuitiva, para fomentar el desarrollo de esa intuición y aprender a interpretar cada experiencia que vivamos.
- ¿O es que no le gusta que estemos actualizando nuestro conocimiento? Preguntó uno más.
- No, no es que no me guste. Pero si van a leer tan sólo para almacenar datos o signos, sin aplicar en la vida cotidiana cualquier entendimiento, intuición "superior" o sabiduría-visión espiritual que tengan, me parece que es mejor que hagan una hoguera con tanto

documento. Además ya se acerca la noche y debemos descansar.

El Loco intuía que su imaginaria gente estaba aprendiendo a ser el eslabón entre el entorno y el yo que tenían capacidad de visualizar ahora. Tal vez iban a preocuparse por las implicaciones éticas de la vida, como antes no lo habían hecho porque no sabían que existían. En cierta manera, de todos modos, le agradaba que se estuvieran civilizando al centrar en sí mismos todos los niveles de pensamiento experimentados.

Al amanecer del otro día, algunos de ellos quisieron contar su sueño al Loco, para saber si se los podía interpretar; al fin y al cabo lo consideraban un buen hermeneuta.

- Yo soñé dibujando mapas y creando nuevos idiomas -dijo el primero desperezándose- ¿Qué será?
- Pues seguro que vas a andar por muchos lugares, aprendiendo nuevos lenguajes y expresando tus propias percepciones y experiencias por medio del arte o la palabra.

Y así se les fue la mañana entera ayudándoles a ver el simbolismo de sus sueños, algunos de los cuales eran verdaderas pesadillas; sobre todo las de uno de la tropa que habían soñado con estar mudo. Pero, como el Loco era experto en explicar el proceso mediante el cual desarrollamos preocupaciones y expectativas negativas que nos conducen al aislamiento, y a negarnos el verdadero contacto con los demás por miedo, le explicó cuál era el símbolo de su mutismo.

- Tienes que aprender a contar tu cuento a otro, le dijo. Necesitas despertar una amplia e intensa curiosidad susceptible de convertirse en conocimiento universal aplicativo. Tienes que demostrar cómo comunicarte con los demás con afinidad y participación.

Y el Lunático éste tenía toda la razón. Él siempre había sabido cómo denotar el talento que poseía para comunicarse verbalmente con los demás; así como la forma en que comunicaba esas cosas con las cuales se ocupaba su mente. Nadie como él sabía manejar la mente racional y objetiva en su totalidad; nadie como él para animar a los demás a aprender, civilizarse, escuchar, reflexionar y responder ante la vida. Y nadie como él para amar a los compañeros de trabajo.

El Loco había aprendido a expresar la inteligencia y las propias percepciones por medio de la destreza y el lenguaje, cada vez que había reunido gente para comunicarles su entender de la vida. Y establecer contacto con los demás y vínculos lógicos entre dos o más conceptos, objetos o personas, era una de sus especialidades. ¿La otra?: explotar el conocimiento ajeno con ingenio y persuasión. Le encantaba buscar algo fascinante en cualquier tema hasta llegar a la verdad.

> - Tenemos que aceptar la propia pequeñez en comparación con la inmensidad, exclamó pensando en sí mismo. Tenemos que saber actuar como agentes civilizadores, no como ustedes lo hicieron cuando eran más bárbaros. También tienen que saber actuar como puentes entre lo súper consciente y el yo; y como agentes de rememoración y de curación del alma mediante la iluminación.

Aun cuando su recomendación era profunda, su ejército tenía ahora más capacidad para comprenderlo; y eso les excitaba cada vez más la actividad de las funciones psíquicas dándoles rapidez y vivacidad; así como las líneas hacia las cuales se dirigían sus pensamientos y con una longitud de onda determinada que les mostraba, además, cómo se estaban comunicando y pensando con un insaciable afán por conocer y por explicar qué significaban los seres con quienes ahora se relacionaban y percibían.

Precisamente, ya casi al anochecer, se cruzaron con un grupo de eruditos que disertaban acerca de lo lógico y lo ilógico, tratando de interpretar y resolver problemas con un entendimiento... lógico.

- Hay que mantener la mente abierta, dijo uno de ellos con una lámpara de aceite en la mano mientras revisaba algunos grabados antiguos. Es muy importante mantener al individuo en armonía con un presente que siempre ocurre, para que sea consciente de para qué le sirven los ambientes, las funciones circunstantes, los mundos y los seres con quienes se encuentra.
- Oigan qué tan importante es concentrar la atención consciente en lo que sucede en la experiencia personal del ahora, exclamó el Loco oyendo al erudito.
- Hay que usar la mente para percibir verdades, dijo una mujer sentada entre los sabios. Y usar creativamente el arte, la facultad discriminativa, la inteligencia, la palabra y la razón como símbolos de lo que la persona huele, oye, saborea, toca y ve, para expresar lo que es verdadero, es amoroso y sirve a ideales superiores.
- Aprendan de esta mujer tan sabia, dijo el Loco. Me parece que ella sabe usar los poderes transmutados del pensamiento claro y exento de prejuicio para evaluar todo con mayor veracidad. Y, siendo mujer, debe saber utilizar muy creativamente la destreza y la inteligencia mucho mejor que el hombre quien, a su vez, sabe utilizar más el discernimiento y la razón para servir a los altos ideales.
- Lo que importa es que con el conocimiento podamos servir a los demás, dijo otra mujer vestida cual catedrática. Así como disfrutar de los hechos por el inmediato estímulo que nos ofrecen.

Tanto el Loco como sus acompañantes estaban absortos escuchando a este grupo de eminencias, que les permitían estar en contacto con la aguda y fresca intensidad de la realidad del momento. Eso estaba incidiendo en ellos en un sentido práctico que les ayudaba a simbolizar la verdad y a intentar cosas nuevas, formulando y expresando ideas que se originaban en una pauta abstracta.

- Vamos a funcionar con habilidad, exclamó uno de los guerreros, mientras los eruditos volteaban a verlo, cayendo en la cuenta de su presencia.
- Gracias por ayudarnos a introducir fluidez, movimiento y nuevos comienzos en nuestra vida, dijo el salvaje que estaba a su derecha haciendo una reverencia ante ellos.

Todos estaban interesados en recopilar información aceleradamente y en tender hacia la adaptabilidad y versatilidad que todo este conocimiento les estaba dando. Así como habían cargado la carreta con documentos y libros, estaban llenando su mente para poder hacer el nuevo trabajo que a cada uno le gustaba y lograr que la visión súper consciente, la sabiduría y el entendimiento superior fueran más accesibles a su mente consciente. Poco a poco los cavernícolas estaban dejando de serlo y eso representaba un problema para el Loco que les había dado vida con su imaginación: que si aprendían a pensar por sí mismos, ya lo podían contradecir.

Hacer surgir las ideas en ellos, les había permitido desarrollar un sentido de perspectiva y procurado una buena comunicación con la cual ahora ponían en circulación todo lo que debían ubicar intelectualmente. Pero hacer circular las cosas y promover la reflexión intelectual, la acción de pensar, de asociar, de comparar, de comunicar, de formar la inteligencia y de hablar, era algo que ya el Loco no iba a poder controlar en ellos.

- ¿Qué pasará cuando empiecen a confrontarse entre sí mismos defendiendo las ideas contrarias? Pensó en sus adentros. Aún no saben del todo hacer asociaciones y conexiones inteligentes, ni saben cuáles son los mejores o peores momentos para aprender, comunicarse, servir, trabajar y vender una idea. Aquellos se enfrentaran por lo que poseen, los otros por la pareja del prójimo, pero estos por lo que saben.

En el tiempo que habían estado compartiendo con los eruditos que les habían iluminado la mente, éstos habían influido en el mundo de las ciencias, las ideas, los intercambios materiales, las letras, los negocios y... el robo. Sí, el robo. Porque algunos de los documentos habían empezado a perderse de la carreta. ¿Habrían comenzado a envidiar el conocimiento distinto que iban adquiriendo unos de los otros?

- Vamos a perseguir objetivos a largo plazo y a llegar a acuerdos mediante la comprensión objetiva y una clara expresión verbal entre nosotros, les recomendó el Loco viendo que empezaban a incriminarse unos a otros como responsables de las pérdidas de los libros que habían cargado con tanto esfuerzo. Hay que responder con entusiasmo y regocijo a las oportunidades de aprender y comprender; los libros no son tan importantes, más lo es aquello que está escrito en ellos. Pero después sabrán que ni eso es trascendental. Es ahora cuando ustedes deben revelar qué tipo de conexión mental con los demás, les permite un intercambio de información comprensiva y una expansión mutua. Es en estos momentos de incomprensión, cuando pueden señalar el área en que deben concentrarse para que la comunicación sea un vehículo de satisfacción al ser comprendido por los demás.

Pero llevar a cabo convenios y compromisos con otras personas, a pesar de estar ya más civilizados, tampoco era una tarea ni corta ni fácil. Sin embargo, era en oportunidades como ésta cuando más rápidamente debían procesar la variedad de datos externos que los estaban impactando, para que no se incriminaran unos a otros. Dicha situación les tenía que proporcionar la capacidad de tener ideas y percepciones nuevas que liberaran o expandieran a cada uno de ellos. Ningún momento es mejor para regular nuestra apreciación mental del mundo, la capacidad de aprendizaje y la forma en que exteriorizamos las ideas y nuestros puntos de vista particulares, que cuando estamos en medio de personas que nos contradicen con o sin autoridad.

- Hay que aprender a sortear las cosas de una manera coherente, les recomendó el Demente. Es ahora cuando es preciso saber superar la brecha que existe entre ustedes como entes separados, y aclarar situaciones o transacciones pendientes.

- ¿Describir la capacidad de negociación entre nosotros de qué depende? Preguntó uno de los salvajes abrazado a una gran cantidad de libros y rollos viejos.

- De su nivel de ser, respondió el Loco. Además, eso los puede hacer brillar con adaptabilidad.

Tienen que transformar su forma de expresar la inteligencia, la modalidad de pensamiento y de percepción.

La tropa se había dividido entre ellos, pero continuaban siendo un solo ejército. ¿Cómo les iba a explicar el Loco, el proceso mediante el cual ellos estaban desarrollando preocupaciones y expectativas negativas que los podrían llevar al aislamiento? Se habían vuelto desconfiados y veían en cada rostro el de un ladrón. Alguien tenía que indicarles el miedo que, inconscientemente, les impedía ser ellos mismos y decirse la verdad unos a otros; alguien debía ilustrar los motivos por los cuales ahora reprimían la manifestación verbal.

Y entonces el Loco se inventó algo genial. Decidió decirles que con toda la inteligencia de la cual ahora eran poseedores, él tenía la capacidad suficiente para poderlos conducir al aposento de los misterios y traducirles a términos de realidad, los símbolos en palabras del ocultista y de la visión mística de la vida que ahora podían comprender. Y esa era una idea que ellos jamás habían escuchado: ir hasta los misterios y la visión mística de sí mismos. Esa era la mejor forma para que dejaran de desconfiar unos de los otros.

- Vamos a descender al inconsciente para transmitir información a la mente consciente, les propuso en medio de su demencia. Y vamos a aprender a expresar, por medio de actos y palabras, nuestras creencias espirituales y filosóficas; así como las inspiraciones, intuiciones, nuevas ideas y visiones interiores de las cuales seamos conscientes.

El Loco sabía que un principio fundamental en el camino espiritual era lograr relacionar al hombre espiritual interno con el ser humano externo. Pero el sendero no era fácil, pues había que detectar y destruir todo lo que se encontraran en su camino buscando la verdad desnuda. Pero ¿Cuál verdad? ¿La del Loco, la de ellos? Y así, sentándose en posición de meditación, les fue diciendo que cerraran los ojos, que miraran hacia adentro y empezaran por recopilar y traducir conocimientos inconscientes u oscuros, así como habían recogido información de tanto libro y documento que habían estado leyendo durante los últimos meses.

Y entonces, comenzaron a distinguir una cosa de otra midiéndola, comparándola o contándola al distinguir el bien del mal. Estaban intentando no sólo enfocar todos los poderes creativos, sino aprendiendo a supervisar dicho proceso creativo. Y eso fue aliviándoles las emociones conduciéndolas hacia el aquí y el ahora; y trayendo a la conciencia diversas personalidades e información que permanecían desconocidas y sin evolucionar en el inconsciente de cada uno de ellos. Ahora podían expresar lo aprendido por medio del estudio de la Ley de Causa y Efecto; para luego evaluar cada situación en la cual decidieran si debían actuar como Yang o como Yin.

Pero hacer aflorar inesperadamente el contenido del inconsciente, podía ser como abrir la caja de la Loca Pandora. Llevar a la luz los contenidos más ocultos, recesivos y suprimidos de la psique, podía ser algo irreversible; como prender la luz del sótano y saber qué esconde. Ahora les correspondía saber mediar entre el alma y la personalidad; y unir el espíritu a las cuestiones cotidianas para facilitar el proceso y la conciencia con la subconsciencia.

El estado de meditación los estaba llevando profundamente, como si los estuviera guiando el mitológico Psicopompo, en medio del descenso al inframundo. Y, saliendo de allí, ahora debían enseñar la obligación de obtener e impartir sabiduría; al igual que cambios en la percepción mental.

- Hay que mantener vivo dentro de nosotros al "niño divino" que vieron allá para liberarlo, les dijo el Loco en la medida en que observó que todos iban normalizando la respiración y abriendo los ojos saliendo de su estado meditativo. Ahora saben que pueden y deben impulsar a las personas hacia la búsqueda de las estructuras de los sistemas con los cuales entraron ustedes en contacto; y también hacia el deseo de hallar las causas profundas de los hechos y de los mensajes, pero sin juzgar nada acerca de ellos. Ya saben que somos el ingeniero de nuestra computadora cerebral y si quieren enloquecerse, nada ni nadie se los puede impedir.

Y así, se fueron levantando pesadamente, con el placer de haber logrado no ver a sus compañeros de viaje como ladrones ni embaucadores. Ahora sabían, como el Loco lo comprendía desde siempre, lo que era ser jóvenes de corazón; objetivos y racionales, y lo menos emocionales posible traduciendo a conceptos las percepciones sensoriales. Ahora les quedaría mucho más fácil tratar con personas más jóvenes que ellos ,para organizarlos con destreza.

De pronto el Loco recordó al grupo que se había ido por el sendero de la derecha y pensó: ¿qué será de ellos? ¿Acaso nos encontraremos de nuevo algún día?

LA CUARTA PUERTA

Y sin saber cuál sería la respuesta a su inquietud, el grupo se detuvo a descansar un rato a la orilla de un precioso estanque que más parecía la morada de los dioses de una remota antigüedad. Al Loco le pareció ver en la fuente un enorme ojo de la tierra, a por el cual deberían ver los habitantes desde el submundo. Pero, como en ese instante comenzó a llover, todos se refugiaron en una pequeña gruta que había al lado del pantano. La lluvia le pareció al Demente como un agente fecundador del suelo, portadora de la pureza celestial y de las influencias cósmicas recibidas por la tierra sea en agua, en fertilidad espiritual o en abundancia de sabiduría; la lluvia le pareció, en fin, símbolo de gracia divina.

- En lugares de abundante vegetación siempre tiene que llover mucho, porque la Tierra es un organismo vivo y su fuerza de crecimiento depende del agua. ¡El agua es vida! Exclamó con gozo saliendo del abrigo rocoso mientras las gotas caían sobre su sucio rostro y las estrellas de su pelo se deslizaban con el agua.

Y, entonces, se quedó quietico y acurrucado en medio del aguacero. Pero no estaba sólo, muy cerca suyo y chorreando agua por su caparazón, lo observaba una tortuga. Y el Loco, como era loco, comenzó a conversar con ella.

- ¿Estás esperando que pase el vendaval, tortuguita?
- No, para que voy a esperar eso; no me estorba que llueva, yo ya logré la estabilidad y nada me perturba. Se podría decir que soy la inmortalidad.
- ¿Lo dices por tu longevidad?
- No, lo digo por mi sabiduría y por mis virtudes domésticas. ¡Acaso no ves que formo cuerpo con mi casa que nunca dejo? Además, como soy muy silenciosa y me escondo ante el peligro, soy la prudencia y la constante protección que a ti te falta. Por eso te estás mojando. Aún eres como una babosa a

quien todo lo afecta: que si llueve se moja, que si está muy caliente se reseca; es decir, eres un individuo perdido entre la ciega masa de confusiones, manejado por los instintos e involucrado maquinalmente con la vida, siendo masa y formando parte inconsciente del gran Todo. Como aún eres la persona que huye de todo y que teme a la vida, vas a tener que aprender que, viviendo aún dentro de la masa de gente que te acompaña, debes encontrar cómo protegerte de los sucesos de la vida externa y tener un caparazón para defenderte, como yo; pero como el problema es que sin él tampoco sabrías vivir, debes mantenerte a la defensiva para que nada, ni nadie te hiera.

- ¿Si tuvieras que regalarme algo, qué me darías tortuguita?
- ¿Quieres ayudarme a soportar el Universo sobre mi caparazón? Mira que él es redondo por encima, como el cielo, y plano por debajo, como la tierra; por ello soy la mediadora entre el cielo y la tierra.
- No, tal vez es mejor que lo sigas cargando tu solita, exclamó el Loco retrocediendo un poco.
- Entonces nada puedo darte, porque no sabrías que hacer con algo que no has construido tú mismo.

Ahora el Loco se sentía mojado por fuera y por dentro, pues la tortuga le había hablado con una verdad indiscutible. Y se sintió como una persona prisionera que percibía el impulso intuitivo de elevarse o emerger sobre -no ser parte- de la chusma imaginaria que lo acompañaba; y que, sin tener residencia propia, se siente a gusto y como en su casa en cualquier parte en donde viviera o se ubicara momentáneamente; como lo habían hecho con la caverna en donde ahora todos dormían. Es decir, el Loco se veía a sí mismo como aquel individuo que, despierto a lo que está a su alrededor, se tenía que adaptar a las circunstancias que le correspondiera vivir, como lo haría un cangrejo ermitaño.

Para cuando salió de sus elucubraciones, la tortuga ya se había metido en el agua y había dejado de llover. El torrencial aguacero había hecho crecer el nivel de la charca en donde estaban y tanto que, sin darse cuenta, algunas plantas acuáticas se habían adherido a las piernas del Loco. Entonces, entró a la cueva y se recostó un rato, pues aún no había amanecido y las nubes negras se habían ido, dejando ver a la Luna Llena brillando en el firmamento con todo su esplendor. El Loco cargó su energía con ella y se echó a dormir.

A la mañana siguiente el espectáculo era grandioso: por sobre la boca de la cueva en la que habían pernoctado, caían dos sendos chorros de agua que más parecían una cortina de lluvia por en medio de la cual todos cruzaron, como si fuera una mágica puerta que los llevó de nuevo al camino que debían seguir.

- ¿En dónde estamos? Preguntó uno del grupo aún somnoliento.
- ¿A quién le importa realmente? Le contestó otro desperezándose a su lado. Lo que me interesa no es saber en dónde estoy, sino calmar el hambre que siento; ya se nos acabaron todas las provisiones que adquirimos en la plaza de mercado. ¡Miren cómo se han mojado los libros y papeles en la carreta!

Como el hambre los estaba afectando a todos, pues hasta el humor se les estaba poniendo negro, el Loco los conminó a que descendieran por el camino que se abría ante ellos. Además, no muy lejos, se veía una cabaña humeando cerca de un riachuelo; de pronto viviera en ella alguien que les diera un buen trozo de pan de centeno con leche. Y así, poco a poco, avanzando en medio de la campiña, vieron que no había una sino varias casitas campestres rodeadas de árboles frutales, azahares, lilas y lirios en cantidades.

Al pasar junto al portillo abierto de una cerca de madera se detuvieron un momento, pues del interior del rancho no sólo emanaba un delicioso aroma, sino la voz de una mujer que tarareaba una suave melodía que decía: con buena sazón, se llega al corazón. Un tantico de dulce acá y un poquito de sal allá.

El Loco se acercó a la ventana que veía abierta y observó tras ella a una rozagante mujer entrada ya en años, quien con un delantal y aún en ropa de cama, daba vueltas con un cucharón a una deliciosa sopa mañanera que hervía en una olla de barro, mientras le agregaba una pizca de sal. Al Demente le pareció ver en la sal, algo así como la incorruptibilidad necesaria al sazonar bien lo que debe alimentarnos. Y la sopa debería tener un sabor tan deliciosamente inmortal, que el Chiflado comenzó a desear con ansia locas que esta mujer lo protegiera con su amistad y hospitalidad.

Pero de repente se dijo: ¿y si le echa mucha sal al caldo, no será esto símbolo de purificación y de sufrimiento? A caray, sin embargo, una tierra o alguien que esté salado es árido, infértil o estéril. No importa, ahora solo quiero ser como un grano de sal, que disuelto en el océano, sea como mi alma unida al infinito. ¡Tengo hambre!

Es más, el Loco alcanzó a ver sobre la mesa del comedor, preparada para cinco personas, platos con pimentones y pepinos en encurtidos; pasta llena de anchoas con brócoli que le hizo arrugar la nariz, pues no sabía cuál de las dos cosas detestaba más. Después, su hambrienta vista se detuvo ante una fondue de queso que lo invitaba a poner los trocitos de pan que veía cortados al lado.

- Hay mermeladas de pétalos de rosa, de saúco, de naranja, de ciruela y de limón, les dijo al regresar donde lo esperaban ansiosos. Los racimos de uvas, las raíces de jengibre, el arroz con olor a especies de lejanos paisajes, los langostinos, las legumbres frescas, los nabos, las nueces, el queso, unas enormes empanadas, el pan de centeno, todo se ve delicioso.
- ¡Pues qué esperamos, entremos! Propuso el más hambriento de todos.
- No, no, un momento, repuso el Loco. No se vayan a comportar aquí como hicieron los otros con el primer pueblito que nos encontramos. Recuerden que ya

ustedes son más inteligentes que antes. Esperen un rato, mejor voy a tocar a su puerta y me presento.

Y dicho y hecho, el Loco se alisó como pudo los harapos que llevaba puestos, se acomodó de nuevo el caracol que traía sobre su cabeza, se sacudió las plantas acuáticas que traía pegadas; se peinó las pocas estrellas de mar que le quedaban en sus mechas y, con semejante pinta, pues hasta los zapatos eran del Bufón, se paró frente a la puerta golpeando en ella.

- ¿Quién es? Preguntaron desde adentro.
- La vieja Inés que viene por la plata del otro mes, respondió el Loco automáticamente, mientras la mujer que había visto le abría y al mismo tiempo le tiraba la puerta en la cara.
- Aquí no admitimos pordioseros, le respondió desde adentro. Vaya a pedir limosna a otra parte.
- Pero, ¿de quién es todo esto? Le preguntó tímidamente el Demente.
- Esto es mío y de nadie más, contestó la matrona secamente. Mejor váyase, váyase, antes de que mi esposo se despierte y lo muela a garrotazos.

Y como si en ese momento hubiera llamado a su marido con el pensamiento, el hombre salió de su habitación desperezándose y cantando: te amo porque soy tu dueñooooo. Te deseo, porque me alimentaaaaaaaaaas. Y percibo tu suave aromaaaaaaaaa. Yo seré quien provea lo que necesitaaaaas. Yo siento queeee... ¿! Con quién estás conversando mujer?!

- Ni idea, contestó ella. Este parece un loco muerto de hambre que me imagino que viene a pedir comida.
- No, no señor, déjeme le explico. Somos un grupo de peregrinos que vamos por donde nos lleve el camino, dijo el Loco estirando la mano para señalar a los demás caminantes.
- Bueno mujer, si es así, déjalos seguir y dales de comer.
- ¿! A Todos!? Preguntó ella horrorizada blandiendo el cucharón que llevaba en la mano. Si son un montón,

no me alcanza ni la leche. Pero bueno, qué se va a hacer, vamos a alimentar física, emocional y psíquicamente a estos hambrientos; al fin y al cabo esa es mi misión: nutrir afectiva e instintivamente a los demás; y apoyar, atender y cuidar a la gente. Así sea esta partida de sucios visitantes. Pero les advierto que no tengo pavo y el fondue es poquito.

Pero primero voy a comenzar por mostrarles mi vivienda. Entren los que quepan, siéntense y escuchen: mi casa es la imagen del universo; es mi templo e imagen de mí ser interior, con todos los estados del alma que son las diferentes partes que componen una casa. Por ejemplo, el exterior del rancho es la máscara o apariencia de una persona. ¿No les parece que el techo es la cabeza, el control de la conciencia y el sótano el símbolo de inconsciente y los instintos? Y aquel granero que ven allá cerca de la casa del vecino, es la elevación espiritual. Mi hogar también es un símbolo femenino de protección, refugio y seno materno.

Era tanta la algarabía que hacían algunos de los visitantes entrando a ver la casa, que no sólo sus tres hijos también se levantaron para ver qué sucedía, sino que de todas las casas de alrededor comenzaron a salir sus moradores, para ver quienes hacían tanto alboroto. Y, al observar lo que ocurría, se dijeron entre ellos:

- Vamos, tenemos que ayudar a la vecina, son demasiados para que ella los pueda alimentar a todos en su seno materno; a pesar de estar lleno de dulzura, fecundidad, intimidad, medidas exageradas, ofrendas por doquier, promesa de regeneración de cualquier clase de hambre, protección incondicional, receptáculo de amores, recurso y seguridad. Traigan bastantes provisiones, de esas que nos han servido para alimentar nuestra energía espiritual y la inmortalidad como alimento de los dioses. Estos no serán dioses, pero vamos a sustentarlos.

Y así, la tropa que quedaba, al verse tan bien atendidos, comenzaron a sentirse afectivamente nutridos por quienes los rodeaban. No sólo los estaban alimentando físicamente, sino que lo sentían también a nivel emocional; pero de una manera muy diferente a como se habían sentido atendidos por aquellas mujeres que se habían encontrado en el río, años atrás, y con quienes se habían quedado algunos de sus compañeros de viaje. Ahora estaban aprendiendo a contactar con el mundo a un nivel emocional, sin que en dicha relación tuviera que inmiscuirse ninguna relación sexual. Sencillamente, todas las personas que los estaban alimentando, en las diferentes cabañas a donde los habían invitado a entrar, les estaban enseñando a manifestar el mundo de las emociones.

Se comenzaban a sentir mejor que ni que estuvieran en sus casas, alimentados por la madre que jamás recordaban haber tenido; y toda esta situación les estaba creando limitaciones emocionales para sentirse seguros. Pero absorber las emociones para luego reflejarlas al mundo de manera eficaz, tampoco era una tarea sencilla. Al fin y al cabo, como son las emociones quienes más hacen sufrir a las personas, era importante aprender a alimentar y a expresar la propia naturaleza emocional de cada quien.

Estaban viviendo en un lugar en donde la gente había aprendido a aportar a la sociedad las cualidades del corazón, y a abrir hacia los demás el caudal de sus sentimientos. Siempre habían sido guerreros rudos, pero ahora se preguntaban si podrían ejercer el liderazgo por medio de las pasiones y los sentimientos. Por vez primera en su vida, se sentían capaces de asumir la responsabilidad de sus impresiones.

- Voy a expresar los afectos activamente, dijo uno de ellos mientras saboreaba una deliciosa y humeante sopa de tomate a la cual le había agregado unos trocitos de pan de cereales. Es una buena idea esto que nos han enseñado estas personas, con respecto a ponernos en contacto con las emociones y los sentimientos a través del estómago.

- ¡Sí, qué sensación tan maravillosa es esto que siento en este momento! Exclamó uno comparando el instante de estarse alimentando con un exótico plato de sushi, con alimentar los gérmenes de conciencia en aquellos a quienes amaba.
- Hay que aceptarse y aceptar a los demás tal como son, les dijo el Loco viendo el estado de paz en que se encontraban. Claro: barriga llena, corazón contento...

Pero, entonces, sucedió algo que el Lunático no había previsto: que la comodidad de un hogar podía tener tanta influencia en su gente, que algunos de ellos podrían pensar que las hijas solteras de aquella casa, o la señora solitaria de aquella otra; la viuda de más allá... que todas ellas podían necesitar alguien que las cuidara y, entonces, querer hacer... hogar. Buscar refugio en un nido de fuertes cimientos o en el pasado, es parte de la naturaleza humana. Al menos eso era mucho más fácil de lograr que construir en su interior un refugio seguro. Pero por ahora, estos ranchos comenzaron a parecerles un lugar desde el cual podían irradiar calor y un nido acogedor a modo de remanso de paz contra el mundo. Además, a las personas que los habían recibido, se les notaba de lejos que les encantaba cuidar de las personas y las cosas.

Sí, es loable dedicarse a la protección pura y simple del ser humano; así como ver la necesidad de cuidar y de ser cuidado; es decir, dar protección desarrollando dicha empatía protectora. Pero un problema escondido en dicha actitud, se da cuando el protegido se cree o se siente dueño de quien lo protege o de sus pertenencias. Y eso lo pudo comprobar uno de los bárbaros cuando, entrando en la terraza de la casa en donde estaba habitando desde semanas atrás, pretendió llevarse la carpa, los velones y los muebles que estaban puestos en ella; así como una estatua en bronce de una mujer con un águila, que había pertenecido al marido de la dueña de casa; quien inmediatamente comenzó a defender heroicamente los intereses heredables por sus tres hijos.

- Mis hijos y yo te hemos dado calor y seguridad emocional, dijo ella manoteando sobre la mesa redonda en donde atendía a la gente. Nos han enseñado a hacer que los demás se sientan cómodos en una situación familiar o social; pero también a llevar una vida familiar protegida. De mi papa sólo recibí bendiciones y usted está haciéndonos poner en práctica y en duda, nuestro enorme potencial de generosidad y paciencia. Yo era una pobre boba, no fui una buena compañera de mi marido; él necesitaba alguien que fuera a su ritmo y yo escogí mal. Ahora, por fortuna, no necesito de una pareja para sentirme contenta; puesto que soy más independiente y vivo como quiero aquí en mi casita, cuidando mi jardín. Y, por cierto, usted no se va a llevar nada de aquí.

Al ver el disgusto que uno de los suyos había producido, el Loco comenzó a preocuparse por los demás. Se sentía culpable porque la gente del lugar los había protegido como los débiles y menesterosos que habían llegado. La gente les había infundido esperanza y consuelo cuando más desesperados estaban al sentir hambre física y emocional; es decir, los aldeanos le habían dado valor al acobardado que había en cada uno de ellos.

Pero no todos se habían comportado de esa manera. Algunos, buscando constantemente reconocimiento, consuelo y el equivalente del amor materno, lo habían encontrado en dicho lugar. Se habían aposentado en algunas de las casas para conocer el entorno inmediato mediante el apoyo familiar que les daba la comunidad; y así, comenzaron a establecer raíces y la realización personal en contacto íntimo con quienes vivían y con la naturaleza del terreno. Después de varios meses habían comprendido a los demás a un nivel profundo y personal; es decir, habían logrado atar a los demás a su gratitud.

Esta clase de vida con las personas del pueblo, le estaba dando a sus bárbaros la aptitud para los espejismos, la indecisión, la nostalgia, la regresión al pasado y afán para salir de su soledad moral. Es cierto que a quien cocinaba en su casa, le era de suma utilidad tomar conciencia de todo ese potencial emotivo que lo podía llegar a dominar; y elevar dichas emociones a un plano más espiritual que terrenal, para satisfacer su necesidad de reconocimiento emocional o de su sensibilidad. Es decir, nadie iba a cocinar para que a otro no le gustara su comida.

Por tal motivo, el Loco comenzó a sentir que dejar que los demás fueran hacia él, ya no iba a ser una labor fácil de lograr. Opinó que emplear sus fuerzas para elevarlos para seguir siendo el centro de atención de una manera emocional, había tomado otro rumbo. Ellos estaban dispuestos a brindar a otros lo que habían recibido de él en sus andanzas, a cambio de una buena cena no importando cual fuera la mesa del comedor... Definitivamente el Demente había contribuido al adelanto del grupo con pericia y prudencia, y ahora necesitaba entender rápidamente lo que necesitaban o deseaban los demás en esta nueva etapa de su vida, la más emocional de todas. Su gente estaba aprendiendo a vivir no sólo en familia, sino a formar juicio de la conciencia de la masa. Y él jamás había sido parte de ninguna masa de nada.

- Tienen que sentir con toda el alma que su existencia encontrará apoyo en el entorno que están viviendo, les dijo. Porque si sólo van a actuar a un nivel más elevado para obtener ganancias materiales, se adueñara de ustedes el poder y el placer como años atrás sucedió con aquellos que se quedaron allá al otro lado del horizonte. Eso sería como crear un caparazón de objetos materiales, cuando siempre les he aconsejado que tienen que salir de su armadura de posesiones materiales y de la máscara de indiferencia.
- Pero es que esta gente nos ha hecho recuperar nuestra seguridad y estabilidad mediante dichas comodidades materiales, respondió uno de ellos cargando un canasto lleno de recuerdos familiares.
- ¿Pero no les parece que perseguir la prosperidad para lograr la seguridad, los haría seres demasiado dependientes? Además, nada de lo que ven les pertenece a ustedes. Con todo lo que están reuniendo lo

que han hecho es erigir paredes defensivas a su alrededor.

El supremo Chiflado tenía razón una vez más y sabía por qué lo decía. Buscar la realización terrenal nada tenía que ver con acumular objetos, recuerdos ni posesiones emocionales. Parecía como si los bárbaros estuvieran buscando toda clase de ayudas que los protegieran de su desnudez y desvalimiento. Ahora, ¡quién lo dijera! estaban enfatizando la necesidad de sentirse bien aislados de la agresión externa. Se sentían seguros... emocionalmente. Lo que no sabían era que, de seguir por esa ruta de la dependencia emocional de tener un hogar y una familia, también los iba a llevar por el camino de alternar el placer y el dolor en una sucesión constante.

- Tienen que aprender a captar las corrientes de simpatía que afluyen y desechar las de antipatía, les recomendó. Les es necesario controlar sus excesos emocionales, humores, lógica sentimental y timidez; así como conquistar aquello que su personalidad emotiva les ha puesto en el camino, al igual que las simpatías del prójimo.

Crear de antemano las condiciones que determinen que la gente con la cual estaban alternando por debajo de ellos, era algo que no podía darles a entender el Loco, pero que lo comprenderían más tarde. Quería aliviarles el sufrimiento psíquico que les iba a llegar, cuando empezaran a perder a los seres queridos o a las posesiones adquiridas. Ese era el origen del sufrimiento como el Loco Buda lo había descubierto milenios atrás. Si el apego emocional no los iba a mantener alerta en todas las circunstancias para corregirse, no demorarían en comenzar a desechar a quienes pudieran llegar a ser sus competidores peligrosos; en vez de alejar - eso sí- cualquier indicio de morbosidad. Tener demasiadas posesiones emocionales era exponerse al riesgo, porque podían comenzar a exigir que los demás respetaran su sensibilidad y propiedad privada.

- Tienen que protegerse a sí mismos de su exceso de sensiblería, les dijo sabiendo que muchos de ellos ya estaban atrapados por sus emociones. Tienen que estabilizar su carácter, encauzar la imaginación y ser valientes para decir no o sí en el momento en el cual deban deshacerse de alguien o de algo. Recuerden que al comprender todo, deben perdonar todo.

El Loco sabía que crear esos cordones umbilicales, definitivamente no favorecían los renacimientos futuros, porque lo emocional era una carga demasiado pesada. Era fundamental, para no intentar soportar las cargas de los demás, encontrar la intuición espiritual y que ésta dominara su instinto.

- Tienen que tomar conciencia de sí mismos, así como de su potencial emotivo y dominarlo haciendo que se amolde a la política de su personalidad espiritual.

Creía el Demente que si lograban unir dentro de sí mismos la energía yang y yin para lograr una notable plenitud y mayores posibilidades de creatividad, iban a sufrir menos o, al menos, aprenderían a sufrir por algo que valiera la pena y no por las pérdidas emocionales a las que se estaban arriesgando. Debían enlazar el mundo formal y el informal porque, de todos modos, lo emocional también podía llevarlos de la etapa de la individualización al sendero del discipulado. Tal vez ese era el oficio del centro emocional: poner al individuo en contacto con el origen de todo el ser, con la propia fuente y con sus raíces. Pero como el Loco era un diplomático de la vida psíquica y, precisamente, sabía reflejar en los demás dichas energías psíquicas, se prometió a sí mismo olvidar el pasado vivido con ellos y comenzar una nueva vida; así como respetar el orden establecido por su gente, al vivir y hacer familia con el grupo de personas con quienes estaban coexistiendo desde hacía ya tiempo.

Y una noche, de esas en las que él se recargaba tirado en un potrero a la luz de la Luna Llena, un sentimiento muy profundo lo llevó a alejarse de la vereda sin que lo vieran partir sus compañeros. Como el oficio de ésta era distribuir la luz del Sol, la Luna comenzó a aclararle el camino, mientras él iba recordando en su interior que jamás era bueno apegarse a la gente o a las cosas por mucho tiempo. Buscar la protección en los demás, así como una relación para sentir seguridad doméstica y bienestar emocional, era bueno por un tiempo pero no para siempre. Estaba bien dar y recibir alimento, consuelo y hasta conciencia de la presencia de Dios o intimidad para satisfacer las necesidades emocionales, pero aprendiendo a definir el proceso mediante el cual, tarde o temprano, nos debemos separar emocionalmente de los demás.

El Loco buscó un lugar apartado, se acostó en la verde pradera y se puso a contemplar a su adorada Luna, el gran ojo nocturno de la noche fría. Y así, la oscuridad comenzó a destapar antiguos recuerdos en su alma de loco; reminiscencias de cuando él había vivido tantos años tierras adentro antes de encontrarse con su imaginario ejército. Simbólicamente todo ello estaba muerto para él. Y, de pronto, en medio de su locura, sintió que la Luna le hablaba asomada tímidamente detrás de una nube negra:

- Yo soy quien determino tu actitud ante el hecho de estar encarnado en el universo físico, le dijo. Así como tus condicionamientos pasados y el tipo de circunstancias con las cuales te enfrentaste en la infancia.

Y el Loco, entonces, se acordó de su madre y de la enorme influencia que sobre él había tenido su familia materna en su lejana infancia. La Luna Llena tenía razón. Ellos le habían promovido el instintivo y el vago deseo de experimentar, percibir y sentir el espectáculo del mundo de una manera totalmente diferente a los demás.

- Te he servido para reflejar el tipo de experiencias que has vivido por medio de tu familia y las distintas personas o yoes de tu ego, continuó diciendo mientras el Loco la observaba con los ojos bien cerrados. Soy yo quien represento las dependencias que desde tu niñez te han permitido sobrevivir y los sentimientos arraigados en ti mismo.

No me es nada fácil describir el ambiente emocional del Loco en dicho momento. Solo sé que, mirándola fijamente, le pregunto:

- ¿De dónde procede el pasado?
- De tu alma y de las primeras experiencias infantiles con tu madre, respondió ella.

A pesar de la habilidad que siempre había demostrado el Demente para ajustarse a las distintas situaciones que se habían presentado en su vida, ahora le estaba comenzando a pesar la herencia ancestral, la historia, el hogar natal, la manera de actuar, la necesidad que siempre había sentido de proteger y de ser protegido; ahora sentía el peso de sus raíces y la tendencia de comportamiento personal por costumbre o inconscientemente. Su diálogo con la Madre-Luna estaba por determinar en él la alteración entre sentimiento y pensamiento.

- ¿Cómo puedo transformar mis sentimientos acerca de mí mismo? Le preguntó en voz baja.
- Tienes que verte a ti mismo a través de mí, contestó la Luna cariñosamente.
- Pero es que tú eres el reflejo del Sol.
- Y tú eres el Sol, repuso ella. Por eso soy tu lunático reflejo, ¡oh mi amante y fiel esposo!

Jamás había sido fácil para el Loco abrir la vía de la razón y de la objetividad, cuando dialogaba con la Luna. Ahora ella le estaba aportando imaginación para desarrollar la sensibilidad de la videncia imaginativa; tanto, que por eso seguiría... Loco.

- Tienes que aprender a agudizar la imaginación y la intuición por medio del vínculo con el subconsciente, le recomendó ella.
- Pero yo siempre he sabido actuar sobre el inconsciente, mis tendencias primitivas y la vida instintiva, respondió él. También me ha quedado fácil afirmar mi personalidad a través de la emotividad, las sensaciones, y la vida psíquica profunda y rica que poseo.
- Tienes razón, repuso la Luna picaronamente saliendo detrás de la nube negra. Pero he sido yo quien te ha ayudado a crear las condiciones que te conducen a la transformación del instinto en intelecto; soy yo quien te ha mostrado cómo reaccionas basado en lo predispuesto en tu subconsciente. Por eso estás como estás, mi amado... Loco.

Dialogar con su pareja lunar, comenzó a acrecentar los sentimientos en el Demente, y a aumentar la sensibilidad y la vitalidad afectiva. Cada vez más, ese Loco estaba enamorado... de la Luna. Fue en ese momento cuando se puso a buscar en sus recuerdos, en cuántas veces habría podido sentir en la vida lo que estaba ahora sintiendo por su Luna.

- Voy a cuidar la parte emocional de nuestra vida, le dijo mirándola con ojos de ensueño. Voy a dar a la vida afectiva un toque de candor, confianza y sencillez ante los demás, cuando me los vuelva a encontrar a todos. Y te voy a informar cómo me he de llevar con ellos y cuáles son las nuevas experiencias que me resultan seguras y mejor acopladas a mis necesidades. Te prometo que no voy a manipular a los demás por medio de relaciones de dependencia, necesidades emocionales o la sensibilidad. Te lo juro: jamás voy a pedir un afecto que satisfaga mi inseguridad emocional; porque la seguridad me la estás dando tú al bañarme con tu luz.
- Recuerda que no es mía, respondió ella, que es tan sólo el reflejo de la tuya. Si no fuera así ¿cómo harías

para hablar conmigo? Estás dialogando con tu reflejo bajo el telón de fondo de la noche.

Parecía ser que esta vez el Loco no sólo se había cargado con más energía de la normal, sino que terminó por obtener satisfacción interior y un sentido de sobrevivencia emocional. La Luna le acababa de dar la fuerza de la esperanza y de los sueños. Y el Chiflado, que no creía en la esperanza, comenzó a revivir sus sueños y a contárselos a la Luna, hasta cuando se quedó dormido, profundamente dormido. Y en sus fantasías soñó que la Luna Llena... le conversaba.

A la mañana siguiente su Luna-mujer había desaparecido después de denotar el área del Loco de donde provenía su dependencia emocional y la inseguridad. ¿Quién más le hubiera podido mostrar cómo él era una persona protectora de los demás? ¿Quién más si la Luna, al reflejar la luz del Sol, tan sólo quería apoyar lo que el Demente era como individuo? Tantos años de conocerse, de verla brillar en el firmamento, de seguirle sus fases lunares hasta para cortarse los pelos de su barba hirsuta. Sí, la Luna siempre le había marcado las tendencias adquiridas en su locura; y ahora, él mismo podía enseñar a otras personas cómo podían ser satisfechas sus necesidades emocionales y de profundo cariño personal.

Necesitar y reaccionar, eran dos verbos que el Loco había aprendido a manejar muy bien por haberlos conocido por repetición experimental y sensorial con base en fenómenos y particularidades de su vida. Es decir, él sabía qué necesitaba y cómo reaccionar para conseguir sus prioridades. ¿Cuáles?: alimento, refugio y satisfacción emocional. Pero ahora se estaba introduciendo en el área de las necesidades emocionales y personales mayores; es decir, en las espirituales que ansiaba su alma hambrienta. Ya sabía lo que era dar a los demás y recibir de una manera que siempre le había producido un sentido de intimidad, de aceptación y de cariño no verbal. Pero, así y todo, su alma seguía sedienta.

- A pesar de que sé que uno de mis grandes errores es no dejar ir a nadie de mi lado, he de regresar a buscar a mis compañeros de andanzas, se dijo levantándose cuando el Sol ya brillaba en lo alto. Sé que mi nueva vida emocional me va a proporcionar otro tipo de satisfacción sentimental, con otra clase de receptividad acerca del mundo cambiante que me rodea y una sensación de seguridad.

Y dicho y hecho, retrocediendo como el cangrejo, se apoyó en una vara que encontró por allí para no caerse y tomó camino de regreso hasta el pueblo en donde había dejado a lo que quedaba de su ejército. Todos estaban atareados tapando goteras del techo de las casas, pintando paredes, mejorando los cercos, lavando ropa, sacando sus perros al patio, llevando a sus hijos al jardín infantil y peleando sus mujeres con ellos, como si fueran empleados de servicio, porque no hacían las cosas como debían ser hechas. Tal vez la situación no era tan paradisíaca como sus bárbaros se la habían imaginado. Al Loco le parecieron más animales domésticos que compañía para los habitantes de las casas en donde vivían. Su grupo había aprendido a revelar lo que necesitaban emocionalmente para sentirse seguros y con sentido de aceptación e intimidad; así como el proceso inconsciente mediante el cual los lugareños los manipulaban por medio de relaciones de dependencia, de su sensibilidad y de sus necesidades emocionales, de forma tal que ahora parecía ser que algunos de ellos estaban repeliendo dicha forma privada de vida.

Todos estaban involucrados en el tema de determinar cómo trataban el concepto del amor, se conducían en la vida de hogar y con las mujeres en general. Hay que recordar que éstos eran uno rudos bárbaros que seguramente no habían tenido madre o, al menos, una no muy cariñosa. Entonces, el Loco, acercándose a algunos de ellos, a quienes veía más aburridos con los gajes del oficio de hogar, los conminó a determinar de otra manera las contingencias del destino.

- Ya es hora de una renovación periódica, les dijo casi en secreto para que sus mujeres no los oyeran.
- Pero es que este oficio no me desagrada del todo, contestó uno de ellos. Tal vez mi destino sea aprender acerca de mi vida en medio de la familia que me dio la vida. Realmente lo más importante para mí es el futuro de mis hijos, y que se sientan amados y protegidos.

Efectivamente, algunos de ellos ya tenían hijos y habían establecido unas bases de hogar muy sólidas; y tanto, que determinar cortar con el pasado no les resultaba fácil. Definitivamente eran mejores padres que maridos.

- Entonces, tienen que aprender a regularizar las funciones psíquicas a través de la memoria y del olvido, le dijo al bárbaro mientras éste cargaba una de sus hijas.
- ¿Cómo así?
- Pues que por tu bien y el de tus hijos, tienes que aprender a cortar con el pasado y con los efectos adversos que tu memoria traiga al corazón. Mientras no cortes con el cordón que te nutrió, por ese mismo canal de vas a indigestar. Si vas a mirar para atrás, que sea para decir adiós a quienes has dejado meter en tu corazón y que ya no deben seguir en él.

A los salvajes les había resultado fácil y agradable encontrar un refugio y seguridad con la familia que habían construido; pero ahora, a la hora de querer cortar lazos con lo establecido, el asunto era prácticamente imposible para algunos de ellos. Entonces, el Lunático les propuso una nueva idea: aprender a ponerse en contacto con su cuerpo físico. Es decir, llevar las emociones más allá de lo externo y aprender a gratificar su vehículo terrenal, y sentirse bien consigo mismos así no hubiera nadie externamente; es decir, determinar las funciones naturales en general y cómo funcionan éstas.

- Piensen en cómo son las necesidades instintivas emocionales de su cuerpo, quienes los hacen abrir las puertas de su vida privada para que entre...
- Pero si nos quedamos con nada ni nadie, ¿quién nos va a enseñar cómo defendernos? Preguntó uno de ellos cortándole la palabra e imaginándose como un desvalido arrojado de la comodidad de su hogar.
- Aquí aprendimos a estimular los instintos maternales y de protección que existían en nosotros. ¿Qué haremos sin ellos, a quienes vamos a cuidar? Inquirió otro bárbaro asomando su cabeza por la ventana del rancho de al lado con una olla en su mano.
- Ya nos sabemos expresar en conceptos de alimentación, bienestar y protección ¿Para qué quieres que sigamos contigo? Preguntó uno más allá.
- Está bien inclinarse hacia la fecundidad, la maternidad, la nutrición, el romanticismo y la sensibilidad, les respondió el Loco. También es bueno que hayan conocido su instinto materno; todo ello les sirve para formar hábitos y una nueva personalidad. Pero pregúntense: ¿son ustedes quienes gobiernan sobre lo doméstico y lo familiar, o es ello quien lo hace sobre ustedes? Es cierto que, como la Luna en lo alto, hay que iluminar la habilidad que tienen para integrar el cambio sin trastornos; pero aún me falta impulsarlos hacia al afán democrático y popular. Ya tienen la seguridad doméstica, emotiva y la tendencia gregaria, pero hay que ir más allá hacia otras necesidades más personales y emocionales que no tienen que ver con la vida en familia que están viviendo aquí. Si se quedan más tiempo, todo ello les va a determinar la forma de reaccionar a nivel cotidiano. Y la rutina diaria terminará por matar las emociones.
- Pues será para usted, Loco solitario, porque a mí me encanta estar con mis hijos. Respondió el bárbaro.

Parecía ser que el Demente quería mantener erectos a los seres vivientes que le escuchaban. Aún sentía la necesidad primigenia de proteger la vida y proveer un grado de cumplimiento para la necesidad requerida por cada uno de ellos. Siempre había sabido responder ante la vida con cautela, sintiendo el ahora y un apoyo interior, que le había servido para iluminar en qué podía sentir más inseguridad y como aprovechar los cambios de cada etapa de su vida. A veces se sentía como si él mismo fuera para los demás la Luna que les permitía recibir y distribuir la energía solar para dar forma y vida a los seres. ¿Acaso esa era una forma de reproducirse?

Y con esa última inquietud comenzó a alejarse de nuevo, siendo seguido por algunos de aquellos seres que, aún no tan identificados con una vida familiar próspera y dichosa, resolvieron seguirlo acompañando por el sendero. De todos modos habían aprendido a inspirar emociones de amor a las cosas fáciles, romanticismo, sentimentalismo y ternura; algo que en su vida de bárbaros jamás habían logrado como hasta ese momento. Ahora podían mostrar la forma cotidiana de amoldarse a los demás, las emociones que se esperaban de ellos, así como el hecho de llevar a cabo el propósito esencial de su existencia: formar un hogar estable.

- Ahora ustedes son capaces de considerar el Yo tal y como aparece, les dijo el Loco alentando en su caminar a quienes continuaron caminando a su lado; mientras, viendo hacia atrás y levantando el brazo, se despedían de aquellos que repetían a lo lejos el mismo ademán, invitando a sus hijos a que hicieran lo mismo.

Ahora el Chiflado les iba a señalar el camino para satisfacer su necesidad exterior, de la misma manera que aquí habían aprendido a satisfacer la interior. Les iba a propiciar las iniciativas relacionadas con los cambios de residencia que les había propuesto; los llevaría a una mejor intercomunicación entre ellos y con los demás seres que se fueran encontrando en su sendero. Así como la vida en familia les había servido, ahora ellos mismos se daban cuenta de ser una sola familia en donde el Demente era el Sol que reflejaba su luz en ellos.

LA QUINTA PUERTA

El grupo caminaba ahora, no sólo bajo un Sol abrazador que les quemaba hasta el tuétano, sino que sin saber cómo ni cuándo, se habían introducido en las arenas de un ardiente desierto. A lo lejos les parecía ver brillar agua, pero no era más que un espejismo producido por el reflejo del astro rey sobre los cristales que tachonaban el lugar en toda su extensión.

De pronto el Loco detuvo la marcha, le pareció ver en la lejanía cercana algo que ninguno de ellos veía; pues cuando les mostró la puerta aquella que había en un terreno alto entre un par de rocas, le dijeron que seguro era algún otro espejismo que él estaba viendo. Sin embargo, El Chiflado sabía lo que veía: una enorme puerta en madera de olivo con un Sol tallado en su parte superior. A cada lado había un par de leones esculpidos en lo que parecía ser el más cristalino de los diamantes que jamás hubieran visto sus ojos de loco.

El Chiflado se detuvo en frente de su visión; volteó a ver al ejército que le quedaba sentado un poco más abajo suyo; se acomodó la caracola cual si fuera la corona de un poderoso emperador; levantó la vara que llevaba aún en su mano derecha cual si fuera un bastón de mando e, irguiéndose ante ellos les dijo:

- He decidido que, efectivamente, yo soy la cabeza y todos ustedes son mi cuerpo. Aquí estoy, mírenme bien. Les ordeno atravesar esta puerta, porque les recuerdo que en donde manda capitán no manda marinero.

Pero en ese momento, a la tropa le pareció que el Loco estaba hablando sólo; porque éste solo escuchaba que uno de los leones le decía:

- Hombre, sé tú mismo; labra tu propia salvación antes de pretender salvar a quienes te siguen.

El Chiflado le respondió al león: pero es que la presentación lo es todo. Me necesitan así como me ven. Y volteando de nuevo a ver a los atónitos soldados, les preguntó: ¿Quién quiere jugar conmigo?

- Jugar a qué, preguntó a su vez uno de ellos echado en el arenal. ¿Ahora te sientes el rey de la creación?
- Jugar y sencillamente divertirnos, le contestó. Reconózcanme mi generosidad si los estoy invitando a divertirse conmigo, porque soy quien soy. No olviden que todos mis proyectos son de alto nivel, porque soy grande y magnífico en mí mismo.

Parecía ser que, indudablemente, el calor estaba afectando al Loco, porque ahora se creía el mismísimo representante de Dios en la Tierra. Y tanto, que de repente, volviéndose hacia el León de diamante que le había hablado, le dijo:

- Te amo, me siento orgulloso de ti, soy tu dueño.
- Jamás podré ser de ti, contestó el león mostrando sus brillantes colmillos diamantinos. Déjame vivir y sigue tu camino. Tienes que vencer el egocentrismo abrumador que se está adueñado de ti en este momento; así como la falta de diplomacia que demuestras ante estos salvajes que te acompañan, y el orgullo que te caracteriza.
- Yo vivo y dejo vivir, siempre y cuando vivan como yo digo, exclamó el Lunático. Mira a toda esta gente que me sigue, lo hacen por lo que yo ambiciono. Porque creo en mí los dirijo y haré que se liberen. Los organizo porque me atreví a hacerlo, y porque quise saber y sé quién soy. Por eso soy su rey. ¡Adórame tú también!

Y a partir de ese momento, el Loco comenzó a representar dentro de su Locura el papel de Soberano; es decir, era un Soberano... Demente.

- Yo soy el símbolo de la autonomía, le dijo al León en tono de discurso. Yo represento la conciencia, el conocimiento integral, el gobierno de mí mismo y la perfección humana. Tú apenas eres un trozo de cristal tallado.

- ¡Exactamente! Respondió el león. Yo ya soy un diamante tallado. Tú aún estás en bruto y, fuera de bruto, Loco tarado.

Sí, definitivamente, tanto le estaba quemando el calor las neuronas al pobre Orate, que se quedó absorto en el horizonte, más allá de la puerta que sólo él veía, como si estuviera observando la proyección de un ideal a realizar; algo así como si se contemplara a sí mismo como un Yo superior. Y precisamente, como si lo supiera, sabía que uno de sus atributos era el bastón de mando que agarraba con su mano derecha; el otro era el cetro, el dosel al lado del cual estaba parado y el globo terráqueo sobre el cual tenía puestos sus pies.

- ¡Toda la Tierra es mía! Exclamó desorbitado.

Pero, al caer en la cuanta que le faltaba un trono, montó sobre el León que tenía a su derecha, adquiriendo así una de las posiciones más ridículas que jamás le hubiera visto su gente; pues lo percibían a él, pero no al León.

- ¡Este es el soporte de mi gloria, de mi grandeza humana y divina!, exclamó. Soy el dueño de la ciencia y del derecho divino de nosotros los soberanos y de las personas que ejercemos el poder. Yo soy el equilibrio final del cosmos -al cual domino- por medio de la integración de todas las antítesis naturales. Yo soy la manifestación del Universo o de Dios. ¡Yo soy Dios!

A quienes lo escuchaban no les quedó más remedio que seguirle la idea, porque jamás lo habían visto ni oído hablar en ese estado. El Loco estaba siendo poseído ya bien fuera por el Sol que lo abrasaba o por una visión que, irreversiblemente, ellos no podían ver. Tal vez había comenzado a buscarse a sí mismo como nunca antes lo había hecho, y a comprender que era un individuo único. Confiar en sí mismo era algo que había logrado hacía mucho tiempo, así como a controlar su propio destino; seguramente ahora quería convertirse en lo que pensaba que era: en un modelo auténtico para los demás.

- ¡Voy a crecer hasta la máxima potencia de la conciencia del Yo! ¡Hay que creer en la nobleza en su sentido más puro! Exclamó a viva voz.

Pareciera ser que el ahora rey Loco, quería cuidar la dignidad humana de la cual él se sentía su máximo representante sobre la Tierra en la cual estaba parado. Ahora estaba dispuesto a demostrar a los demás, de cuánto sería capaz desarrollando la confianza en sí mismo y el ego.

- ¡Levántense! Les dijo de repente. Atravesemos esta puerta, que tras ella vamos a descubrir quienes somos, lo que significa ser un individuo especia,l y adorar el Yo Interno. Los invito a desempeñar posiciones de autoridad muy destacadas.

El Loco había sentido la necesidad de representar un papel diferente, uno que le aportara una importancia suprema para continuar dirigiendo al grupo de bárbaros. Sintió, entonces, que debía elevarse aún mucho más por encima de la muchedumbre, para encontrarse a sí mismo como ser humano y poder seguir estimulándolos e infundiéndoles más ánimo, al imponer sus reglas justamente. Iba a gobernar a los demás de una nueva manera. Pero ¿cuál?

Y de pronto, cuando ya habían avanzado un buen trecho más allá de la nueva puerta, ascendiendo por una larga escalera tallada en una enorme roca ambarina, quienes iban detrás de él fueron viendo cómo del Loco estaba principiando a emanar una extraña energía creativa. Era como si de él se liberara un fuego solar que magnetizaba a los demás; tal vez el Loco había comenzado a mostrarse tal como él era. Y eso sí no era una visión producto del ardiente clima

- Jamás habremos de descender del peldaño al cual vayamos accediendo, les dijo enfáticamente. Subiendo por esta escalera hemos de llegar a ser lo mejor y lo más elevados posible. El fuego no se puede detener ni echar reversa.

El Chiflado siempre los había incitado a participar en intereses que conllevaran peligro y riesgo; pero nunca como ahora que se iban a meter consigo mismos. Les era necesario poseer un firme sentimiento de identidad personal, como la que él sentía en este momento en que había comenzado a rendir pleitesía al auténtico creador que había en él, con el fin de representar a la perfección su nuevo papel de rey.

- ¡Yo soy el rey de la creación! Y por eso sé, mejor que nadie, cómo es preciso manejar determinados asuntos y tomar medidas en todas las situaciones.

Extrañamente, el Loco comenzó a ser más admirado y apreciado por los demás por ser como estaba siendo a cada momento: alguien libre, autosuficiente y, en especial, muy consciente de su propia identidad. El Demente era el centro del mundo, el guía en el camino de la iluminación; y él mismo, el punto principal de todas las circunstancias que rodeaban al grupo. El Demente era lo que él se imaginaba que sus compañeros necesitaban.

- Quiero ser monarca de todo cuanto me rodea, y perfecto como el Padre que está en los cielos al final de esta escalera, exclamó en voz alta.

Ser una fuente de energía de sí mismo y para las demás personas, era algo que él había venido practicando desde siempre. Pero lograr ser un centro de luz y reflejar su esplendor constantemente no era tan fácil; se necesitaba mucha fe en sí mismo... permanentemente. Y, como ahora él estaba tomando conciencia de ser el portador de algo superior a sí mismo que lo sobrepasa, le correspondía saber vigilar el poder divino que llevaba adentro.

- Vamos a experimentar y obtener conocimiento acerca de nosotros mismos, les advirtió en medio de su esplendor. Hemos de saber expresar el amor-sabiduría, la conciencia, la grandilocuencia y el yo soy en forma abierta, artística y creativa, a fin de justificar el conocimiento que estamos adquiriendo. Es hora de ser co-creadores con la Divinidad. ¡Y su Divinidad soy yo! ¡Yo soy su creador!

El Chiflado tenía en mente comenzar a abastecer sus logros y los ajenos, concediendo un lugar prioritario a la disciplina que le enseñaba a su pandilla o, al menos, a lo que quedaba de ella. También quería comenzar a expresar aquello que la disciplina está destinada a eliminar: la oscuridad e ignorancia yaciente en cada uno de ellos. Sabía que había que hacer algo concreto para utilizar todo su potencial y consolidarlos por medio de la acción y la estrategia, bombeando y distribuyendo toda la energía que estaba recibiendo. Aprendiendo a encauzar dicha energía, podría canalizar la de quienes lo estaban escuchando absortos en medio de la escalera.

- Hay que atacar con franqueza a la ignorancia y destrozar en nosotros a quienes se le resistan, les dijo invitándolos a no ser ya más bárbaros, sino guerreros del conocimiento. Hay que avanzar con ímpetu, actuar con espontaneidad y concentrar todos sus propósitos en la lucha interna. Su nuevo campo de batalla está en su interior.

Hallar una forma creativa de la expresión de sí mismo no era tan difícil para el Loco; pero venderles a los salvajes que dejaran de ser guerreros para ser artistas de sí mismos, era una tarea titánica. No era una mala idea adquirir conocimientos por medio del juego, de las iniciativas creativas y del aprendizaje del arte en su capacidad lúdica. Pensaba que si trabajaban su parte creativa, ellos podrían llegar a expresar y a compartir dicha creatividad y sus dones con el mundo. El Loco mismo ya había reconocido, mediante sus esfuerzos creativos, ese centro que llevaba dentro de sí mismo. Él era músico, poeta, dibujante, cantante, conferencista, escritor, actor consumado y, por supuesto... Loco. Había aprendido a intuir la plenitud reflejándose en sus creaciones; a disfrutar utilizando todas las formas placenteras, y a describir su futuro papel como el artista de sí mismo con los materiales que la vida le había dado y le seguiría dando.

- Voy a enseñarles a esculpir la armonía y el arte en su propio interior, les dijo mientras ellos, mirándose atónitos, se preguntaban que le estaba sucediendo a su líder y de qué diablos les estaría hablando. Hasta ahora ustedes han acumulado su fuerza de voluntad; pero de ahora en adelante tienen que orientar dicha fuerza hacia un objetivo. Después, al alcanzar el máximo grado de concentración de dicha voluntad, harán posible la existencia de la fuerza y de la misma voluntad, pero para permanecer en el centro de la vida, como lo hizo en la antigüedad el Loco Jasón, y mantener así el dominio sobre ustedes mismos para no dejarse hechizar por la vida externa.

De pronto el Loco se quedó mirando fijamente al Sol que atardecía. Su rostro color anaranjado era uno con el del astro rey. Estaba encontrando un gran estímulo a través del vínculo con el Padre y con su suprema razón de vivir. Entonces, así como conversaba tan fácilmente con la Luna, empezó a descubrir que con el Sol no lo podía hacer. ¿Por qué? Porque el Sol y él eran uno. Fue allí cuando hizo conciencia de que él era una chispa Divina encarnada en un material... de locura; comprendió que él se afirmaría más en la vida revistiendo el carácter con la voluntad consciente de vivir. Ahora podía hablar a la voz de la mente con autoconfianza y con la Voluntad estable. Lo más importante de su actual experiencia era eso: que, como estaba adquiriendo una Voluntad Permanente, ahora sí podía amar con ardor y ternura, sin

EL SENDERO ZODIACAL DEL LOCO

necesidad de tener una pareja. Fue allí cuando, más que nunca, hizo conciencia de que así como su pareja era la Luna, él era el Sol.

- Hemos de compartir y cuidar de otras personas, así como el Sol alumbra para todo el mundo, declaró solemnemente acomodándose su caracola cual si fuera un gorro napoleónico. Hay que dar sin pensar en sí mismo, pues muchos de ustedes creen que hay que dejar lugar para que los demás se expresen y les devuelvan los favores que les deben. Nadie nos debe algo, porque es la vida quien se los ha dado a través nuestro. Que ella les cobre el servicio y no nosotros.
- ¿Y eso en qué nos beneficia? Preguntó uno de ellos.
- Dicha actitud hace que las relaciones sociales sean un auténtico concierto; y que haya más armonía en su entorno, porque lo que debemos querer es... hacer que los demás triunfen.
- Es decir, ¿debemos realizar obras sorprendentes y útiles para el género humano? Preguntó uno más desmenuzando una roca arenisca con sus manos.
- Sí, así es. Respondió el Loco. Pero tienen que aprender a usar su autoridad, su responsabilidad y sus dones sin egoísmo; así como sustentarlos moralmente y asistir a otros en sus correcciones.

El Loco sabía cuán difícil había sido siempre ayudar de manera anónima sin buscar los beneficios personales ni la gloria. Tener conciencia de los demás como parte regular de su ambiente, iba de la mano con el hecho de tomar conciencia de las necesidades profundas y reales de los demás. Y el Lunático había logrado ser la existencia de otras personas en el mundo, sin pensar que los demás debían ser iguales a él. Había aprendido sus lecciones y hecho que los demás lo hicieran como beneficio para la especie y para él mismo. Es decir, había sabido cómo utilizar bien a los demás; tal cual lo estaba haciendo con el grupo de gente que permanecía a su lado.

- Pero nosotros estábamos aprendiendo a fomentar el crecimiento a través de la experiencia del amor en el pueblo del cual nos sacaste, reclamó uno de ellos haciendo notar la falta que le hacía una compañía.

- No, eso no era amor, contestó sentenciosamente el Loco. Lo que ustedes estaban haciendo era vivir en una especie de trueque para obtener compañía; es decir, esas personas les daban de comer y los atendían con mucho cariño, pero también con mucho interés de que permanecieran a su lado para llenarse mutuamente el vacío emocional. Fomentar el espíritu de participación, de universalidad y el sentido de distribución general, es mucho más que sólo querer vivir con alguien. Recuerden que el gato se recuesta en la pierna de uno para acariciarse él, no para mimarlo a uno.

Lo que estaba tratando de decirles era que ahora les era mucho más importante estar en contacto con sus deseos personales que los ajenos; es decir los de cada quien consigo mismo. Sabiendo cómo satisfacer esta área de su vida, después podrían poner en práctica sus conceptos expansivos y originales; pero surgirían problemas cuando lo hicieran sólo por buscar la atención. Para que eso no sucediera, el Loco sabía que había que mantener una cálida lealtad y una radiante vitalidad.

- Yo he logrado obtener mando entre ustedes, les recordó solemnemente. Pero lograr el reconocimiento personal, la individualidad y una meta cuando la he percibido con exactitud, es algo que jamás he planeado. Sencillamente así se ha dado por el sendero que he ido, como ahora que hemos venido subiendo por estas gradas que ya casi terminan, según veo en el horizonte cercano. Por eso los invito a cantar a la vida a plena voz; a hacer todo con clase, estilo e individualismo; a combatir su delirio de grandeza y no requerir tanta apreciación y respeto. ¡Sépanselo ganar! ¡Aprendan a resaltar entre los demás!

El Loco sabía que entender que no somos el centro del universo siempre había sido algo fácil de saber, pero difícil de aceptar. Que para labrar su propia salvación, había que darse cuenta de la futilidad del propio interés y no ver la vanidad de las apariencias antes que la realidad. El Demente sabía que había que pasar de la ambición a la aspiración y del egoísmo al altruismo, superando su orgullo.

Y de repente, llegando el grupo al tope de la larga escalera que habían estado subiendo, girando todo su cuerpo para observar el paisaje que se abría ante sus ojos, fueron conscientes de que así como la creación se manifestaba en ellos, tenían que manifestar la misma Creación Divina en todo su esplendor, a través de una entidad autoconsciente como lo era el Sol. Ahora comprendían que eran el símbolo del divino pensamiento.

Esa larga escalera había llevado al hombre que había en ellos, desde la etapa de la individualización al sendero del discipulado que ahora se les abría enfrente con todo su esplendor. El Loco les había dado el material necesario para llegar a la autoconciencia y así poder exteriorizar su sinfonía interna; como una semilla que encuentra el terreno abonado en el cual pueda crecer la simiente de la espiritualidad. Él había logrado despertar dicha espiritualidad en los demás, con lo cual habían conseguido identificarse con dicha verdadera identidad espiritual.

- Estoy produciendo en mí el desarrollo de la autoconciencia y del individualismo, dijo uno de ellos en posición de adoración al Sol.
- Acabo de comprender que mi misión es propiciar en los demás el descubrimiento de su personalidad divina, dijo uno más acostado en el suelo como si estuviera crucificado a la dura roca del piso.
- Ante tanta sabiduría me siento culpable y quiero realizar la meta espiritual de la impersonalidad, dijo un tercero.
- Tienes razón, le dijo quien estaba viéndolo acostado. Hay que transformar al hombre autocentrado en la expresión de la vida del alma; hay que unir en

nosotros mismos la fuerza del coloso que hemos sido con la elegancia suprema del que debemos ser.

En ese momento el Loco se quedó mirando fijamente la dirección que el Sol le indicaba que debía continuar. Y comenzando a dirigir sus pasos hacia allá, fue consciente de que, como ahora podía ser más flexible con sus compañeros de viaje, no podía decirles que lo siguieran. Como era lo suficientemente humilde al reconocer las propias limitaciones y las virtudes en los demás, se fue alejando de ellos sin saber si alguien lo seguía. Tan sólo sabía que en sus rostros veía el Sol reflejado tanto como en el suyo.

- Debo ponerme de buen grado al servicio de una causa noble, se dijo a sí mismo mientras se fue retirando del grupo. Debo ser una persona auténticamente dadivosa, generosa, honorable e importante, realmente importante; debo ser voluntarioso por presión de la necesidad y por el gusto de obrar. Y como es dicha actitud quien me va a revelar nuevos campos de acción, tengo que planificar y trazar estrategias para organizar a los demás y todo cuanto tenga a la vista.

Y diciendo esto, de pronto sintió que alguien lo tocaba en su hombro derecho y, al voltear a ver, observó a varios de sus guerreros ahí, detrás suyo, diciéndole: queremos seguir contigo para dar vida a cualquier cosa que se te antoje; vamos a manejar contigo todas las operaciones y a valorar conscientemente el honor, el juego con la vida, la integridad, la lealtad y la peculiaridad individual de cada uno de nosotros.

- ¿Y qué pasó con los demás? Preguntó intrigado el Demente.
- No sabemos, contestaron ellos. Al igual que tú hiciste, nos levantamos y nos vinimos a buscarte siguiendo tus huellas.
- ¿Yo estoy dejando huellas? Preguntó asombrado mirando hacia atrás. ¿Será que ya no estoy tan Loco

que puedo ver mi rastro? Algo en mí, entonces, debe estar permitiendo que deje huella en el mundo; así como el Sol extiende las sombras sobre la tierra. Yo Soy la sombra del Sol, es decir, soy mi propia huella.

Como el Loco sentía que el Sol lo estaba impulsando a crear y a ser; que le estaba indicando cómo darle salida a su inquietud creativa, le correspondía, entonces, personalizar cuánta era su fuerza creadora por medio de expresar la individualidad de su mundo interior, de su poder dador de vida, de su propósito consciente de vida. Y el Lunático conocía de memoria sus capacidades, su talento y los potenciales que tenía para expresarse creativamente.

- Siento que el Sol me está proporcionando el deseo, la energía, la integridad y el poder para crear en el aquí, en el ahora y en cuanto ser.

Y en el mismo momento en el cual el Loco pronunció dicha afirmación, su cuerpo comenzó a emitir e irradiar nuevamente aquella extraña luz que empezó a iluminar al mundo cercano, impartiendo una nueva clase de vida. Debía ser un verdadero Loco para poder irradiar el espíritu infundiendo plenitud y vitalidad; porque sólo un verdadero Orate podía creer ser el Sol y traer a la humanidad la iluminación y la liberación de los velos ilusorios de la materia. Poco a poco el Loco había comenzado a transformar la identidad y modalidad de expresión de su energía creadora.

- ¡Soy el Sol! Exclamó cadenciosamente en medio de su enloquecimiento. Y voy a manifestar la determinación y expresión dinámica de la Voluntad Divina, para poner orden a partir del caos mediante la imposición de dicha Voluntad.

Los demás tuvieron que hacerse a un lado del Chiflado, porque verdaderamente de su cuerpo manaba una intensa luz y una fuerza indescriptible, como si en ese momento algo en él estuviera activando todos sus potenciales. El Demente acababa de encontrar características únicas y talentos singulares en sí mismo, como para desarrollarlos hasta su máxima potencia. Cualquiera podía estimular la fuerza positiva en su naturaleza y desear ser especial, pero nadie como el Loco.

- No les puedo describir el sentimiento de ser especial que me posee en este momento, les dijo con tono pausado. Sólo siento que voy a desarrollar todos los recursos disponibles en mi interior.

Efectivamente, para el Loco era casi imposible definir cómo iba a manifestar sus capacidades y talentos personales, de manera que estimularan a los demás para que expresaran su propia creatividad. Describir dicha creatividad, la vitalidad y la voluntad personal que se estaba adueñando de él, lo estaba llevando a crear un ser afectuoso y con más confianza en sí mismo. Con la luz que irradiaba, estaba inspirando en sus bárbaros ideas de estabilidad, firmeza y voluntad para perseverar, para reflejar los deseos, las futuras intenciones, la habilidad natural para expresarse de una manera positiva, las inclinaciones, los objetivos y la voluntad de cada uno de ellos. El Loco, que estaba siendo un modelo de virtudes para regir la actitud moral, el corazón y la voluntad, se sentía con la felicidad de un niño que daba lugar a ideas y formas nuevas.

Ahora era experto en denotar el área en la cual tenía resplandor, la dicha que es común en los niños y el proceso mediante el cual, inconscientemente, estaba expresando su personal de manera que, en algunos salvajes, comenzó a provocar cierto resentimiento. Sí, no todos aquellos que lo acompañaban estaban de acuerdo con lo que veían como una manifestación prepotente de su energía. Pero eso no importaba, el Loco era consciente de que quienes lo acompañaban eran creación suya, y que en cualquier momento podía despertarse del sueño y dejarlos en el estado que hubieran alcanzado a estar.

- Tenemos que aprender administrar el poder en términos de equidad y de honor, les dijo observando la envidia en la mirada de algunos de ellos. Porque eso nos puede ayudar a tener más seguridad en nosotros mismos. Algo que en mí me ha conferido la paz que viene de la fe y de la visión espiritual, me ha dejado ver qué es real para nosotros.
- Pero lo que es real para unos puede no serlo para otros. Exclamó uno de los bárbaros poseído por la rivalidad que le producían los logros lumínicos del loco.
- Sólo lo real es aquello que nos puede describir el futuro hacia donde debemos dirigirnos, le contestó amorosamente para desarmarlo. Realizar el propósito de nuestra existencia nos puede indicar nuestra forma de manifestarnos por derecho Divino mostrando, además, el área de nuestra vida en la cual nuestros talentos pueden ser expresados de manera espontánea.
- ¿Y quién nos va a informar qué expectativas tenemos y cómo vemos la vida, de dónde venimos y con qué reino de la experiencia estamos armonizados? Preguntó otro mal encarado.
- ¿Quién nos va a enseñar cómo hemos de concentrar nuestra energía y las lecciones que se deben dominar? Inquirió uno más dándole la espalda.
- ¿Cómo vamos a advertir en qué área necesitamos expresarnos espontáneamente para poder alcanzar cierto nivel de vitalidad y mantenerlo? Repitió el primero de ellos.

Eran demasiadas preguntas una detrás de otra, como para que el Loco tuviera tiempo de responderlas todas.

- ¡Yo que voy a saber cuál es el punto de vista básico de cada uno de ustedes! ¡Qué voy a saber qué quieren expresar en su vida! Exclamó con cierta desazón. Yo les muestro la luz, pero qué van a hacer con ella o ella con ustedes, depende de cada uno.

Y el Demente tenía razón de nuevo; pues describir aquello en lo que cada uno de ellos deseaba o debía convertirse, dependía única y exclusivamente de su nivel de ser. El nivel alcanzado formaba al individuo y sólo él podía describir cómo era cada quién realmente. El nivel de ser lunar, terrenal o, en este caso, solar, esclarecía, establecía y perpetuaba una entidad separada de los demás.

- Así como el Sol es Uno en el sistema solar, explicó el Loco, es tan solo uno de millones dentro de la unidad de la Vía Láctea. Y así como ella también es Única, es una más de millones de galaxias en el universo.

Y el Chiflado, al escucharse a sí mismo, quedó atónito. ¿De dónde le podía estar brotando tanta información? Su recién adquirida sabiduría le estaba despertando un fuerte sentido de autorresponsabilidad. Expresar creativa y amorosamente el yo, y de maneras constantemente nuevas y más versátiles las necesidades internas de sí mismo, era algo que debía aprender. Porque como ya el Loco Mayor lo había afirmado, no había que darles perlas a los cerdos.

- Hay que buscar espacio para una expresión más amplia, para la liberación y para la trascendencia de nuestro ser, sentenció drásticamente. Tenemos que reconocer que somos individuos separados de los demás... pero que vivimos con ellos.

Resultaba imposible para el Loco describir qué cosas valoraba, sus objetivos, el propósito, y el afán por reconocerlos y vivirlos conscientemente ahora. Sentía que aun cuando aún lo acompañaba mucha gente, cada vez estaba más solo. ¿Cómo podía expresarse con belleza, claridad y verdad en una convivencia jerárquica superior y despertar más aún en ellos el vehemente afán de la superación integral, si ahora estaban comenzando a sentir envidia no por lo que el otro tuviera sino por lo que el otro fuera? Tenía que animar, dirigir y vitalizar a cada uno de ellos para que avanzaran hacia grandes alturas, así como habían subido por aquella escalera ambarina que ahora había quedado tan lejos.

- ¿Cómo nos puedes indicar aquello que debemos alcanzar en nuestro ser? Preguntó uno de ellos con tono humilde.
- Primero tienes que aguzar la conciencia de los límites, respondió. Porque eso va a indicar tu estado de crecimiento y el grado de individualidad que puedes y debes alcanzar. Al menos, ser consciente de dichos límites es aquello que me ha llevado a ser al individuo que soy: un Sol disfrazado de Loco.

El Chiflado les acababa de revelar en donde estaba arraigada su conciencia, y de qué campo de actividad y de ser se derivaban tanto sus vicios, como su poder y sus virtudes. Les estaba mostrando cómo era él, cómo percibía la vida y cuál era su objetivo. Tiempo atrás, cuando el Bufón le había enseñado que todos representamos un papel y que tenemos que hacerlo de la mejor manera posible, también había entendido que hacerlo le aportaba gratificación al ego.

- Ahora voy a buscar el otro ego consciente, el yo personal reflejo del que ya conozco. Les confesó en su locura solar. Me es necesario producir percepción entre el Yo superior y el yo inferior, para así poder servir de mediador entre el Padre-Espíritu y la Madre-Materia. Este Loco es mi materia prima, es el recipiente en el cual estoy inmerso. Pero no es él quien emite la luz sino yo; como no es el candelabro quien produce la luz sino el material que hay en él.

Como promover su autoconciencia y autoexpresión a través de la creatividad, así como la seguridad en sí mismo, era una tarea diaria en su vida, el Trastornado sabía que haber logrado ese dominio, le ayudaría a contrarrestar la presión proveniente del entorno personal; como la que sentía emanar de algunos de quienes lo estaban escuchando. Definitivamente, según su nueva identidad, él estaba causando un impacto irreversible en el ambiente.

- Debemos contribuir al bienestar de los demás por medio de nuestros talentos, recomendó con su sabia experiencia. Y, para no crear antagonismos ni envidias, debemos vincular nuestra capacidad de liderazgo con la de los demás; así como promover el compañerismo y el amor entre las personas que entren en contacto con nosotros. Manden haciéndole creer a los demás que son ellos quienes lo hacen.

Efectivamente, en algún momento de su vida, el Desquiciado había alcanzado el dominio sobre sí mismo, haciendo que fuera visto por los demás como alguien de quien emanaba autoridad, fuerza y poder. Él sabía acerca de las pruebas que tenía que pasar el héroe interno; pero ¿cómo explicárselo a ellos, si las pruebas de cada quien eran tan personales?

- ¡Entonces, lo que quiero es expresarme y ser reconocido! Exclamó uno de ellos levantándose con ímpetu.
- ¡Quiero alcanzar y estabilizar una posición prestigiosa! Expresó otro.
- ¡Deseo brillar, ser el centro de atención y de reconocimiento! Profirió uno más
- ¡Sí, eso queremos! Dijeron varios detrás suyo poniéndose de pies y levantando los brazos en actitud de victoria.

Era obvio que la vanidad se estaba adueñando de algunos de sus imaginarios guerreros, y el Loco no les iba a mostrar cual habría de ser su relación con todas las figuras de autoridad que se podían encontrar de aquí en adelante. Eso lo descubrirían por sí mismos. El problema era que quienes se habían levantado, estaban dispuestos a no acompañarlo más en su búsqueda, pues definitivamente querían a alguien que les propiciara la iniciativa sobre ascensos, asuntos de dignidad y gobierno, honras y mejoras en general. Y ese no iba a ser este Loco.

- Así como en su cuerpo hay muchos órganos conectados entre ellos, para que el organismo en su totalidad funcione a la perfección; y así como todo el sistema solar depende del Sol, por esa misma razón ustedes forman parte de un organismo mucho mayor. Si un órgano se enferma todo el cuerpo lo reciente; si el Sol se apaga todo el sistema termina. Por tal motivo es mucho más importante que aprendan acerca de la capacidad recuperativa y regenerativa del organismo; y de la interacción entre el cuerpo sano y la mente. Ustedes pretendieron realizarse como maridos y padres en aquel lejano pueblo donde estuvimos tanto tiempo y no lo lograron; por eso están aquí.
- Sí, pero logramos incrementar nuestra vitalidad física y emocional, al poder expresar de manera instintiva el calor y el entusiasmo de nuestra naturaleza, contestó el líder del grupo que se alistaba a dejar al Loco y a los demás a la vera del camino.

Entonces el conjunto, una vez más, de dividió en dos. Quienes seguían acompañando al Loco tomaron hacia el Oeste, y quienes se estaban yendo se devolvían por el camino hacia el Este, regresando con la firme intensión de llegar hasta el pueblo en donde habían dejado a sus mujeres e hijos. Cada grupo estaba siendo motivado por sus propias tendencias inherentes y hasta por sus transmisiones hereditarias. Unos para seguir al Loco y otros para abandonarlo regresando a su pasado.

- Definitivamente cortar cordones umbilicales no es tan fácil. Exclamó el Loco continuando su camino.

LA SEXTA PUERTA

Luego de pernoctar cuando ya el Sol se había ocultado, el grupo del Demente continuó el sendero que los fue alejando del solariego terreno en donde habían estado tanto tiempo. El Loco iba tan radiante que parecía que fuera de punta en blanco con una nueva vestidura. No habían andando mucho tiempo, cuando algo les llamó la atención a lo lejos. Entonces se fueron acercando con prudencia a un lugar lleno de eras y huertas sembradas con toda clase de granos y hortalizas. Al ver tanta comida, el hambre les hizo recordar el pueblo de antaño en donde los habían alimentado hasta saciarlos. Pero en este caso nadie estaba cocinando ni ofreciendo productos para la venta, pues todos sus habitantes estaban muy ocupados trabajando la tierra.

- Vengan, acerquémonos para ayudarles, démosles una mano que de pronto nos dan algo de su cosecha, propuso el Loco. Y, abriendo una puerta de madera que había en uno de los huertos, se acercaron al grupo de aldeanos sudorosos que trabajaban arduamente. Hola, que tal, ¿podemos ayudarles?
- Y ¿ustedes que saben hacer? Preguntó refunfuñando un campesino gordo y fatigado.
- Bueno, si nos enseñan podemos aprender, contestó el Loco.
- Lo que merece ser hecho, merece ser hecho bien. Respondió enseguida un mozuelo de cara sucia.
- Pues descansen un poco mientras nos dicen cómo hacer las cosas de una manera perfecta.
- No estamos cansados, recalcó una mujer de delantal con grandes bolsillos llenos de semillas. El trabajo todo lo vence y cuando uno trabaja con agrado, sabiendo lo que hace y por qué lo hace, no siente cansancio. Además, nosotros descansaremos sólo en la tumba. De modo que si nada saben hacer, no pregunten estupideces, no nos estorben y sigan su camino que no tenemos tiempo que perder con charlas majaderas.

- ¡Quiero servirles! Insistió el Lunático. Y tanto suplicó, que la mujer le prestó uno de sus azadones indicándole cómo clavarlo en la tierra dura.
- ¡No lo estás haciendo bien! Le dijo quitándoselo inmediatamente al ver cómo empuñaba el mango de la herramienta.
- Devuélvemela, dijo el Loco, quiero mejorar su uso y para eso necesito que me enseñes. No me critiques y mejor enséñame.

De mala gana la campesina le mostró cómo usar con más efectividad el azadón, mientras al resto del grupo les dieron palas, barretones, azadas y rastrillos para que no perdieran el tiempo observando al Loco trabajando.

- Como es mejor prevenir que curar o tener que lamentar -dijo otro de los aldeanos- vengan les enseñamos lo que quieren aprender. Utilizar una herramienta de estas es tan necesario, como aprender a manejar el cuerpo físico que es nuestra principal herramienta de trabajo.

Y así, el grupo de guerreros y el de campesinos, comenzaron a establecer una relación de trabajo por medio de los instrumentos que usaban para sembrar y cosechar.

- Sorprendan siempre a la gente dándole más de lo que esperan y piden, aconsejó uno de ellos a varios de los soldados.
- ¿Por qué nos dices eso? Preguntó uno de ellos mientras se echaba al hombro un pesado bulto.
- Porque si sólo vas a hacer lo que te piden, nada estás haciendo. Haz siempre un poco más en la medida de tus capacidades, para que cuando haya exceso de trabajo ya estés acostumbrado a ello. O, para que si no hay más, puedas descansar un rato.

El guerrero tiró el bulto por ahí para sentarse encima de él y seguir conversando, cuando quien lo estaba entrenando le dijo: un momento ignorante, un sitio para cada cosa y cada cosa en su sitio.

- ¿Cómo así? Preguntó levantándose rápidamente.
- Que si pones el bulto en el suelo se va a humedecer la semilla que nos ha costado tanto esfuerzo sembrar, cuidar y recolectar. Yo cosecho para mi familia y todo el grupo; como lo hace cada uno de nosotros. ¿Acaso has analizado para qué sirves? Yo al menos produzco, pero ¿ustedes en qué se consideran perfectos? Déjame examino tus manos, parece que hace años no tienes ni un callo. Aprendí a discriminar a la gente por el cuidado y el manejo que les dan a sus manos.

El Loco, que había estado todo el tiempo sembrando hierbas y especies en general como le había enseñado una de las mujeres del grupo, no por eso había dejado de estar atento a la conversación y de vez en cuando se miraba las manos limpiándoselas, como siempre, en la parte trasera de su amplio pantalón.

- Mira este trigo germinado, le dijo la mujer llamando su atención. Para nosotros es símbolo de sabiduría cosechada en campos de la experiencia. Y observa más allá, en aquel potrero, cómo uno de nosotros está cuidando todas las plantas silvestres así como las medicinales, pues de sus flores se nutren las abejas que tenemos en aquellas colmenas. Todo el conjunto natural nos sirve para cuidar nuestro cuerpo.
- ¿Y qué hacen con la maleza, preguntó el Loco atento a lo que ella le señalaba.
- Nada es maleza, todo se utiliza para algo; tan sólo hay que saber para qué. Yo aprendí a discriminar el uso de cada cosa, de cada herramienta, de cada planta y de cada persona; y con el tiempo también aprendí a discriminarme a mí misma y asimilé para que soy y no soy útil.

EL SENDERO ZODIACAL DEL LOCO

El Demente comenzó a ver en las abejas produciendo miel, el símbolo de la dulzura y la sabiduría de esta hortelana que, asociada con la leche que le recordaba la mujer del gran seno materno del pueblo lejano, designaban la tierra fecunda, feliz y prometida.

- La miel es un alimento espiritual de sabios y santos, le dijo la gruesa campesina. Es símbolo de nuestro amor divino, del apaciguamiento, de la beatitud suprema del espíritu, de los bienes espirituales, del conocimiento místico, de la conversión del alma en estado de nirvana, de la integración terminada, de protección y de revelación al iniciado.

El Orate sentía que con su experiencia anterior y ahora con ésta, estaba empezando un nuevo ciclo. Acababa de comprender que debía concretar sus logros, dominando los instrumentos que le estaba ofreciendo el mundo para poder cosechar, recolectar y canjear el fruto del agro... humano. En otras oportunidades se había aproximado a las demás personas con algo de cautela, por aquello de ser acusado de Loco y espantado de todas partes; pero con esta gente estaba comenzando a acercarse a los demás sin necesidad de tanta investigación detallista. De todos modos, como era un genio a la hora de descubrir los pasos en falso dados por los demás, debía aprender a dirigir su ojo crítico a sí mismo, con la misma eficacia que lo enfocaba en los demás.

Nunca le había quedado fácil evadirse del exceso de análisis, ni controlar su lado de la supercrítica negativa, en especial en temas religiosos. Pero, al darse cuenta de que el exceso de análisis podía afectar su capacidad de síntesis, estaba comenzando a ser consciente de que era fundamental encontrar defectos y fallos en él, antes que en los demás. Pero eso no era nada nuevo, pues él siempre había sido despiadado consigo mismo al juzgarse cuando fracasaba en algo.

- ¡Soy mi juez y mi sentencia! Exclamó recordando su vieja etapa de Viejo-Niño. Y lo seguiré siendo mientras comparta con los demás velando por ellos.

Pero, ser atento y dar servicio a los demás, era algo que había que aprender a hacer para que no se escondiera en dicha labor el hecho de pensar que los servidos le debían algo al servidor. Habría que desligarse de todo, desprenderse de los bienes materiales o de las riquezas, y transmitir el patrimonio ayudando a otros de la mejor forma posible para alcanzar el punto en el cual él creía ya estar. Eso se llamaba: dar la mano al prójimo para salir del sentimiento de culpa.

- En medio de estos obreros de la vida estoy aprendiendo cómo enseñar a los demás a cumplir mejor con mi propio papel de vida; y a descubrir la belleza, la nobleza del humilde servidor que soy, así como todos los errores que se adueñan de mí.

El Lunático estaba comprendiendo cómo toda esta gente gozaba dando y brindando generosamente sus conocimientos, sentimientos y energía física a quienes la necesitaran. No sólo el hacer un uso práctico de las relaciones con los demás ahorraba tiempo valioso en el conocimiento de sí mismos; también lo era aprender la importancia del orden, de la estructura, de la rutina como parte de la vida y el actuar con eficiencia en el momento adecuado y con la herramienta que correspondía.

Terminada la faena, los campesinos dijeron al grupo que, como había que arreglar todo correctamente, por favor les ayudaran a mantener el orden para no malgastar tiempo valioso a la mañana siguiente; que ellos ya habían aprendido por experiencia propia que era necesario atenerse con rigor a las reglas que dictan los hombres o la naturaleza. Y así, el Loco entendió que él también debía ocupar con sencillez el lugar que le correspondía en el orden de las cosas. El terror en la región era que algo o alguien les desordenar su estricta vida personal.

- Yo siempre he buscado la mejor manera de realizar un trabajo, les dijo. Siempre he respetado la disciplina, la jerarquía y el orden establecido.
- Pues algún día toda la humanidad hará las cosas bien para que el mundo sea un lugar mejor, acentuó la campesina.

¿Cuánta gente habrá tenido la misma idea acerca de cambiar al mundo y hacer más eficaces los productos del universo material? Por ejemplo, en tiempos muy anteriores, una Loca a quien le decían Virgen, había pretendido elevar la materia al cielo; mientras que otro a quien llamaban el Demente Gandhi, pretendía que la gente ni siquiera usara la violencia contra los animales y todo el mundo se alimentara de la forma más natural posible, al estilo de los dementes vegetarianos. Cuánto trabajo cuesta comprender cuán limitado es el mundo revelado por los cinco sentidos; y cómo dicha limitación hace difícil crear una relación de orden y confianza con el entorno. Primero habría que comprender el propósito por el cual existe la vida de la forma y después cuidar celosamente de la creación Divina.

Para lograr una mejor vida en el planeta Tierra, muchos habían desarrollado la idea de emular a los líderes espirituales. Por ejemplo, guardar, nutrir y ocultar en sí mismo al Niño-Mitra-Buda-Cristo, servía para desarrollar la conciencia de dicho estado de perfección.

- ¡Nuestro cuerpo es el Templo Divino! Exclamó el Loco en un destello visionario, cuando en la tarde se reunió con el grupo para intercambiar las experiencias vividas con los agricultores. Debemos ser conscientes del latente estado superior infinito que habita dentro de nosotros. Cada uno de quienes lo han alcanzado ha sido un Loco-héroe y hombre-dios, que significan el sí mismo, los señores del mundo interior, de lo inconsciente colectivo y símbolo de la totalidad.

Pero en su disertación, el Loco olvidaba o no había querido hacer mención al hecho de que no podía olvidar que en la figura de cada uno de los mencionados, se habían separado los contrarios: por una parte el luminoso hijo de Dios, y por la otra el oscuro hijo de Dios: el diablo. Y ese era el mismo trigo y cizaña que el grupo había visto crecer juntos en el campo arado en donde disfrutaban trabajando desde hacía varias semanas.

- Aquí hemos aprendido que la maleza no existe, dijo el Lunático. Ahora sabemos que lo que llamamos cizaña es aquello que no sabemos para qué sirve; como si lo divino fuera el trigo y lo maldito la maleza esa que no lo deja crecer. Pero ¿y si la maraña está en nuestro corazón, qué hacemos con ella? Creo que hay que subordinar la vida de la forma a la voluntad del estado superior interno, produciendo la acrecentada actividad del principio crístico en nuestro corazón y en la humanidad. Tenemos que buscar la pureza de la mente, del cuerpo y del espíritu.

Como el Loco se había sentido a la vez centeno y cizaña, dicho sentimiento le hacía sentir el movimiento de una vida oculta que empezaba a palpitar en la forma concreta de su cuerpo. Tanto la semilla de la avena, como la de la maleza estaban ocultas en la misma tierra, eran alimentadas por el mismo material, crecían juntas... en cada uno de nosotros. Saber que ninguna verdad es completa ni real si no incluye su opuesto, les iba a permitir liberarse, tarde o temprano, de la esclavitud de la materia para vivir la realidad espiritual interna.

- Pero, entonces, tenemos que enfrentarnos a toda la aridez que hay en nosotros, repuso uno de los bárbaros de la reducida tropa. Y llevar la materia bajo el control de la mente; así como nos has estado llevando de la etapa de la individualización al sendero del discipulado.
- Sí, exclamó otro, aquí he aprendido a nutrir, proteger y revelar la realidad espiritual oculta; al igual

que las semillas que hemos ayudado a sembrar y a cuidar a estos hortelanos.

Como todos habían comenzado a razonar de una forma completamente lógica, ahora les correspondía saber adaptarse a través del análisis de dicha nueva lógica, pero también aprender a fiarse más de su intuición. Adquirir sabiduría siempre pasa por un proceso de análisis, crítica, discriminación y vigilancia metódica de todo lo que el hombre ha hecho con la creación Divina. Aumentar y superar su actual grado de conciencia, los estaba llevando a asumir su parte en la transmutación de todo lo que hay en la vida bajo o indiferenciado; empezando por ellos mismos. Interesarse por el contacto con la materia, por el orden de las cosas, por la eficacia ordenada y por la manifestación del pensamiento en las líneas y las formas, también los estaba conduciendo a interesarse por la naturaleza concreta, por la recolección, por las realidades cotidianas y por los intercambios aplicados de una manera más efectiva entre ellos mismos y las personas que los habían acogido en su trabajo.

- Pero tienen que armarse de paciencia y aprender a buscar. Dijo de repente uno de los campesinos entrando en el círculo que los guerreros habían formado sentados alrededor de la hoguera que habían encendido. Tienen que aceptar los riesgos que conlleva el hecho de saberse semilla que tiene que abrirse paso, precisamente, por en medio de aquello que la alimenta: la tierra misma. Tienen que concentrarse en los detalles y llevar a cabo sus obligaciones con esmero; es decir, la obligación de saberse nutrir interna y externamente.
- ¡Vamos a liquidar todo lo pendiente! Exclamó súbitamente uno de los soldados levantándose de inmediato.
- Eso es correcto, le contestó el campesino. Pero primero tienen que aprender a dirigir su energía creativa de una manera analítica y con gran discernimiento; así como utilizar el sentido de la clasificación metódica y de la selección. Tal y como lo hace la semilla.

- ¡Voy a convertirme en un estupendo erudito de la agricultura humana! Exclamó otro echándole el brazo por el hombro a su compañero de al lado.

Parecía ser que el grupo estaba encontrando una aplicación nueva, práctica y tangible para los diversos conceptos e ideas que estaban conociendo ahora. No era mala la idea de compararse con una semilla para poder expresar la inteligencia activa y moverse en el mundo de la mejor manera posible, así como la simiente lo hacía por entre la tierra para salir a la superficie. Y, si esa superficie era cada uno de ellos, algo estaba abriéndose camino desde su interior.

- ¡Quiero hacerme un perfeccionista! Exclamó otro de los bárbaros cabizbajo. Es decir, quiero perfeccionar el papel que me ha correspondido desempeñar en esta vida. Debo poner un orden en ella, así como perfeccionar y pulir todas las formas y los sistemas.
- Tu lo que quieres es perfeccionar la perfección, le dijo el Loco carcajeándose tan a mandíbula abierta, que los contagió a todos. Pero tienes razón, debemos llevar todo lo que toquemos a su máximo potencial y, de aquí en adelante, manejar con gran inteligencia todas las áreas de nuestra vida.
- Pero también tienen que ser adaptables y mostrarse cambiantes cuando perciban nuevas contingencias a las cuales tendrán que enfrentarse, les aconsejó el experto agricultor. Es la semilla quien se adapta a la tierra y no al revés. Sean inteligentes, sepan adaptarse.
- ¿Qué es lo que ustedes tienen entre manos? Preguntó de repente el Loco al campesino.
- Por lo general nuestras herramientas de trabajo, que no son más que una extensión de nuestras propias manos, que no son más que unas de las secretarias del cerebro. Ustedes tienen que aprender a escaparse de su limitada visión para ver la totalidad de cada situación. Todo en la vida es una extensión de ustedes mismos; como lo son nuestras herramientas. ¡Sépanse dar el mejor uso a ustedes mismos!

Y el campesino tenía toda la razón. Buscar la información fáctica bien presentada, era necesario para calificar y discriminar entre diferentes valores sin dejar que nada se les escapara. Habría que ser muy concienzudo y de espíritu práctico, para saber qué es y qué no es valioso; discernir entre lo que tiene valor y se asimila, y lo que hay que rechazar. Pero, para eso habría también que sentir una gran preocupación por el detalle, como sujetando al mundo en un tremendo análisis microscópico.

- Vamos a encontrar, analizar, purificar, refinar y mejorar todo aquello en lo que se concentra nuestra mente, les propuso el Demente. Vamos a transmutar nuestra mente y cuerpo, volviendo a sintetizar las partes y reconstruyéndolas para formar un todo más fuerte entre nosotros.
- ¿Acaso no es eso lo que hace la semilla con el material con el cual se alimenta? Preguntó el granjero. Tienes toda la razón en lo que acabas de decir, pero para lograrlo deben comenzar por detectar en ustedes las fallas que pasan desapercibidas para los demás, y purificar el desorden a su alrededor con un exquisito sentido de discriminación y pensamiento claro. Mejoren la calidad de su semilla.
- Sí, tenemos que buscar la limpieza íntegra y enfatizar la pulcritud, dijo el Loco muy pensativo. Ahora comprendo que me es necesario controlar la dieta alimenticia física y emocional. Tengo que conservar en su pureza original los principios que facilitan la reproducción de los seres y hacen útil la economía de los valores y esfuerzos. Ahora sé que eso me llevará a perfeccionarme y a refinarme como vehículo de servicio que soy.

El Lunático había tocado un tema que inmediatamente los puso a dialogar acerca de él: el servicio. Idealizar el servicio siempre había sido uno de los temas preferidos por los mayores Locos de la historia. Ser servicial, totalmente eficiente y útil, era una de las leyes universales; siempre y cuando se prestaran los servicios sin pensar en la recompensa personal. Algo así como curar a los enfermos y que el pago del sanador fuera la recuperación del enfermo. ¡Qué mejor pago que ese!

Pero prescindir de la fama y de la gloria cuando más se la merece, es algo que muy pocos están dispuestos a sacrificar. Por eso era necesario que ellos aprendieran a subordinarse con humildad y modestia, ofreciendo su experiencia sin pedir retribución a cambio de ella. Es decir, ser lo mejor que pudieran ser: modestos, más permisivos, productivos y reconocidos por la calidad de su trabajo y probidad. Ver la vida de manera más natural y simple, y más allá del aspecto físico del mundo, les iba a permitir ayudar a la purificación del mismo mundo.

- Vamos a tener un trato eficiente con el universo físico, para quedar en paz con todo el mundo, les propuso el Loco levantándose al ver que la hoguera se estaba apagando y el amanecer venía en camino. Si nos ponemos a observar detalladamente los paisajes que hemos recorrido desde hace tanto tiempo, me parece que nos hemos transformado en personas más desarrolladas y maduras; como las semillas que hemos estado ayudando a recolectar. Pero como hay que levantar de vez en cuando la cabeza de la mesa de trabajo, también me parece que es hora de que sigamos la marcha tras todo lo que nos parezca curioso o extraño.

Entonces, el Chiflado fue despidiéndose de cada uno de los hortelanos, dándoles un abrazo, un fuerte apretón de manos, y preguntando a los compañeros que aún permanecían sentados, si iban a dejar que él los siguiera guiando. Al ver que no respondían, y viendo que en sus rostros se reflejaban las ansias de quedarse allí trabajando, les advirtió aprender a no tomar las cosas tan en serio y, en cambio, a preocuparse por lo concreto, los detalles, lo particular y, en especial, su salud para poder seguir laborando. Y dejándolos felices con el destino que querían sembrar y cosechar, se fue alejando en compañía de quienes aún querían que él fuera su maestro.

Ya próximos a partir, salieron a su encuentro varias de las mujeres del pueblo con sendos canastos repletos de panes recién horneados y viandas en general, para que tuvieran de qué alimentarse en el camino.

- Ya sabemos que abandonar todo lo que poseemos y queremos no es tarea fácil, les fue diciendo el Loco mientras se alejaban de la campiña con su carga de alimentos. Caigan en la cuenta que a todos los que hemos perdido en el sendero, es por la misma razón: porque se identificaron con algo o con alguien y hasta ahí llegaron en su búsqueda. Recuerden que la rutina mata.

El grupo fue descendiendo por el camino que, de repente, tomó una forma sinuosa que les permitió llegar hasta la vega de un precioso riachuelo cuyas orillas estaban llenas de avellanos en flor que le daban un carácter mágico al lugar. Pero no todo era belleza. Ya más cerca, oyeron que de los alrededores de una pequeña caída de agua cristalina rodeada por enormes peñascos, salían unos lamentos que los hicieron acercarse y detenerse con cautela. Y el espectáculo que vieron ante sus ojos los dejó asombrados: había allí una gran cantidad de hombres, mujeres y niños... leprosos; que, cubriendo con harapos sus heridas abiertas, se lavaban los unos a los otros.

Los enfermos, no tardando en darse cuenta de la presencia de este extraño grupo de gente, corrieron a esconderse en las cavernas que había alrededor de las rocas que limitaban el arroyo. Fue allí cuando el Loco comprendió que esta era la mejor oportunidad para abrazar la vida humana y hacer una contribución a la vida en general. Entonces, bajando a la orilla, todos los guerreros dejaron sus canastos repletos de panes al frente de las cuevas en donde los enfermos se habían refugiado. Después se retiraron con respeto y, retrocediendo lentamente, se sentaron a la sombra de uno de los avellanos.

Definitivamente este sí era el momento para hacer algo que los inmortalizara ante los demás, al menos ante los llagados. Sin embargo, hacer una aportación individual y única tampoco era tan fácil; porque se podía empezar con buenas intensiones, pero la triste experiencia le dictaba al Loco que después, a quienes ellos ayudaran con buena voluntad, terminarían exigiéndole la ayuda por obligación.

- Vamos a practicar con estas personas de la auténtica fraternidad, les dijo en voz baja. Démosles tiempo para que salgan sin pena ni temor; porque no es que nos tengan miedo, sino que no quieren que los veamos en semejante estado tan lastimero.
- Sí, exclamó uno de ellos emocionado, yo quiero servir de buen samaritano.
- Yo también quiero atender el crecimiento de los demás, y ayudar y entender a estas personas, dijo otro levantándose un poco.

Estaban ante la mejor de las oportunidades para expresar la verdadera individualidad puesta al servicio de la totalidad y cultivar cualidades en otras personas. Algo especial debía haber en el hecho de sufrir, desde que los grandes Locos de la antigüedad siempre hubieran accedido a un nivel más alto de madurez por medio del sufrimiento necesario. Parecía que hubieran trabajado aceptando que eran sanadores heridos; que podían hacer algo por los demás, pero no para sí mismos; o, al menos, no más que esperar el resultado final de su acción.

De pronto, paso a paso, apoyados algunos en muletas hechas de horquetas, fueron saliendo los desvalidos tapándose la cara con sus harapos. Algunos iban descalzos y otros envolvían sus pies y manos con las mismas telas que acababan de lavar. Al ver las hogazas de pan, afanaron sus pasos levantando sus cabezas oteando los barrancos cercanos por si alguien los estuviera observando. Como no se percataron de la presencia de sus benefactores que se habían vuelto a esconder tras los matorrales, retiraron los lienzos que tapaban los canastos y comenzaron a partir y repartirse los panes entre ellos mismos, alegrándose así de su buena fortuna.

En ese momento el Loco, levantándose, se dirigió lentamente hacia ellos estirando su mano derecha en la cual llevaba un pan, para que supieran que eran ellos quienes se los habían dado, y que no les tuvieran temor ni pena. Cuando les preguntó quienes eran y por qué vivían en ese lugar, uno de los leprosos respondió:

- Estamos aquí aprendiendo a aceptar la vida tal como es, con los cambios de perspectiva y con estas heridas que jamás sanarán, respondió una mujer abrazada al lado de la que parecía ser su hija.
- ¿Quieres acoger compasivamente nuestro propio sufrimiento? Preguntó otro mientras escondía su cara en medio del trapo que traía puesto.
- Ya llevamos muchos años viviendo aquí, lejos de la gente. Agregó un hombre ya viejo y barbado. Y lo aceptamos así para adquirir una actitud filosófica que nos permita aprender del dolor.
- Hemos creado entre nosotros un orden propio por medio de las muchas experiencias dolorosas que hemos vivido a través del rechazo ajeno. Dijo uno más.
- Al menos nuestra actitud hacia la vida nos aporta la sanación por medio de la sabiduría, y una conexión con el cuerpo y con los instintos de sobrevivencia. Agregó uno joven tempranamente contagiado.

Al oír a los lacerados, el Demente recordó cuántas veces se había quejado en el pasado; quejidos que, ante semejante situación que vivían estos enfermos, no eran más que una debilidad de su parte. Afirmar la individualidad fragmentando la unidad original, siempre producía una herida en el alma que debía ser sanada. Pero, describir la naturaleza de la sanación que una persona podía ofrecer, sólo puede darse en situaciones como las que el Loco estaba viviendo. No todo el grupo se había acercado a los enfermos por temor al contagio. Algunos se habían quedado arriba observando, aun cuando sí habían contribuido con su parte de pan y frutos del bosque.

Como el Loco comprendió que estos enfermos les estaban señalando aquello que debía ser curado en ellos mismos sanando a los demás, volteando a ver al grupo que había descendido con él a la orilla del río, les hizo señas con la mano para que se acercaran. Y así, comenzaron a lavar entre todos las heridas abiertas de los leprosos. Afortunadamente, como algunos de ellos habían aprendido acerca de plantas medicinales con los campesinos, fueron a recolectar algunas de ellas y, haciendo diversos emplastos, comenzaron a aplicarlos sobre las horribles llagas.

Y el Demente, desolado mientras observaba lo que estaban haciendo sus compañeros, y pensando en qué dominio les creaba a los leprosos conflictos por estar viviendo en semejante cuerpo físico, se preguntó para sus adentros:

- ¿Quién puede describir las heridas de mi infancia? ¿Quién me puede mostrar lo que me relaciona con mi sufrimiento? ¿Quién puede descubrir la verdadera causa de mi verdadera enfermedad? ¿Enfermedad es lo que me afecta? ¿Y si me perturba el alma y no el cuerpo, en dónde está el remedio? Debo aprender a digerir y procesar mi sufrimiento -como ellos- así como el estado de conciencia que lo acompaña.

-
Enfrentarnos a aquello que no se puede sanar, jamás ha sido un trabajo agradable pero sí necesario; porque para sanar una herida, primero hay que descubrir en qué ámbitos atraemos situaciones que nos hieren y cuales habilidades tenemos para sobrevivir a sus efectos. Al menos eso era lo que parecía comprender el Loco, ahora que estaba comenzando a experimentar una cierta calidad de lejano dolor en sí mismo. Estos infectados le estaban mostrando cómo expresar su desafío mediante la disminución o una herida física. Ninguno de ellos se sentía impulsado a escapar del dolor de sus heridas; lo aceptaban incorporándolo a la vida de una manera nueva, como si fuera una

enfermedad recogida de las herencias-cargas recibidas de sus ancestros.

- Estos leprosos me están señalado el camino a seguir y una ruta hacia mi propia sanación, se dijo el Desequilibrado. Con el rechazo recibido por parte de los demás, me han mostrado cómo infrinjo inadvertidamente dolor a los demás al rechazarlos y en donde estoy herido de alguna manera cuando, a su vez, también me hacen a un lado.
- Buscar la verdad siempre nos hace madurar, sanar la personalidad y las heridas internas, le dijo uno de ellos viéndolo taciturno. Tienes que despertar al héroe y al sanador interior que yacen dentro de ti; deja que te posea y te sirva para que enfrentes las pruebas con su ayuda y protección; así como ustedes nos están protegiendo momentáneamente. Nuestra vida es la misma día tras día y, si no fuera por nuestra actitud filosófica ante ella, para qué te voy a describir acontecimientos, circunstancias y pautas que se nos repiten indefinidamente. Jamás ninguno de nosotros ha pensado en devolver el reflejo de la naturaleza imperfecta e injusta de la vida, ocurriéndosenos renegar de ella. ¿Acaso tú mismo no has dicho que renegar de la puerca vida es olvidarse que somos la vida? ¿Para qué vamos a mostrar cómo descargamos sobre los demás nuestra agresividad reprimida? Ellos no tienen la culpa por rechazarnos; con su actitud lo que han hecho es dejarnos ver en donde albergamos un autoengrandecimiento oculto o manifiesto, y hacernos descubrir el momento inmediato que vivimos.

Con este diálogo, el Lunático estaba aprendiendo acerca del inmenso valor del significado oculto en cualquier experiencia dolorosa; y a integrar la visión con la practicidad del sentido común de estos lacerados. Sin proponérselo, le estaban mostrando en donde debía intentar hacer lo mejor hasta lograrlo o abandonarlo.

- Les hemos mostrado nuestro sendero, le recalcó el enfermo. El camino del aprendizaje por medio del dolor, nos hizo apartar de lo establecido para avanzar en una dirección diferente y para ser algo más que seres comunes, pero sin perder el contacto con la cotidianeidad. Viviendo así, nos hemos obligado a crecer y a estimular el despliegue de la individualidad y nuestro viaje para conseguirla.
- ¿Y quién o qué me puede conducir a mí hacia ese futuro de aceptar el dolor? Preguntó el Loco.
- Primero tienes que aplicar prácticamente tus visiones futuristas, materializando cuestiones que estén latentes o en proceso de formarse en ti mismo. Le respondió el leproso mostrándole una llaga recién salida en su pierna izquierda. Cada llaga me anuncia el amanecer de una nueva conciencia.

El Lunático comenzó a comprender que lo que el enfermo estaba haciendo con él, era entregarle una clave, una llave idéntica a la que el Loco Jesús le había dado al Loco Pedro milenios atrás. Y esa comparación lo llevó a querer aún más encontrar el principio crístico en su interior; y de forma tal que dicho encuentro le pudiera provocar un mayor despertar de esa conciencia.

- Quiero reconciliar los dolorosos opuestos, le confesó el Loco al leproso pensando en su encrucijada personal. Quiero encontrar la liberación y la revelación interior, pero... ¿cómo hago para lograrlo?
- Primero tienes que aprender a integrar el cuerpo y la mente, y a unir el instinto con la inteligencia. Le contestó poniéndole sus deformes manos sobre los hombros. Tienes que reparar la división existente en ti mismo entre lo espiritual y lo instintivo; y así reconocer la inmanencia divina y la realidad de lo incognoscible que hay más allá de tus sentidos. Debes crear formas nuevas externas e internas para poder exteriorizar lo que está adentro tuyo de una forma simbólica.

- Es decir, ¿me estás diciendo que debo tomar conciencia de algo que sea mío en un sentido creativo? Preguntó con los ojos fijos en los del leproso.
- Tienes que tomártelo todo con filosofía para que no sufras tanto. Respondió abrazándolo. Debes inculcarles tus valores éticos y culturales a quienes te acompañan; así como transmitir lo que verdaderamente sirve para el desarrollo del destino personal de cada uno.

De pronto el Loco, sintiendo en lo más profundo de su ser que el leproso le acababa de proporcionar la información más valiosa acerca de las experiencias vitales que necesitaba para evolucionar por medio del dolor, se quedó mirándolo tiernamente y comprendió en lo más profundo de su alma que al lacerado nada le dolía, porque estaba enfermo de... nada; entonces, levantándose de su lado, viendo que sus compañeros seguían dialogando con los otros enfermos, y volteando a ver a quienes estaban arriba haciéndole señas desde hacía rato para que subiera, se alejó de la orilla de la quebrada yendo al encuentro de su disminuida tropa.

- Tenemos que prepararnos para ser héroes y realizar hechos heroicos puestos al servicio del todo mayor del cual formamos parte, les dijo abrazándolos al ascender por la trocha. Aquellas personas que ustedes ven allá abajo, nuestros compañeros de viaje y los llagados, se han entregado voluntariamente a la muerte sacrificando su sentimiento de inmortalidad. Y cuando salen y entran de las cavernas en las que habitan, es como si estuvieran irrumpiendo en otros planos. Ellos han descubierto otra noción del tiempo liberándose así del pasado y del futuro; y me han enseñado a quitarle el seguro a la puerta que me permitirá ahora acceder a visiones y posibilidades nuevas.
- ¿Cual puerta? Preguntó uno de los bárbaros. No veo ninguna.
- Vamos, no importa, recuerda que estoy Loco. Mejor sigamos el sendero que me he imaginado en medio de la demencia que comparto con ustedes.

LA SÉPTIMA PUERTA

Y así, el Lunático, sabiendo que quienes se habían quedado con los leprosos habían encontrado su misión en la vida, partió hacia otra parte con su locura y el resto de la gente que le quedaba. Pero iba feliz y tanto que, mientras bailaba en una sola pata, les preguntó a los demás si querían bailar con él. Obviamente, extrañados ante la invitación, sin darle vueltas en la cabeza a la pregunta, le contestaron que no.

- Díganme lo que quieren y sabré qué quiero yo, les fue diciendo mientras seguía danzando como un loco.
- ¿Estás seguro que es esta la dirección correcta? Le preguntaron en medio de su chifladura.
- No sé, ya no me importa si voy o vengo. Sólo sé que estoy feliz y en paz conmigo mismo.
- No hay derecho a que nos trates así después de todo lo que hemos hecho por ti, le replicó uno de los soldados. Como siempre hemos querido algo cuando lo querías tú, ahora queremos saber de tí hacia dónde nos llevas. Tus deseos siguen siendo órdenes para nosotros; si no desde hace ya tiempo nos hubiéramos quedado atrás con nuestros compañeros de viaje.
- Tan sólo tenemos que esperar y ver lo que sucede, les respondió el Demente. Calma muchachos, sopesen la situación, vivan en paz y en armonía. Miren como en este momento yo armonizo y balanceo todo mi cuerpo conmigo mismo en medio de esta danza sagrada. Reconózcanme la amabilidad, imparcialidad y justicia que he tenido con ustedes durante todo el sendero que hemos venido recorriendo.
- Compartimos tu camino, pero no tu equilibrio, dijo otro de ellos. Es más, estás mucho más desequilibrado que nunca.

Pero el Loco jamás había hecho caso a esta clase de comentarios y menos ahora que cruzaban por una parte el sendero llena de enormes árboles frutales. Parecía un jardín encantado con estanques llenos de enormes lotos blancos y rosados, y toda clase de árboles florecidos que esparcían su sombra suavemente besando la pradera. Cuando se estaban acercando para saciar su sed tomando de algunos de estos racimos de provocativas frutas, el Loco detuvo su marcha y paró al grupo abriendo sus brazos. El lugar no estaba solo; había en él una bellísima mujer con ropas vaporosas, que se entretenía recolectando flores y semillas de los frutos caídos sobre el verde césped. Estaba tan ida en su quehacer que no se percató de la presencia del Loco y de su gente que la miraban estupefactos. Al Demente le pareció que la actitud agraciada de esta solitaria mujer llevaba consigo la colaboración, la comprensión y la paz interna tan necesaria en la vida.

De repente, con sus tijeras de podar en la mano y oyendo un ruido diferente al acostumbrado, la mujer se percató que no estaba sola; y vio allí, detrás de unas enredaderas con extrañas flores color vino tinto y un aroma repugnante, un grupo de gente que la estaba observando atentamente. En un principio se asustó como cuando un venado ve al lobo. Y no era para menos, pues el aspecto de los guerreros barbudos y del Loco con su atroz vestimenta, hacían resaltar más la etérea vestimenta de aquella mujer de ojos claros.

Cada guerrero-lobo representaba una alegoría guerrera como sinónimo de desenfreno, ferocidad, satanismo y salvajismo. Pero el lobo, al ver en la oscuridad, también era símbolo solar de luz y del rayo. Estos lobos guerreros encarnaban la fuerza contenida en el interior de cada uno de ellos, gastándose con furor y sin discernimiento en sus deseos y pasiones sensuales; aquellos que les despertaba esta aparición femenina. Y no era para menos, pues cuando los salvajes abrían sus bocas, éstas equivalían a la caverna, al infierno y a la noche sin fin que los devoraba.

- ¿Qué haces? Le preguntó el Loco arreglándose su caracola en la cabeza y sacudiéndose el polvo del camino.

- Estoy sirviendo a la belleza, contestó ella con una dulce voz que más parecía que cantara una melodía. Mi oficio es embellecer el mundo estabilizando con bondad toda esta hermosura que ves a tu alrededor. ¡Mira qué Jardín! Es como el Edén y, en especial, el jardín interior de mi realización espiritual. Está pleno de flores como símbolo de amor, armonía, estado edénico, inocencia y del principio pasivo que se adueña de mí. Mis cualidades son divinas en este paraíso.
- ¿Y cómo lo lograste? Le preguntó el Loco.
- Con mucho amor y dedicación, respondió ella. Aprendí que esa es la mejor herramienta para redondear lo escarpado y suavizar las asperezas de la vida. Pero primero tuve que encontrar en la mente el camino verdadero que solucionó toda contradicción entre mi mente y la materia; y después fui creando un camino a través de la maleza de lo material; hasta cuando descubrí la beldad en mí, pero reflejada en lo exterior
- ¿Es importante lo que llamas maleza? Preguntó el. Porque no hace mucho aprendí que ésta no existe. Que llamamos maleza a lo que no sabemos para qué sirve.
- Es importante, en la medida en que comprendas que es por entre ella en donde está el sendero de la evolución. Repuso la mujer oliendo unas flores que llevaba en su canasto; y haciendo acordar al Loco de las zarzas que había atravesado hacía ya tanto tiempo. Tienes que observar las leyes de la naturaleza, para así abrir procesos intelectuales portando gérmenes de pensamientos nuevos; como los que llevan estas hermosas flores. Por eso estoy aquí dedicada a una vida de contemplación y reflexión silenciosa y consciente, creando una sensitiva red de significados que me permitan sentir el amor que me rodea.
- ¿Amor? Preguntó extrañado el Loco. Pero si te veo absolutamente sola. Tan sola como yo.
- Entonces... ¿quieres casarte conmigo? Exclamó ella de repente aleteando sus pestañas.
- ¿Yo? ¡Ni loco que estuviera!
- Es que mi pareja es el amor, respondió ella. Me cuesta trabajo hilar hilos de relaciones y persuadir a

otros para que me acompañen a recorrer este jardín maravilloso en el cual vivo. ¿Al menos quieres quedarte aquí para andar conmigo para siempre por este sendero?
- No, no. Mejor caminemos juntos por en medio de la arboleda, respondió el Loco asustado ayudándole a cargar las semillas que iba recolectando, mientras cruzaban cerca de un estanque lleno de unos nenúfares blancos gigantescos.
- ¡Mira qué belleza! ¿A qué se te parecen estos lotos abiertos, esperando que una abejita los penetre? Preguntó ella extasiada haciendo bailar de nuevo sus pestañas mientras estiraba sus labios como besando a un amante invisible.
- Me recuerdan el nacimiento del mundo a partir de lo húmedo; y de la abundancia y fertilidad como la expresión de las poderosas y ocultas fuerzas de la tierra. Contestó el Demente echándole un baldado de aguas frías sobre sus emociones.
- Y mira aquel palomo haciéndole cucurucu a su palomita. ¿Qué se te viene a la mente?
- Que la tórtola es símbolo de aquello que hay en ti de inmortal. Le contestó con otro baldado de agua fría. En ella veo al Espíritu de Dios y al Espíritu Santo.
- ¿Acaso no puedes ver en la paloma la fidelidad conyugal? Preguntó ella recostando su cabeza sobre el hombro del Loco.
- Pues... de ser así, yo soy como una tórtola amante fiel de la soledad. Contestó el Loco con sonsonete teatral. Alguien que anda en la búsqueda de la realidad invisible que aletea sobre las aguas de la substancia primordial indiferenciada. Esa es mi alma que con sus alas se desprende de lo terrestre, del Eros sublimado y de la gran Madre telúrica como símbolo de los instintos sublimados.

El Demente siempre se había orientado hacia otra clase de relaciones; es decir, siempre había sabido mantener la propia individualidad dentro del marco de las relaciones. Prefería adaptarse y cooperar con los demás, que ser propiedad privada de alguien. Compartir y relacionarse con toda clase de personas, siempre le había permitido establecer relaciones responsables y mutuamente satisfactorias por gusto y no por obligación. Como la idea del amor perfecto en una sociedad perfecta estaba muy lejos de sus aspiraciones, prefería mantener despierta en él la conciencia de sus deberes hacia el prójimo.

- Pero aquí sola, ¿cómo vas a ayudar a la gente a hacer nuevos amigos? Preguntó a la mujer mientras ésta se arreglaba su sombrero de tela con venas de bambú. Tienes que realizar los deseos en conjunto para que el propósito sea afín con el de las demás personas.
- Pero es que... ¡Mira este jardín! Exclamó ella de repente extendiendo sus bazos y dando una vuelta en su derredor. Así es como quiero cultivar las relaciones amorosas y convertir el amor en un compromiso generando el entendimiento de persona a persona. Quiero disfrutar con la colaboración, la relación, la armonía y el equilibrio que se establece con otros seres.
- ¿Pero con quién? Preguntó una vez más el Loco. ¿Con quién si estas absolutamente sola?
- Contigo, respondió ella, contigo.

El Loco sabía trabajar conjuntamente con otras personas armoniosas y compatibles; pero que no le hablaran del amor porque de ese tema nada sabía. Era experto en dirigir su energía creativa hacia las relaciones interpersonales y las ideas iniciadoras que intercambiaba con los demás; pero era inepto en lo que ella le estaba solicitando.

- Tú quieres buscar al otro para estar en paz, le dijo suavemente mientras ella se recostaba en el tronco de un árbol de nísperos orientales. Llevarse bien con los demás no es tan difícil, si uno está en el plan de reconocer el valor y los derechos humanos. Pero una cosa es el amor y otra muy distinta es estar enamorado. Es cierto, debes buscar la complementariedad en una pareja, con la familia y con la sociedad, pero... ¿en donde están todos ellos?

El Demente le estaba recordando su conexión con el mundo social en un sentido más amplio y no caer en el egoísta -pero necesario- amor de pareja. Desde hacía mucho tiempo, como ya él había logrado el equilibrio en sus relaciones y en el entorno, se había dedicado a crear la misma armonía y equilibrio en sus relaciones y en su estilo de vida. Le quedaba más fácil objetivar la consciencia a través de la asociación y el compañerismo, que volverse propiedad robada de alguien. Había aprendido a unir los intereses particulares con los generales, y a traer armonía y justicia para todos usando la diplomacia que lo caracterizaba.

- Pero es que necesito que me amen. Dijo ella suspirando mientras enrollaba en la palma de sus manos las hojas dentadas de una planta que había a su lado. Estoy saturada de soledad y, aun cuando vivo en un lugar idílico, necesito que alguien lo comparta conmigo. ¿De qué le sirve a la flor que no haya insectos? ¿Será, entonces, que alguno de tus compañeros querrá quedarse a mi lado y polinizarme?

Al Loco le costó trabajo despertar a sus compañeros pues, debido al largo viaje, el cansancio los había rendido. Pero una vez estuvieron de pies, y habiéndoles contado lo que había conversado con la bella mujer, todos salieron corriendo hacia donde ésta se encontraba sentada debajo de un borrachero de flores blancas, exhalando un extraño humo por su boca.

- ¡Qué difícil es establecer asociaciones productivas y tendencias emocionales libres! Se dijo el Demente cuando se vio solo. Promover la conciencia del otro y el valor de dar y recibir, no es fácil cuando no se tiene bien en claro el hecho de que la energía universal no se puede volver propiedad particular de nadie. Una cosa es saber aquello que los demás desean y una muy diferente satisfacerles sus deseos; una, el ser capaces de establecer relaciones duraderas y otra, que éstas nos agobien con el paso de los años. Yo sé que siempre he sido consciente de las necesidades de otras personas que son significativas para mí; pero hay necesidades que no sé cómo o no debo satisfacerlas ni en mí ni en ellos.

Una vez la exótica mujer cogió a uno de los bárbaros por su gruesa mano, comenzó a mostrarle el lugar encantado. Ante los ojos del Lunático el espectáculo era imposible de creer, y más aún cuando ella, muy dulcemente recostada en el gran estómago del bárbaro como si fuera su almohada, le decía:

- Mira, esta violeta es símbolo del amor oculto y de la modestia. Y esta rosa me ayuda a sintonizar con mi lado femenino Divino y con las jerarquías angélicas, mientras despierta en mí el amor y la inspiración.

Obviamente el salvaje no sabía que opinar, porque él estaba interesado no en las flores, sino en quien se las mostraba. Pero cuando fue a abrazarla, ella interpuso entre los dos un enorme ramillete de azucenas.

- ¡Mira que hermosas! Dijo acercándoselas a la nariz mientras este estornudaba y escupía. Para mí son el símbolo de mi abandono místico a la voluntad de Dios y de amores intensos o prohibidos. ¿No ves en ellas reflejado mi candor, mi castidad, mi divinidad, mi inocencia, mi metamorfosis, la paz y la perfección que puedo darte? ¿Quieres toda mi pureza? Yo puedo realizar todas tus posibilidades antiéticas del ser y de la sencillez.
- Ya te tengo en mi pensamiento, exclamó el bárbaro apretándola con fuerza contra su pecho peludo. No necesitamos las azucenas, ni las violetas, ni la rosas. A no ser que con sus pétalos hagamos nuestro nido de amor.

- Mira estos pensamientos morados, amarillos y blancos, exclamó ella plena de éxtasis. Son para ti, porque siempre te llevaré en mis meditaciones y en mis recuerdos.

El Loco, que comenzó a apartarse del jardín en donde la mujer estaba ahora feliz, empezó a entender que cometer errores también era una manera de crecer. Y, de pronto, mientras estaba reflexionando sobre las lecciones amorosas de su propio pasado, observó no muy lejos a un joven sentado en un pequeño muro al borde del sendero lleno de venados grises, en quienes el Lunático vio el receptáculo del alma de los muertos. Alguna duda lo debía estar atormentando, porque en un momento se levantaba descendiendo para un lado del camino y al otro se sentaba, para de nuevo levantarse ascendiendo hacia el lado contrario.

De repente el mozo enderezó su cuerpo no muy alto, coronado por una cabellera corta de color negro como sus ojos y, viendo en donde estaba el Loco, descendió dirigiéndose hacia él. Éste debió generarle alguna confianza, porque lo primero que le preguntó al acercarse fue:

- Señor, ¿usted qué opina de Dios? ¿Cómo es el cuento del bien y el mal? ¿Cómo hago para estar en paz conmigo mismo? ¿Cómo hago para liberarme de mi pasado?
- Un momento, no tan rápido, repuso el Loco. Ven siéntate a mi lado para que conversemos acerca de tus inquietudes; de pronto yo puedo ser un buen conductor entre tus dudas.
- Quiero adquirir un sentido práctico que me defina quien soy y qué estoy haciendo aquí, repuso el joven. Necesito encontrar la solución imaginativa para salir de todo este odio que hay en mi interior. Necesito que me enseñe a adoptar una línea de acción firme en todo; quiero acrecentar y dirigir la voluntad, pero no tengo fe en mí mismo y la duda me asalta constantemente. Si estoy acompañado quiero estar solo; y si estoy solo, quiero estar con alguien más. ¿Qué hago?

- Primero tienes que buscar la paz, la rectitud, la justicia y la verdad en tu interior.
- Pero es que me siento como si yo fuera el experimento de alguien.
- ¡Claro que lo eres! Exclamó el Demente. Todos somos nuestro propio experimento; eres el artista de tu propia vida.

El Loco sabía que para él no había sido fácil llegar a ser el escultor de su propia vida; pues había tenido que desarrollar el poder para utilizar con acierto la facultad analítica equilibradora de la mente. Cuántas veces había tenido que decidir con verdad y con visión de conjunto, para no arrepentirse luego de haber reflexionado durante mucho tiempo y al final haberle dejado la decisión a otros.

- Nadie puede decidir por ti lo que tienes que ser y hacer, le dijo abrazándolo. Tienes que ser justo y más consciente de tus propias necesidades, antes de pretender colaborar y cooperar con otras personas.
- Pero es que mi familia me necesita, repuso el muchacho tratando de caminar sendero arriba mientras el Loco lo sentaba de nuevo a su lado.
- ¡Eso es falso! Le dijo enérgicamente. Tu familia no tiene necesidad de ti. ¡Eres tú quien tiene la máxima necesidad de ti mismo! Lo que sí tienes que hacer es aprender a poner en actividad y en contacto con la gente, la súper mente que tienes.
- Pero es que a veces, cuando hablo, soy muy directo y no sé cómo controlar lo que debo o no debo decir a otras personas.
- Pues, entonces, primero tienes que aprender a ejercer el liderazgo por medio de tus ideas e ideales; y después ser el mediador o intermediario, para lograr ser el adalid de la paz y la igualdad entre las personas con quienes te correspondió vivir.
- Pero es que quiero ser tratado con justicia y, en cambio, todo el mundo me ataca por lo que pienso, dijo abriendo sus enormes ojos negros.

- Lo que tienes que saber es si tratas a los demás con justicia, repuso el Loco. Porque no todo el mundo tiene que pensar como tú lo haces; me parece que el nivel de comprensión tuyo es muy superior al de aquellos con quienes vives.
- Pero es que me encanta atraer a los demás a los debates, confesó el muchacho mostrando su blanca dentadura detrás de una gran sonrisa. Como jamás me ha quedado fácil forjar relaciones, siempre recurro a la intuición. Me gustaría mucho aprender a ser un buen mediador. ¿Me enseña?
- Primero tienes que captar el No-Yo para combatir la duda, le contestó certeramente el Loco. Es decir, tienes que saber quien NO eres para poder desarrollar la consciencia del equilibrio y las relaciones armoniosas, primero contigo mismo y después con los demás.
- Para mí siempre ha sido muy difícil buscar el equilibrio, el justo término medio y la armonía, confesó el joven cabizbajo. Y eso que siempre he andado absolutamente solo por innumerables caminos.
- Nada nuevo me estás diciendo; para nadie es fácil alcanzar el punto de equilibrio entre el alma y el cuerpo; entre el hombre espiritual y el personal, le contestó el Loco. Pero al menos tú y yo lo estamos haciendo y sabemos que es así. Dime, ¿cuánta de la gente que conoces en tu mundo natal, están en ese camino? Tu error es compararte con ellos antes de poder manifestar el perfecto equilibrio entre el espíritu y la materia. El espíritu eres tú y la materia como te llaman.
- Pero es que no sé cómo obtener la estabilidad entre el deseo personal material y el amor espiritual inteligente, agregó el mozo. ¿Cómo lo logró usted?
- Sosteniéndome de la mano de Dios, dejando que a su vez la necesidad de la humanidad se sostenga de la mía, como lo estás comenzando a hacer en este momento. Efectivamente, tienes que aprender a discriminar entre los pares de opuestos para encontrar el estrecho sendero del filo de la navaja, como símbolo de dificultad del paso a un estado superior que el anterior. Y, como el sendero angosto cruza por entre los opuestos, es allí en

donde tienes que mantener el equilibrio. Una vez lo halles, debes guardar el secreto del equilibrio y de la estabilidad, para no perderlo.
- Nunca he sabido elegir el camino entre dos líneas de fuerzas, y tomar inevitablemente una determinación, añadió el inmaduro muchacho.
- Bueno, pues parte del crecimiento es aprender a armonizar tus distintas tendencias y a reconocer los opuestos que hay en tu propia naturaleza. ¿Has amado alguna vez? ¿Alguien te ha amado?
- No, contestó secamente.
- Bueno, pues empieza ya comenzando por establecer un punto de equilibrio entre tus principios masculino y femenino, le recomendó el Loco mirándolo fijamente. Tienes que modificar el dogmatismo masculino con la dulzura femenina.

De pronto los dos entraron en un largo silencio, tal vez empeñándose en procurar la armonía entre ambos. Sentían que debían armonizar todas las polaridades para la autorrealización y todas las voces para construir un coro, juntos. Para el Loco resultaba muy difícil, pero no imposible, hacer que el comportamiento del muchacho fuera una obra de arte utilizando el refinamiento y la sensibilidad que por nacimiento poseía. Debían encontrar la relación adecuada entre los dos y luego entre los demás. Pero encontrar a los otros y el perfecto punto intermedio, tampoco era algo que se fueran a toparse a la vuelta del camino.

Y, entonces, el Loco se levantó dando a entender que iba a continuar descendiendo por el sendero, cuando el muchacho, viéndose solo, lo alcanzó diciéndole: quiero ir con usted, necesito de su guía.

En todo el camino recorrido por el Demente, esta era la primera vez que alguien le decía que quería andar a su lado. Todo lo contrario, la gran mayoría de su imaginario ejército, se había ido desmoronando por el sendero. Entonces, mirando con cierta ternura al joven, como si fuera un venadito perdido en la espesura de sus enormes dudas, le dijo:

- Crear relaciones entre tú y yo, tanto interna como externamente, nos ha de servir para viajar a los niveles superior e inferior, pero sin perder la luz ni el contacto con la realidad. Es muy importante darnos cuenta de la Divinidad mientras vivamos en la forma humana, porque equilibrar el mundo real del materialismo con el mundo interior de la espiritualidad nos es fundamental.
- ¿O sea que debemos adquirir conciencia de todos los puntos de vista y un espíritu armonizador y mediador? ¡Quiero vivir la realidad y llegar a la unidad! ¡Necesito hallar la mediación entre la interioridad y la exterioridad! Exclamó el nativo del lugar.
- Precisamente, es así como debes vivir para neutralizar tus fuerzas contrarias. Debes permanecer entre lo concreto y lo abstracto, para lograr el equilibrio y la armonía en el plano físico de los pares de opuestos que te dominan.
- ¿Y cómo hago para obtener el correcto equilibrio entre esos pares de opuestos en mí?
- Debes mantener viva la imagen ideal del hombre superior que eres, y el camino por el cual fluyen los impulsos mentales superiores a los inferiores, contestó el Loco.

El Lunático siempre había encarado directamente los problemas haciendo uso de su genialidad. Pero existía algo que aún no había logrado: saber frenar a tiempo sus propios deseos peligrosos...

- Tienes que superar tu miedo al fracaso, le dijo de repente al joven que iba caminando a su lado. Tienes que mantener a toda costa una posición indeterminada, antes de poder tomar partido.
- ¿Pero cómo puedo contener el egocentrismo y la extraordinaria inflexibilidad que a veces me posee?
- Antes de resolver disputas entre otros, debes solucionar las que tienes contigo mismo. Es muy

- importante que hagas las paces internas equilibrando todo, y evitando los conflictos y fricciones con la gente que te acompaña.
- Pero es que todo me lleva a mantener discusiones y disputas periódicas con la gente. No he sabido cómo hallar la resolución pacífica de esos conflictos.
- Sencillamente tienes que ver las dos caras de una misma moneda; ver que en todo existe lo bueno y lo malo. Una vez lo sepas, entonces tienes que equilibrar los puntos favorables y desfavorables de las cosas y las personas. Tu no las puedes cambiar a ellas, pero sí los efectos que te producen.

El muchacho se quedó pensativo un buen rato, mientras iba dirigiéndose con el Loco hacia el jardín en donde éste había dejado a su tropa en compañía de la doncella. Todos lo estaban esperando a la vera del camino, comiendo frutas a lo que más podían. Se alegraron de verlo y luego de preguntarle en compañía de quien venía les contestó:

- Me he encontrado a este joven que desea acompañarnos en el resto del sendero. Le estoy enseñando a valorar el crimen y el castigo; es decir, a equilibrar los opuestos, de modo tal que pueda relacionarse con otras personas y no cometer el crimen de castigarse por lo que no es.
- Eso es muy fácil, le dijo uno de los bárbaros poniéndole una de sus gruesas manotas en el hombro; lo único que tienes que hacer es tomar la iniciativa mientras das la impresión de ceder.
- No entiendo, dijo el joven volteando a ver al Loco. Explícame que dice este tipo.

Pero el Demente no le aclaró la duda, pues luego de estar contando cuántos de su grupo quedaban, notó que faltaba uno.

- ¿En dónde está el soldado que arreglaba siempre el carruaje aquel en el que cargaban ustedes los documentos y libros viejos? Preguntó.
- No pudo salir del jardín, porque la doncella lo hechizó. Decidió quedarse con ella, respondió uno de ellos.
- Está bien, debemos seguir el camino, pues creo que aún nos falta mucho por recorrer. Tenemos que seguir luchando por alcanzar la equidad, la igualdad y la justicia.

Encontrar la situación en la cual todo el mundo ganara, era parte de la sabiduría del Loco, quien siempre instaba a la reconciliación a todo el mundo. Como había desarrollado de una manera más efectiva un juicio imparcial, jamás juzgaba a nadie ni detenía a otros en sus aparentes decisiones, aún cuando lo juzgaban a él. Desarrollando el sentido de los valores había sabido expresar el punto de equilibrio alcanzado. Y era eso, precisamente, lo que más le admiraba el joven recién conocido.

- Quiero encontrar la alternativa más perfecta para integrar las partes dispersas y complementarias que existen en mí, dijo el mozo cogiendo al Loco de la mano. Quiero que me enseñes a ver la razón justa de todo.
- Así será, le contestó poniendo su mano derecha sobre el hombro del muchacho. Te enseñaré a pronunciar la palabra que te libere del poder de los Señores del Karma.
- ¿Cuál es esa palabra? Preguntó el chico emocionado.
- Ya la sabrás, pero a su debido momento. Por ahora sigamos caminando

LA OCTAVA PUERTA

A la mañana siguiente, cayeron en la cuenta que se habían refugiado al borde de un profundo abismo y tan oscuro, que parecía la entrada al mismísimo inframundo. Se apretaron unos a otros pegando sus espaldas contra la peña, mientras el Loco encabezaba la fila tomando al muchacho de la mano para que no cayera en las profundas aguas que se oían en el fondo.

- Aquí es cuando vamos a saber cuánta fe tiene cada uno en sí mismo, dijo el Demente apretando la mano del mozo.

No acababa de pronunciar estas palabras, cuando vio que no muy lejos había una grieta entre las rocas que lo invitaba a entrar por ella. Apenas se acercaron, una bandada de lechuzas, murciélagos y vampiros salieron de la oscuridad asustados por el ruido que hacía el grupo. Pero mientras los bárbaros y el joven veían vampiros volando a su alrededor, el Loco intuía en esos murciélagos a un animal catalogado como impuro; símbolo de los demonios, de la idolatría y del pavor. Pero también veía en ellos a las fuerzas subterráneas de la muerte y del señor del fuego o dragón alado que nadie jamás había podido conocer. El murciélago podía ser alguien detenido en su evolución y que por eso le tocaba vivir en la oscuridad. Y el Loco, pensó en él.

Curiosamente, del interior de la caverna no sólo salían peludos mamíferos voladores de chillidos espeluznantes, sino un arroyuelo estrecho y oculto por entre la maleza.

- Esta parece la entrada de los demonios interiores, advirtió el Loco. Estén muy atentos a las fuerzas desconocidas, extrañas u ocultas de la naturaleza. Acérquense unos a otros para constituir un todo orgánico más grande, para que si nos sale al encuentro alguna bestia, crea que somos un solo animal y más grande que ella. Hagan de cuenta que estamos entrando en nuestro lado oscuro colectivo.

De pronto el Demente se detuvo al ver que un rayo de luz que entraba por una fisura encima de la caverna, dejaba al descubierto la silueta de un pantano pestilente. El Demente lo comparó con sus pasiones y con el poder de sus deseos; de aquellos que aún no había podido controlar.

- Vayamos hasta el fondo del asunto, les dijo acelerando el paso. Y mucho cuidado con ir a sospechar de todos y a no fiarse de nadie; pues en esta oscuridad es cuando más nos necesitamos los unos a los otros.
- ¿Quién me manda venir a buscarle la quinta pata al gato andando por esta cueva? Dijo el muchacho. Pero bueno, como el fin justifica los medios y el poder nunca se da gratis, hay que conquistarlo. Mejor me callo y sigo andando, porque como aún no controlo el deseo oculto en mi interior, andar por esta caverna me ha de servir para ser consciente de que a veces tengo miel en las manos, pero aguijón en la lengua. Voy a aprender a transmutar la energía que me domina andando al lado de este señor.
- Perdona siempre a tus enemigos, pero jamás olvides sus nombres, le dijo de repente el Loco viéndolo tan callado. Tienes que saber absorber las energías psíquicas de quienes te rodean, y amar e integrar tu propia oscuridad, como esta por la cual vamos andando, para sanar la misma oscuridad que te rodea. Es todo un arte aprender a callar y a controlar tus emociones.

Como el Demente sabía comprender, experimentar y habitar profundamente el mundo de las emociones, no le tenía miedo a andar por la peligrosa cueva en la cual llevaban ya mucho tiempo metidos sin encontrar la salida. Pero la verdad era que él no estaba buscando ninguna apertura que lo llevara al exterior, sencillamente iba andando sin saber para donde ni qué encontraría en medio de semejante ambiente tan lúgubre y gélido. Como siempre, estaba comprobando cuánta resistencia tenía, asumiendo compromisos que superaran la prueba del tiempo y controlando su naturaleza calculadora y fría.

- Es ahora cuando voy a conocer el "Talón del Loco Aquiles" de esta gente y la mente que se adueña de ellos en momentos como éste.

Por su parte, el chico quería a toda cosa convertirse en un discípulo triunfante y cosechar el beneficio de lo esencial en todo lo que estaba aprendiendo al caminar de la mano del Loco. Quería demostrarse a sí mismo que iba a vencer la ilusión, siendo apto para luego prestar un servicio mundial; que iba a desarrollar la consciencia de la jerarquía a través un contacto con seres avanzados como el Demente. Algo en su interior le decía que con él iba a descubrir energías latentes, secretos y talentos ajenos y propios para aprovecharlos al máximo.

- Tienes que elaborar en tu fuero interno las virtudes que te permitan ganar la batalla a tu poderosa naturaleza inferior instintiva, le dijo el Loco viéndolo tan pensativo. Es bueno que elimines lo inútil, lo que no es esencial y las sustancias tóxicas que te envenenan el alma, antes de pretender desentrañar misterios como los de esta cueva. Eres tu propia oscuridad.

El Loco sabía cuán difícil era luchar contra los instintos animales que habitaban dentro de sí mismo, en una parte tan oscura e insondable como la caverna por la cual andaba con lo que quedaba de su deshojado ejército. Pero sabía que parte del trabajo para lograr el éxito que quería, era ocuparse de sí mismo como una Unidad para así poder vencer todas las partes que lo dominaban. Ahora le parecía que estaba profundizando en este subterráneo, como siempre había pene-trado con un intenso poder emocional y una energía creativa, bajo la superficie o hasta el fondo en las experiencias en general y en los sentimientos de los demás a través de la intuición y su gran conocimiento. Como siempre se había sentido atraído por el cambio, el movimiento y por las dificultades a vencer, esta cueva no era nada extraño para él. Era un reto más.

- Yo siempre he vivido entre el llamado de Dios y la tentación del Diablo, le susurró al oído del joven compañero. Y he experimentado intensamente ambos polos opuestos, sin juzgar al uno como bueno y al otro como malo; sencillamente son... diferentes. Y actuar con todo el poder del bien y del mal, me ha permitido declarar sin restricciones que no hay diferencia entre el uno y el otro. Depende de cómo te dejes afectar por ambos.

De pronto el Loco se detuvo y tras de él su pequeño ejército. Había sentido en su interior que de un sector del socavón irradiaba un poderoso magnetismo. ¿Qué era aquella fuerza extraña que lo arrastraba hacia ella? Empezó, entonces, a quitar los estorbos del gran lodazal por el que iban cerca del inmundo pantano a donde destilaba toda la mierda de los murciélagos, dejando ver una masa informe de gusanos que sobreaguaban en él. Estaba dispuesto a no descansar hasta cuando encontrara de donde emanaba aquella misteriosa energía que hacía resonancia en su interior. Y no demoró mucho en descubrir que de una alta cornisa que había enfrente suyo, irradiaba un sonido apenas perceptible para los murciélagos y para un Loco como é.l

- Si siempre he sabido tener conciencia de las alturas y de los abismos del universo, ascender hasta aquella cumbre y surgir por encima de todo, no será difícil para mí.

Y dicho y hecho, luego de decirle a su gente que lo esperaran mientras él regresaba porque iba a reunir más conocimientos para uso futuro, comenzó a buscar por donde ascender el escollo que lo separaba de la fuerza que lo atraía. Pero lograr llegar a la raíz de las cosas, y menos en esta enorme gruta, no era así no más. La peña que tenía ante sus ojos era absolutamente inalcanzable. A pesar de que sabía aguantar y perseverar en la lucha por sobrevivir, jamás había tenido que afrontar a un reto como el que tenía enfrente; ni siquiera cuando aspiraba a otros niveles de dominación mediante la conquista física.

- Esto es como buscar el conocimiento universal, el elemento espiritual implícito, la esencia de las cosas, la manera de desplegar mi pleno potencial. Voy a cerrar los ojos y, me dejaré guiar por la fuerza que me lleva, mientras voy aplicando mis agudos y táctiles talentos investigadores a todo lo que vaya tocando.

Y así fue. Sus burdos dedos comenzaron a distinguir pequeñas fisuras en la erecta roca, de las cuales se podía agarrar con fuerza; como si cada uno de sus dedos estuviera indagando y sonsacando las razones ocultas de todo lo que había en el peñasco. De pronto oyó una voz que desde lo alto le dijo: no abras los ojos ni mires atrás.

Dicha frase le aportó una nueva forma de concebir y de percibir las cosas, que le fue regenerando sus recursos internos; es decir, percibir con intuición y percepción psicológica aquello que se ocultaba tras la erecta forma manifiesta por la que iba ascendiendo. Lo importante es que lo hiciera sin ubicar la infinita peña en el contexto en el cual se encontraba en ese momento. Lo fundamental para él no era saberse ascendiendo, ni el abismo que dejaba atrás, sino solamente concentrarse en sus manos y en sus pies; es decir, preocuparse por la energía y su empleo correcto.

- Es a esto a lo que me ha llevado sentir curiosidad por todo lo secreto y por la naturaleza relativa de las cosas, se dijo mientras ascendía penosamente agarrado de la fe en sí mismo.

Y de pronto terminó su ascenso. Ya no tenía necesidad de buscar donde más agarrarse, porque había llegado a la pequeña cornisa que había contemplado desde el fondo. Entonces se sentó a aguardar...Pero a ¿qué o a quién?

- A la satisfacción mutua, le respondió un suave sonido en medio de la oscuridad. Acabas de compensar los pares de opuestos: el miedo con la fe.

Lo extraño de la situación era que de en medio de la oscuridad salía un resplandor, pero sólo cuando el Lunático oía la voz, pero a nadie veía. Y eso lo estaba confundiendo cada vez más, pues no sabía si veía, oía o sentía. Y al Loco le pareció que esto era como la emanación aquella que él mismo había visto salir de su cuerpo no hacía mucho.

- Sí, aquí no necesitamos del cuerpo físico, dijo una vez más la voz como si hubiera leído sus pensamientos. Ni necesitamos del cerebro para pensar. Aquí sólo nos dejamos ir...

Cada vez con más intensidad, el Demente no sabía si oía la voz, si la veía o presentía en su interior o afuera; es más, ni siquiera percibía en qué posición estaba su cuerpo. ¿Estaba sentado, acostado o flotaba? Entonces tuvo un chispazo de ingenio y, como era Loco, se imaginó que estaba sentado ante un monje budista de cabeza rapada. Su piel tenía un extraño tinte que no podía definir bajo un color cualquiera.

- ¿Quién eres? Le preguntó el Loco.
- Soy quien quieras que sea, respondió la vibración. ¿No dizque eres experto en escudriñar los deseos y necesidades ocultos de los demás?
- Bueno, entonces ¿qué hago aquí?
- Para empezar, dijo la voz, ascendiendo hasta aquí has logrado que el Yo superior, mate al yo inferior. Para eso te sirvió el cuerpo; pero el resultado de trepar lo ves adentro y no afuera. Todos podemos ejecutar una transformación a nivel alto o bajo; el problema es dejarnos afectar por los resultados. Yo puedo desencarnar en cualquier momento, porque ya sé que soy más luz que materia.
- ¿Y hace cuánto tiempo que estás aquí?

- El tiempo tampoco importa, porque ese es un problema del cuerpo y del espacio. Y aquí, ninguno de los dos tiene cabida. Cuando ascendí por vez primera por la misma roca que has subido, aprendí a conquistar, sublimar, subyugar y superar mi naturaleza de los deseos. La diferencia contigo es que en aquel momento yo traía en mis manos una lámpara; y cuando me senté enfrente del resplandor ante el cual te hallas ahora tu sentado, la voz que escuchas me dijo: no prendas la luz.

En ese momento el Loco sintió que el rayo que emanaba de la voz o el sonido que emanaba de aquella luminosidad, estaba como saliendo del eco de su arcaica memoria. ¿En donde había escuchado esa frase antes? ¿Cuántas recomendaciones él mismo había dado en el pasado? ¿Acaso alguien le había dicho que había que arrodillarse para vencer a la bestia y ahora lo que le pedían era que no prendiera la luz?

- ¿Por qué? Le preguntó a su imaginario monje. ¿Por qué no es bueno que prenda la luz?
- Porque sabrías quien soy y puedo no ser de tu agrado, contestó. Lo que importa es lo que sientas en mi presencia, no lo que veas de mi presencia. Si así lo fuera, estaríamos conversando afuera y no en el interior de esta montaña tan tierra adentro de nosotros mismos. Además, debes saber que la montaña siempre es símbolo de estabilidad, grandeza, inmutabilidad, manifestación, pureza y trascendencia.
- Pero ¿quién eres? Preguntó una vez más el Loco temeroso.
- ¿Sabes lo que es el rayo que emana de la voz que escuchas? Preguntó a su vez el Monje. Él y yo somos símbolo de emanación desde un centro tipo genio, héroe, santo o Sol interno. Somos el símbolo de la búsqueda espiritual, pero también de destrucción de la ignorancia y de las tendencias nefastas que te dominan. Nuestro oficio es alejar el caos o, al contrario, la búsqueda de satisfacciones pasajeras.

De pronto el Loco, pensando en el sonido le había hablado en plural, sintió que algo se deslizaba por entre sus piernas dobladas, imaginando que descendía serpenteando desde el cuello del Monje. Al palpar con sus manos, éstas rozaron con una piel fría y áspera que inmediatamente le dejó saber que una serpiente se estaba enroscando a su alrededor. Pero, a su vez, algo en su interior le decía que cuando la voz le había dicho que no se necesitaba el cuerpo físico, era porque podía adquirir la forma que quisiera. La serpiente de la ilusión, envuelta al alrededor del atemorizado cuerpo del Loco, representaba el proceso espiral de la evolución en la cual estaba inmerso el Monje.

- ¿Será que el monje ya sabe utilizar todas las fuerzas del universo para asegurar el buen funcionamiento de la organización corporal? Se preguntó el Loco. ¿Será que me quiere confiar algún secreto?
- Tienes que aprender a renacer en espíritu, le dijo la serpiente. Mi oficio es llevarte de la etapa de la individualización al sendero del discipulado. Y jamás me tengas miedo porque entonces me he de convertir en tu peor enemigo: la falta de fe en ti mismo. Y te lanzarás al insondable abismo.

Y hay que tener en la cuenta que sólo un Loco de remate puede conversar con las serpientes, como lo había hecho en la antigüedad la Demente Eva. Si ese animal le había servido a ella para concretar, conjurar y plasmar sus ideas en aquel momento, ¿qué le iba a enseñar esta serpiente? ¿Era ella o el monje? ¿Ambos eran lo mismo? Y ¿acaso él mismo no sería uno con el reptil y el fraile?

- Siempre le has ayudado a los demás a explotar sus recursos, exclamó de repente el ofidio. Has demostrado que eres capaz de encontrar un modo de compartir con otras personas los recursos existentes a nivel material, espiritual y emocional. Yo también he trabajado cooperando para crear algo nuevo que beneficie al mundo, pero me han juzgado mal. Les he proporcionado la intuición y la comprensión de la sabiduría universal y, sin embargo, con sus sentimientos me llevan hacia el infierno. Por eso te dije que no prendieras la luz, para que no sepas quien soy y mejor sientas quien soy. Saber quien soy es externo, pero sentir quien soy es interno. Por eso ahora tú y yo somos uno y nos alegraremos infinitamente cada vez que nos encontremos. Soy lo que soy, más el Monje que te imaginaste para poder soportar mi presencia.

- Entonces ¿es necesario unirse con otros individuos y confiar más en la gente?
- Sí, contestó el ofidio apretando más el cuerpo aterido del Loco. Es la mejor forma para reconocer la existencia colectiva de seres avanzados en esta Tierra. ¿Acaso no me has reconocido? Recuerda que sólo puedes ver por fuera lo que tienes adentro. Si hubieras prendido la luz te hubieras encontrado con la idea de la serpiente que tienes adentro. La luz apagada nos sirve para detectar secretos, sentimientos y situaciones no exteriorizadas, así como utilizar los recursos de otras personas; en especial de aquellas que creen vernos.
- Pero yo he aprendido a enmascarar bien mis sentimientos, le confesó el Demente. Siempre he fingido nadar con la corriente mientras lo que he hecho es permanecer firmemente fiel a mis objetivos.
- ¿Y cuáles son ellos? Preguntó la serpiente mientras enroscaba una parte de su gélido cuerpo entre la caracola del Loco.
- Poner en práctica mis inflexibles normas de excelencia, contestó él poniéndose la mano en el pecho. Hace ya tiempo que deje de pensar en aquello que los demás ocultan, y me puse en el plan de jamás perder la seguridad en mí mismo por los aparentes fracasos.
- Sí, es bueno aprender a guardar en secreto todo lo aprendido y los sentimientos, respondió el reptil.

Y de pronto el ofidio, sacando su lengua viperina mientras palpaba las mejillas del Loco, le espetó una pregunta que casi lo hace caer de la cornisa en donde estaba trepado.

- Dime ¿No te parece que descargarse sexualmente, es igual a querer ejercer dominio sobre los seres queridos o no queridos? Y después, a la pareja le toca hacerse cargo, bajo una nueva fórmula, de lo que otros han creado.
- ¿Entonces hay que desprenderse del afán de obtener la satisfacción sexual? Preguntó él.
- No si eso es permanente, formuló ella. Puesto que si la satisfacción es permanente no la necesitas más. Pero si es algo que debes alimentar cuando sientes necesidad, entonces es la bestia -que soy yo- quien se apodera de tus emociones y sentimientos. ¿Acaso no has visto cómo la gente de tu ejército, con excepción del joven que acabas de conocer, quieren obtener el poder sobre los demás mediante el uso de lo material y lo sexual? ¿Qué ha sucedido con todos aquellos que te abandonaron? ¿Por qué cosa o por quién te cambiaron?
- Pero es que algunos de ellos querían interiorizar y conservar lo que viene de la sociedad, repuso el Loco.
- ¡Estupideces! Exclamó el ofidio encendido en llamas. Sencillamente te abandonaron.

Tanto se asustó el Demente con esta exclamación que, haciéndose a un lado se recostó contra la fría pared de la caverna, en el preciso instante en que comenzó a ver cómo el monje-serpiente ahora comenzaba a ser un ave de fuego que estaba renaciendo de las cenizas de su piel de ofidio.

- Tienes que vencer la Gran Ilusión, dijo el ave que al Loco le parecía un enorme Fénix con cuya luz alumbraba la enorme caverna; y tanto así, que en un destello instantáneo alcanzó a ver a sus acompañantes corriendo en el fondo de abismo, buscando un refugio pensando que del interior de la cueva brotaba lava de algún volcán encendido. Tienes que aprender a ver la vida como una serie de muertes y resurrecciones, continuó diciendo el ave mientras desplegaba sus ígneas alas.

- ¿Pero al fin quien eres tú? Preguntó el Loco incorporándose ante el Fénix.
- Ya te lo dije: soy quien quieras que sea. Soy lo que tengas en tu mente. Por ahora soy quien te está preparando mediante otra clase de experiencias y pruebas. ¿Podrás pasarlas así como subiste hasta semejante altura a la cual nos encontramos? Necesitas intensas transformaciones y transmutar las energías y esa personalidad tan emotiva.
- Pero yo siempre he sabido reconocer mis propios defectos, confesó el Lunático acomodándose su caracola en la cabeza. Jamás he dejado de vigilar la marcha de las cosas haciendo presencia en mí mismo y usando la voluntad creativamente.
- Tienes que regenerar la actitud de egocentrismo escondido que te posee, por medio de la renovación de tus fuerzas vitales.
- ¿Y cómo puedo tocar las fuerzas de la naturaleza de la creatividad regenerativa que hay en mí? Preguntó mientras caía arrodillado ante la gigantesca ave.
- Así, así como ahora lo estás haciendo: aprendiéndote a arrodillar para poder expresar tu propia energía transformadora y renovadora de tu nivel de ser. ¡Entrégame tu voluntad personal!
- Siempre he sabido retener y repartir la energía con cautela, cuidado y previsión, repuso el Loco. Eso me llevó a ser poco revelador y muy reservado; menos con aquellos que saben quién soy porque... no prendieron la luz.
- ¿Ves? ¡Te lo dije!, exclamó el Ave irguiéndose sobre él. Quienes prenden la luz son quienes juzgan a los demás, según su propia luz. Es por eso que tienes que mantenerte en una constante transformación de ciertos estados, situaciones o materias, para obtener un estado superior más perfecto que el anterior. Ahora que sabes qué eliminar, voy a ayudarte a producir oportunamente la muerte de tu personalidad; aquella que has utilizado con fines egoístas.

En ese momento, entonces, el Ave alzó vuelo dirigiéndose a la parte más alta de la caverna, desde donde se dejó caer en picada sobre el desdichado Loco que la esperaba acurrucado al borde de la saliente rocosa, presintiendo que se cernía sobre él la tragedia más espantosa de toda su vida. De pronto sintió que unas garras de fuego, hincándose en sus lomos, lo elevaban vertiginosamente mientras las enormes alas del pájaro de fuego, batiéndose sobre él, lo abrasaban de forma tal que, en vez de producirle dolor, semejaban un bautizo que al Demente le pareció como el de Espíritu Santo y Fuego que le quemaba lo externo, lo que él no era... su verraca personalidad.

No le quedó tan difícil al Loco de fuego retornar al caos de la materia bruta que lo esperaba abajo para mejorar las cosas como eran. Como ya no dependía del cuerpo físico como antes, le había perdido el miedo a la muerte para siempre. Lo que de él tenía que morir acababa de fallecer en aquella cornisa. Extrañamente se sentía... más liviano; mucho más del que era cuando había trepado por la peña. ¿Qué peso había dejado arriba?

En un principio los bárbaros no quisieron acercársele. El Loco estaba con su rodilla derecha apoyada sobre el piso, mientras la otra, doblada, le servía de apoyo a su pecho. Sus brazos los tenía extendidos hacia el piso y la cabeza, entre ellos, en actitud de entrega. Pasado un momento el joven se le acercó con respeto poniéndole una de sus manos sobre la espalda y abrazándolo como si sintiera su dolor.

- Mientras estabas en lo alto tuve un sueño, le dijo. Soñé que yo estaba con un monje budista en lo alto de una peña adentro de esta cueva.

Al desorbitado Loco le parecía imposible que el muchacho le estuviera contando en un sueño lo que él había vivido en la realidad. Y eso no se lo iba a creer nadie, ni los bárbaros, ni quieres supieran acerca de esta historia. Pero era absolutamente la verdad. Entonces el Demente enumeró a su tropa y vio que faltaban unos cuantos.

- ¿En donde está el resto de la tropa? Les preguntó.
- Se cansaron de esperarte y fueron a buscar la salida, respondió el más viejo de los que le quedaban. Pero nada más hemos sabido de ellos.; parece ser que la oscuridad se los tragó.
- Entonces sigamos ascendiendo hacia aquellas rocas, que cuando el ave de fuego volaba sobre mí, me pareció ver que desde allá entraba un rayo de luz.

Lo que quedaba del grupo se estaba aferrando cada vez más al Loco, pues sabían que era el único que podía sacarlos de semejante laberinto tan oscuro.

- Despójense de los mecanismos de defensa y déjense guiar una vez más, les recomendó. Como si fuéramos a excavar profundamente para ir más allá de nuestras fronteras y defensas habituales.

El Loco estaba aprovechando la situación que todos vivían en aquel momento, para alentar en ellos la formación de un desafío o de un problema difícil; pues quería que aprendieran a enfrentar las compulsiones personales, los profundos deseos, las sombras y lo primitivo que aún podía haber en ellos. Debían permanecer enfocados en un objetivo: salir de la caverna, para que después pudieran desenmarañar temas complicados o laberínticos a otro nivel. Como sabía que no era fácil denotar la parte de uno mismo qué más cuesta enfrentar y exponer ante los demás, quería demostrarles la manera en que más podían deshacerse del área en la cual se reprimían y así experimentar un nuevo sentido de poder personal y de autodominio, para salir de la oscuridad en la que se encontraban. Ahora, en esta profunda caverna en el fondo de dos acantilados, vivían como en un calabozo.

EL SENDERO ZODIACAL DEL LOCO

- El hecho de querer salir de aquí, les dijo, tiene que producir en ustedes un motivo para dejar en libertad una parte mayor de aquello que son. Es esa parte mayor quien los ha de llevar hasta la salida.

Y en el preciso momento en el cual el Chiflado pronunció estas palabras, vieron aquel rayo de luz al cual él había hecho referencia desde la cornisa, cuando el Ave de Fuego volaba con él por los aires.

- Caminen, vamos a confrontarnos con nuestra verdadera misión de vida ahora que hemos despertado el genuino conocimiento del bien y del mal, habiendo vencido el miedo y la falta de fe en nosotros mismos. ¿Por qué los vencieron, cierto?
- ¿Es que ahora nos corresponde crecer más allá de las limitaciones del ego? Preguntó muy sabiamente el muchacho aún a su lado.
- Sí, respondió. Vamos a liberar el más profundo material interno que seamos.
- ¿Y también hay que anular todo cuanto intente vincularme al pasado personal?
- Tu lo has dicho, contestó ¿Acaso no has oído que hay que borrar la historia personal? ¿Acaso no sabes que tienes un aliado?
- Entonces, ¿debo absorber la energía de mis crisis emocionales hacia adentro para iniciar una transformación interna?
- Si eso fue lo que comprendiste en esta caverna, así deberás hacerlo; porque realizarlo te ha de conducir con tus pruebas de discípulo, a que desaparezca el miedo de tu vida para siempre. Debes ir en la búsqueda de las causas ocultas y las motivaciones inconscientes que te han hecho vivir como has vivido. Pero fíjate, la luz ya está cerca. Esta es tu última oportunidad para lograr dirigir tu energía hacia adentro para tu crecimiento espiritual y así obtener la iluminación, como la de aquella abertura, allá en aquel nicho de la cueva. ¡Vamos!

Todos se pusieron felices, pues después de tantos meses en la oscuridad, regresaban a la luz cargados de fuerza. Ahora estaban preparados para exhibir ante quien fuera, tanto lo mejor como lo peor de su naturaleza. Porque habiendo aprendido a dominar la oscuridad, ahora podían penetrar en el meollo de las experiencias que fueran a tener.

- Antes de que salgamos, tienen que terminar de destruir lo burdo o imperfecto que los mantenga inmovilizados; les recomendó el Loco. Tienen que aniquilar totalmente lo cristalizado y lo viejo; todo aquello que ya no necesitan o ha dejado de serles útil, puesto que así van a acelerar su evolución cortando apegos con lo arcaico. Deben cortar el hilo que ata las dos vidas opuestas: la que tenían antes de penetrar en la caverna y la que van a tener ahora que salgan.

Pero demoler lo viejo para construir o reestructurar los cimientos de algo nuevo, no era tarea fácil y menos ahora que ya iban a salir de la oscuridad. ¿Si ya estaban próximos a acceder al exterior, para qué dejar atrás algo? Algunos de ellos aún estaban dispuestos a defender sus derechos y a luchar por ellos; otros, habiendo conocido la oscuridad a la cual ya no le tenían miedo sino todo lo contrario, la manejaban, querían abrir el camino de la magia negra y la brujería; así como el camino de los poderes ocultos con fines egoístas y hasta el de la perversión sexual.

- No seré yo quien les diga que deben y no deben hacer en esos temas, les dijo el Loco cuando éstos bárbaros le contaron sus intenciones.
- Pues voy a resistirme a cualquier intento de ser educado y civilizado. Afirmó uno con los ojos desorbitados. Voy a liberar las fuerzas de destrucción para producir decadencia y desintegración.
- Y yo he de descargar mi venganza por cualquier daño que se me haga, dijo uno más.

EL SENDERO ZODIACAL DEL LOCO

Parecía ser que la oscuridad se había adueñado de algunos de ellos; pero estaban perdiendo la batalla si creían que podrían manejar el poder. Todo lo contrario, si el deseo los estaba comenzando a manejar, habían perdido en la prueba de la tentación.

Pero en ese momento, cuando les iba a responder, algo distrajo la atención de Demente. Detrás de él le pareció ver moverse una sombra furtiva. Alguien los estaba siguiendo. ¿Quién vendría a amenazarlo o a desafiarlo? De repente sintió a su lado que algo o alguien le removía sus profundos sentimientos. Era una especie de impresión de grandeza que le generaba una conciencia profunda, desde donde emanaban insondables recursos de poder vibratorio. ¿Quién lo estaba haciendo vibrar intensamente? ¿Sería de nuevo el Monje?

- No creo, prefiere la oscuridad que ya conoce. Se dijo.

Una sombra de mujer venía detrás suyo casi desnuda, pues lo que parecía su vestimenta era más una mortaja que otra cosa, como si se hubiera escapado de algún sarcófago. Flaca, con sus ojos hundidos en un par de fosas oculares de color gris oscuro, con un enorme dolor en sus brazos, huesudas manos y en los hombros, parecía demostrar que le hubiera ganado la batalla a la mismísima muerte en el último instante de su vida. Al Loco le pareció que algo o alguien había introducido a esta mujer dentro de su propio infierno, para que después llevara a la superficie lo que estaba enterrado en ella: su lado más oscuro y todos los apegos y deseos, para así ser integrado a su psique, purificada y transmutada totalmente. Al menos así lo comprendía él en un destello de intuición.

- ¿Quién te ha guiado a través del abismo de la muerte? Le preguntó al caer desfallecida en sus brazos, mientras la recostaba en una roca casi la salida de la caverna.
- Alguien que me ha hecho poner a prueba mis propios límites. Contestó ella con una voz seca apenas

perceptible por el oído del Loco cerca a su boca. Algo me ha puesto dolorosamente en contacto con la muerte.
- Ah, ¿también conoces a la invisible?
- Sí, y tuve el coraje necesario para enfrentarme a las compulsiones y a los deseos más profundos, así como transmutarlos mediante el esfuerzo y la intensidad de la experiencia que acabo de tener, respondió la escuálida mujer.
- Es imposible prepararnos para la muerte, porque ya lo estamos. Lo que hay es que prepararnos para la vida. Le contestó. ¿Pero qué te mantuvo viva para poder afrontar en soledad la experiencia de profundizar en el laberinto para que te encontraras contigo misma?
- Una voz, contestó ella. Una voz me mantuvo viva; una voz que más parecía un sonido mítico.
- ¿Cómo la del Loco Orfeo? Y ¿Qué te enseñó esa voz? Preguntó el Demente
- Me mostró otra dimensión de mi misma; y me enseñó cómo prescindir de lo viejo a través del dolor.
- ¿O sea que te forzó a aventurarte hacia abajo y a enfrentarte con tu propia naturaleza?
- No, lo que me dejó ver fue cómo salir de allá sin mirar atrás. Descender a las más recónditas profundidades del alma es fácil, lo difícil es regresar. La voz me dijo cómo pulir el yo para poder salir del inframundo; y ejerció mucha presión sobre mí hasta cuando pude entender lo que hay en mi subconsciente. Me dijo que tenía que reinventarme a mí misma de una manera drástica, gradual y nueva.
- Parece ser que te abrió el camino de la iniciación y te recordó el inquietante hecho de tu mortalidad.
- ¡Más que eso! Exclamó la mujer. Me ayudó a reforzar actitudes, creencias e ideas que ahora contradicen todo lo que yo sabía. Me abrió un canal entre los mundos interno y externo, precisamente, para poder salir hasta donde te he encontrado. Me ayudó a crear conexiones hacia otros mundos y dimensiones inimaginables. Si no hubiera sido por esa voz, yo aún seguiría muerta... en vida.

- ¿Te excitó el miedo a la muerte? Preguntó secamente el Loco poniéndole su brazo izquierdo como almohada. ¿Te ayudó a formular tu angustia ante ella?
- Sí, ya he renacido totalmente, contestó con un gesto de lánguida sonrisa en su rostro.
- No, no has renacido, le contestó secamente el Loco. Apenas has salido del inframundo después de soportar las más duras pruebas. Pero las soportó tu cuerpo; faltan las del alma y las del espíritu. Espero que hayas aprendido acerca del desapego por medio del sufrimiento.
- Me mostró qué trabajos tengo que hacer en niveles profundos de mí ser; y me enseño a abrir el camino del desarrollo de facultades psíquicas trascendentes que me han de conducir a la unión con el Supremo Uno.
- Entonces, ahora necesitas reconocer la visión más eterna o más profunda que subyace en ti, para centrar la mente y la fuerza de voluntad en tu propia transformación. Lo que sufriste en el inframundo mientras te fueron desnudado paso a paso que ibas dando al descender, te ha de servir para abrir el camino del despertar espiritual por medio de dicha purificación. Al menos así abrí yo el camino del dominio de mi mismo.
- Aun cuando lo más aterrador fue esa sensación de estar sin estar, pude sobrevivir y perdurar ante la muerte y la destrucción, sin perder la potencia creadora, dijo la mujer suspirando. Algo me condujo al centro del vacío y me sumergió en las regiones más profundas del inconsciente, pero la voz me ayudó a barrer con mi residuo kármico.
- ¿Y trajiste a la luz lo que el yo interior aprendió? 1Muéstramelo!
- Traje a la superficie estados ocultos o subliminales; es decir, lo que debo eliminar, los cambios profundos, las experiencias definitivas y lo que había reprimido durante toda mi vida. Debo transformar radicalmente el uso de la conciencia, de la mente, de mi poder y, en especial, del poder de la voluntad, de mi oscuridad interior, de mi personalidad y de los recursos interiores.

- Además, la voz me dijo que para poder salir del inframundo tenía que unir el impulso por la vida con el impulso por la muerte.
- Eso me suena como al par de hermanos Locos Eros y Tánatos de hace marras, dijo el Loco. Ojalá la voz te haya mostrado el terreno en el que tu voluntad de cambiar tendrá el impacto más fuerte y aquel en que más te resistes al cambio
- Ahora veo la crisis como parte de un proceso renovador más amplio en el que estoy inmersa. Y tienes, razón, confesó la mujer: es apenas ahora, cuando he salido del inframundo, que comienza la verdadera batalla para vivir ya, ahora y aquí, la libertad creadora total en unión con la acción, el conocimiento y el pensamiento universal.
- Eso se llama concretar el Todo en el Uno universal, respondió el Demente. Y, si ya saliste del inframundo, es porque ya conoces que en nosotros hay algo indestructible. Ahora debes crecer a través del lado destructivo de tus emociones, sin que te obsesiones a través de algún deseo. Usa lo que no te pudo matar, para acabar con lo que debes terminar.

El Loco siempre estaba al corriente de que hay algo que acosa, agita y espolea a las personas, como el vértigo de la destrucción que se había adueñado de algunos miembros de su imaginaria tropa. Igualmente había sabido actuar como catalizador de la transformación de otras personas y sobre sus necesidades de transformación, aún trascendiendo todas las doctrinas, los intereses creados, las limitaciones y, a veces, las normas éticas.

- Siempre hay algo en la vida que nos anuncia el fin de cierta clase de formas, le dijo el Loco a la desfallecida enferma.
- Pues esta experiencia me ha servido para dejar pasar lo viejo mediante el dolor, confesó ella mencionando su descenso al inframundo. Allá pude arrancar de mí todo aquello que ya no me era útil; y también vi cómo se descomponían los entes viejos y gastados en las partes

que los componen, para luego volver a reunirlos en un ser nuevo; en la que ahora siento que soy.
- Siempre es bueno deshacerse de lo que no se necesite para centrar mejor la energía, acentuó el Loco. Y no estoy refiriéndome sólo a la energía como tal, sino a la que te hace aumentar la sensación de sensualidad y de vitalidad corporal, que es la que más necesitas en este momento.

El Loco sabía activar el centro energético que está en la base de su columna vertebral, e impulsos y complejos de profunda raigambre en la niñez o en otras vidas. Y, como sabía que esta mujer había descendido hasta esas edades en su vida, estaba descubriendo y exhibiendo con ella su mayor dedicación, fuerza, nobleza y propósito. Era toda una autoridad a la hora de recoger, condensar y ligar características aparentemente dispares con algún tema o persona. Pero también lo era al momento de enfrentar a la mujer con lo que había en ella de burdo e instintivo, haciéndole derribar o estallar las fronteras del falso yo y los límites o puntos de referencia del ego.

- Para dejar atrás al ego viejo, se necesita desgarrar nuestra identidad fundada, precisamente, en el ego para descubrir nuestra esencia. Le dijo incorporándola mientras le daba un trago de agua que le había traído el muchacho.
- Pero la voz me ayudó a mirar de frente aquello que más temía y a tomar conciencia, le aclaró bebiendo un par de sorbos. Me dijo que tenía que crear nuevas formas en mí misma, mientras hacía desaparecer y disolver fulminantemente las cristalizadas formas antiguas y las estructuras pasadas, creando unas necesarias y nuevas para mí adecuada expresión.
- ¿Podrás destruir y eliminar completamente las formas, las fronteras y el pasado? Preguntó él. Es decir, ¿destruir todo aquello que impide la universal plenitud de tu Espíritu y que ya ha caducado en tu vida?
- Creo que estoy con la capacidad de destruir, renovar y volver a crear un futuro nuevo, contestó la mujer

haciendo un enorme esfuerzo para incorporarse mientras tosía. Sé que estoy destruyendo viejas pautas de conducta, de pensamiento y hasta psicológicas.

El loco sabía que sacar todo aquello que hemos mantenido oculto en lo profundo de nuestro ser y todos los pensamientos que deben ser eliminados para dejar sitio a otros nuevos, no era así no más. Sabía que en nuestro interior había un carcelero conocido como la Personalidad, que por nada del mundo iba a dejar liberar a la Esencia. Para hacer que algo termine del todo para dar lugar a lo nuevo, a la mujer le era necesario sacar a la superficie todas sus sensaciones escondidas; aquellas que había sentido y visto en su descenso al inframundo personal. Pero, como esto era algo tan individual, el Demente comprendió que no podía indicarle el terreno en que debía estar dispuesta a morir psicológicamente para renacer en una nueva experiencia. Liberar a la enferma de todo lo antiguo debía hacerse de dos formas: contundentemente o dejándola que cayera en su propio abismo.

- Pero aquella voz sí me mostró en donde encontrarme con el viejo yo y con mis deseos pasados, repuso ya erguida y apoyándose en el bastón que le diera el Loco. Ahora sé que debo eliminar toda clase de residuos psíquicos que impidan mi crecimiento.
- ¡Así es! Exclamó el Demente. Debes eliminar el parásito estancamiento del crecimiento y matar todo aquello que te impide crecer espiritualmente. Te es necesario renovar totalmente aquello que sea innecesario para el desarrollo espiritual.
- Precisamente, dijo ella apoyándose mejor en el cayado; aquel dulce sonido también me mostró aspectos de mi personalidad que debo eliminar, antes de que el yo pueda crecer; me condujo hasta ver aspectos superados del mismo yo para que la regeneración pueda suceder en mí; me dejó ver aquello que tengo que sacar a la luz y posiblemente descartarlo de mi vida.
- ¿Posiblemente? Exclamó el Loco. Antes de salir de esta caverna tienes que poner fin a una vieja forma de expresión o de vida; tienes que sacrificar todo a la

activa libertad creadora. Si quieres salir de la oscuridad y acceder a la luz que ves allá, tienes que liberar la energía vital que mora en el interior de tu forma y liberar lo perdurable de lo transitorio. Tienes que ver primero la luz interna antes que la externa.

En ese momento, el Loco, ante el asombro de quienes lo acompañaban, y recordando que el Monje se había transformado en serpiente y en ave fénix en frente suyo, puso en circulación una intensa energía que de repente se estaba adueñando de él; y, extrayéndola de su interior, envió hacia las profundidades o hacia la muerte lo que ya había cumplido con su misión o función en su propia vida. Antes de salir de la cueva, estaba haciendo frente a lo que estaba podrido en él y, de forma tal, que cambiaba o moría en el acto si no lo lograba. Estaba encarando directamente las cuestiones íntimas de su vida, aquellas que había mantenido tras unas puertas muy bien cerradas, como las del oscuro Tártaro del que estaban saliendo.

Mostrar el lado que hemos negado, del que no hemos hecho caso, es un acto de absoluta estupidez o de suprema valentía. Pero como el Demente siempre sabía cómo llegar al fondo de las cosas y personificar los cambios profundos y radicales, le estaba mostrando a la mujer cómo ni siquiera el cansancio o el clima externo debían afectarla en su vida diaria. Quería representar ante ellos el área de su vida en la cual podían obtener más gratificaciones provenientes del verdadero autodominio, para después reintegrarse positivamente en el Todo que presentía.

- Tienen que reaccionar con persistencia, dijo dirigiéndose directamente a los bárbaros de quienes se había adueñado la oscuridad. Ustedes tienen que exponer los secretos y la tentación de utilizar el poder divino como una herramienta del ego y de la voluntad mezquina. Tienen que limpiar y eliminar los residuos nocivos para emanciparse totalmente de la oscuridad en la que han estado viviendo en los últimos tiempos. Yo aprendí a cultivar el poder de la voluntad mediante la vida en soledad y el ascetismo; y a utilizar la energía para una autotransformación liberadora u otro emprendimiento. Todos debemos saber cómo incorporar los niveles superiores de consciencia dentro de nuestro mismo ser.

Lo que el Loco estaba tratando de hacer era presionarlos para que sacaran la verdad de su interior. Es más, quería valerse de todos los recursos posibles para descubrir la forma en que ellos debían evolucionar. Sabía que si integraban en el yo consciente las experiencias misteriosas que habían sentido y vivido en la cueva, así como las potencialidades positivas que habían negado antes, podía propulsar el progreso real del propio espíritu, así como influir en todas las corrientes, fuerzas y materias subterráneas.

El Demente había presidido las grandes transformaciones telúricas enfrente del Monje; sabía que podía gobernar los misterios, porque la experiencia vivida en la cueva le había indicado el cambio personal hacia la transformación y el dominio de sí mismo. Sabía que reconocer aquellas partes de sí mismo que el yo había excluido de la conciencia, le iban a servir para penetrar en el núcleo de la experiencia y renacer.

- Así como a ustedes en la cueva, y en el inframundo a la mujer, les mostraron aquella parte en la cual se ven constantemente desafiados, así deben saber socavar los marcos de referencia personales y saber utilizar su poder para alterar de una manera drástica las situaciones estancadas.
- ¿Debemos reciclar lo que podamos? Preguntó el muchacho muy atento a lo que el Loco decía. Me es difícil saber el ámbito de la vida en el cual debo hacer una regeneración completa.
- Difícil pero no imposible, le contestó la mujer. Yo ya sé lo que es provocar la crisis que precede al renacimiento.
- ¿Y quién me va a mostrar qué pautas del ser tengo que dejar salir, eliminar o rechazar? Preguntó el joven.

Yo si quiero regenerar la materia por medio del espíritu, pero...
- Tienes que revisar los valores prevalentes que deben dar paso en ti a una nueva visión, le contestó el Loco cortándole la inspiración. Debes secar todos los cauces que te arrastran, para obligarte a buscar otros en los cuales introducirte. Necesitas afirmarte sobre el medio en el cual vives y sobre las demás personas; te es absolutamente imprescindible afirmar radicalmente tu autonomía. Y más aún si vives en el ámbito de la vida en donde los celos, la envidia y el odio tienen tanta posibilidad de expresión. Si no lo haces ¿cómo vas a controlar las multitudes? Y no hablo de las de afuera; más importante es controlar la multitud de seres internos que te dominan, tirando cada cual para su lado.

El Demente estaba aconsejando al mozo que buscara la transformación y el cambio, a través de la intensidad y la presión en las relaciones con la gente con quienes él vivía. No podía describir la posición del individuo dentro del grupo, pero si lo incitaba a destruir, regenerar y transformar todo ser viviente o estructura terrenal con la cual tuviera contacto.

- Si quieres participar en el proceso de renovación del mundo -le dijo- tienes que hacer un aporte significativo a la sociedad. Y ¡qué mejor que tu propia renovación consciente! Es así como puedes hacer lugar para lo nuevo y ayudar a los demás con sus transformaciones; así te sientas asustado para iniciar nuevos modelos. ¡No importa! Ese es el simple precio mortal de tu destino.
- Pero es que imponer el cambio a quienes se resisten a él no es algo fácil, acentuó el joven. Y a mí me están imponiendo un cambio en el cual no creo.
- ¡Pues tienes que sacrificar las demandas de tu sociedad o estructura, evolucionando! Dijo el Loco levantando la voz. No voy a indicarte cómo vas a influir en los demás, pero tendrás que promover la desintegración de las masas con el costo de tu propia vida.

- ¿Y quién me va a enseñar a administrar los bienes y los valores de otras personas? Preguntó.
- Tu conciencia, exclamó el Loco.

Y apenas hubo pronunciado estas últimas palabras, el Demente se levantó dirigiéndose hacia la apertura que tenían enfrente. Había llegado el momento de salir de la oscuridad material a la luz espiritual. Pero no todos estaban con él, pues mientras había estado dialogando con la mujer y el muchacho, algunos de sus imaginarios bárbaros se habían devuelto gruta adentro cantando a coro: comamos y bebamos que mañana moriremos. Tan sólo los más fieles quedaban al lado de este Loco peregrino, sin importar a donde los llevaba en su respuesta al llamado del... más allá.

LA NOVENA PUERTA

El Loco se adelanto un poco a la pequeña comitiva, integrada además por el mozo y la mujer enferma, para ver en qué paisaje estaban. Fue yendo con suma cautela, porque ya sabía que el poco conocimiento podía ser muy peligroso El camino serpenteaba hacia un lejano horizonte en el que muy, pero muy lejos se veía una gigantesca montaña cubierta en su cumbre por espesas nubes.

- ¿Qué me esperará a la vuelta de la esquina? Se preguntó levantando la cabeza oteando la lejanía para saber hacia dónde dirigirse. ¿En donde estaré? No importa, si soy generoso con la vida ella me recompensará, como siempre, mostrándome el sendero. Además, he sido tan equitativo con esta gente que nadie pensaría que soy el jefe. Siempre les he dicho lo que veo, pero no siempre he sabido si ellos comprenden a qué me he referido. ¿Querrán hacer el resto del viaje conmigo?
- ¡Sí, podemos hacerlo! Contestaron todos en coro a pocos pasos de donde él se encontraba. Si eres nuestra buena suerte ¿cómo vamos a abandonarte?

Por más que fueron avanzando por el sendero siempre se veían las altas cimas de las cordilleras en lontananza.. Sin embargo, a ninguno de ellos les pareció que fuera demasiado sacrificio, cuando el Loco les pidió que continuaran juntos hasta semejante lejanía. Todos lo tomaron como símbolo de la liberación de los límites materiales y manifestación de vida la espiritual. Esa era la clase de destinos ideales que le encantaban al Demente.

- Pero necesitaran mucha fe en sí mismos para ascender hasta semejante la cima, les advirtió.
- Ya lo sabemos, dijo la mujer. Pero fue con esa fe que vencimos el miedo, ellos en la cueva y yo en el inframundo.

- Tal vez esa es la fe que yo necesito, añadió el muchacho. Además, estar a su lado me ha ido fortaleciendo al mostrarme otra realidad interna y externa.

Al Loco siempre le habían fascinado los lugares altos, pues descendía de ellos habiendo adquirido una gran maestría. Además, el nomadismo había sido uno de sus lados fuertes, como si toda la vida hubiera sido la peregrina flecha viajera que era. En su locura ya se imaginaba cual si fuera un colonizador, un conquistador, un explorador o un misionero que tuviera atado a su cuello un yugo como medio de unión con el principio divino que, al fin y al cabo, es la verdadera esencia de la persona y el mundo, del macro y del microcosmos. Al menos así se sentía.

- Un tamaño de yugo va bien para todos, exclamó de repente poniéndose sus manos en el cuello. Pero como ellos no sabían a qué se refería con semejante suposición, se miraron unos a otros extrañados. Sin embargo, más lo estuvieron cuando fueron viendo que en medio de una leve lluvia que más parecía de oro que de agua, se fue dibujando un bellísimo Arco Iris que los invitaba a pasar por debajo de su arco perfecto.
- Vamos que esto no es el fin del mundo, dijo uno de ellos alentando a los demás. Me alegro de haber podido llegar hasta aquí y anhelo llegar hasta la lejana montaña.
- ¡Sí, vamos, exclamó el joven, exploremos juntos el camino. Quiero ir hasta donde cae aquella altísima cascada que se ve a lo lejos.

Más se demoró en decir esto, que todos en salir corriendo cruzando por debajo del Arco Iris. Hasta la mujer cojeando apoyada en su palo, se dio a la carrera mientras decía: yo sólo sé y veo, que todo se va a arreglar de alguna manera.

Inmediatamente todos estuvieron bañados por los colores del Arco Iris, comenzaron a actuar con determinación siguiendo una dirección significativa. Así como antes habían alcanzado todos los rincones de la oscuridad, ahora querían adueñarse de la luz y transmitir la verdad esparciéndola a los cuatro vientos. Estaban ansiosos por ampliar y explorar los horizontes de su mente y del mundo entero.

- Pero hay que acortar los horizontes de una forma más realista, les advirtió el Loco. Si seguimos en esta carrera jamás vamos a llegar hasta la erecta montaña. Hay que canalizar la energía en una sola dirección y sin desperdiciarla. Es bueno aspirar a altas metas, pero ¿cuál es el afán?

- Pero es que estoy ansioso por buscar retos, riesgos y nuevos significados, dijo el joven mientras pasaban cerca de un rio de aguas oscuras y cristalinas, rodeado de árboles.

- Tienes que aprender a concentrarte en aquello que está más próximo para poder conocer la inquietud de cada vida que tocas, le recomendó el Lunático. Debes controlar la falta de concentración, la impaciencia y confiar más en el proceso universal de la existencia. Tienes que definir el procedimiento por el cual podrás reforzar la confianza y la fe en ti mismo y en los demás.

- Pero es que quiero descubrir el poder para progresar en el sendero y por los mundos ignotos que me aguardan, respondió el muchacho. Necesito delinear y preservar las diversas aportaciones de conocimientos de todas las civilizaciones, incluyendo la mía. Además, lo más importante para mí en este momento soy yo.

- Pues entonces tendrás que asumir la responsabilidad de tus acciones y errores, le espetó el Loco en la cara. Porque hay tradiciones culturales que definitivamente fueron importantes en su momento, pero que hoy pueden ser un estorbo. Tienes que aprender a dirigir tu inquieta aspiración y energía creativa hacia un ideal verdadero, y hacia tus propias aspiraciones, no hacia los de otras personas. Estudia bien los acontecimientos humanos para entender la conciencia colectiva.

- Pero ¿cómo hago para discernir y encauzar de la mejor manera posible la energía, para así conseguir mis objetivos? Preguntó el chico.
- Así como este turbio río por cuya orilla vamos. Primero tienes que disfrutar ampliando todos tus horizontes; y luego distribuir las sustancias que son elementales para la fuerza locomotriz de tu cuerpo. Por aquello de mente sana en cuerpo sano... como comprendieron los Locos del pasado. Así vas a encontrar experiencias nuevas, la finalidad de tu vida y a lo ocurrido, dándole un toque filosófico a tu existencia.
- Es que quiero estirar mi potencial mental al máximo, y glorificar el poder de la mente, confesó el joven acompañante recogiendo unas semillas de entre la tierra arenosa que había debajo del bosque.

El grupo estaba comenzando a expresar su entusiasta energía al explorar nuevos horizontes física e intelectualmente, así como todos los potenciales que ahora les estaba ofreciendo la nueva vida. Hasta el Loco se estaba imaginando que los cipreses que había a ambos lados del camino, eran obeliscos y faros de alguna antigua civilización, cuyas altísimas murallas eran la gigantescas peñas que les marcaban el paso a ambos lados del sendero que los iba a llevar hasta donde estaban guardadas las llaves de todas las bibliotecas del ser y del saber humano. Guiar a otros, siempre le había encantado y le seguía resultando fácil, en especial cuando les hablaba de su propia filosofía de vida. Desde el principio de su vida se había identificado con la cultura e inclinado hacia la enseñanza para educar a quienes la vida pusiera en su camino. Él jamás escogía a nadie; cada quien se hacía escoger.

A medida que fueron pasando los días, el grupo seguía aún más directo a la meta y más allá del mundo material que los había rodeado en los últimos años. Iban en la búsqueda sin fin de un espíritu que trascendiera su destino y la muerte. Sabían que tenían que llevar la voluntad propia en dirección de una ley divina, superior o suprema, que el Loco ubicaba en la cima de la montaña que estaban viendo cada vez más allá del horizonte al cual llegaban. Pero la lejanía no importaba, porque la fe en sí mismo mantenía entusiasmados a quienes lo acompañaban, siempre moviéndose hacia dicha meta profundamente orientada. Además, por el camino estaban aprendiendo a neutralizar la fuerza de vencedor que había en cada uno de ellos y la de la voluntad afirmativa de vivir.

- Esto último fue lo que te salvó, le dijo el Loco a la mujer mientras se sentaba en el filo de una roca al borde de un despeñadero, invitándolos a hacer un alto para contemplar el paisaje la cascada a la que quería llegar el muchacho.

Desde allí, el Demente estaba comenzando a contemplar la idea de perderse de vista a sí mismo y a quienes lo acompañaban, en la meta que debe ver y servir en silencio. Como había aprendido a profetizar y ver el futuro, estaba pensando en planificar esperanzadamente dicho futuro. En su locura se visualizaba realizando grandes proyectos sin esfuerzos inútiles y con la ayuda de la intención divina; se veía recorriendo el camino o sendero del Salvador que lo llevaría a la liberación de la humanidad.

- Liberación ¿de qué? Le pregunto el joven leyéndole el pensamiento mientras contemplaba la fuerte brizna que producía la caída de agua.
- ¡Del peor del los males!, exclamó el Loco ¡De la ignorancia!

De repente el muchacho se levantó y, comenzando a andar entre un despeñadero angosto por el cual salía el torrentoso río, invitó al Loco a que lo siguiera. La helada agua les daba hasta la nuca y a veces, tapaba al joven que era de más baja estatura que el Demente. Como las rocas eran supremamente lisas, el Lunático tuvo que agarrarse del hombro del ágil joven. Así fueron recorriendo un buen trecho oyendo cada vez más cerca el sonido de agua que de alguna parte debía caer.

- Es lo más lejos que juntos hemos andado, le dijo el Loco apretándole el hombro para no caerse. Nadie sabe en donde nos encontramos, porque ni siquiera nosotros sabemos en donde estamos.

El muchacho iba atento a las rocas que formaban en alto desfiladero por el cual, afortunadamente, descendían los rayos del Sol iluminando la profundidad del agua cristalina. Jamás habían estado en un lugar tan agreste, y ya se veían re-creando y transformando el mundo basándose en sus propias deseos y comprensión interior; y restableciendo el lazo con el universo siempre en expansión.

Quedándose absortos mirando la caída de agua que tenían en frente suyo, algo les comenzó a revelar aquella área de su vida en que su perspectiva sobre las cosas profesa la fe de que existe un orden en el universo tras la apariencia del caos; así como este terreno en el que estaban percibiendo de forma natural una perspectiva global de las cosas potenciando la fe en la vida y la confianza en sí mismo. Sentían que algo en su interior les pedía que lo dejara salir de ese sí mismo para enfrentarse al mundo que estaban conquistando. Se sentían a la vez sabios, superiores y salvajes; aún mucho más que los bárbaros que los estaban esperando, cual si fueran el custodio de todos aquellos seres que aún no habían llegado al estado evolutivo al cual ellos ya lo habían logrado.

- Cada vez soy más consciente del futuro y que mi vida tiene una finalidad elevada, exclamó el Loco mientras se levantaba haciendo equilibrio sobre la roca como si pretendiera volar. Ya sé que voy a volar muy alto, porque he visto mi visión y voy a orientarme hacia ella. Voy a verter con todo el fervor mi fe en la vida.

El Demente estaba empeñado en demostrar cómo poder cultivar la confianza y la fe en sí mismo, tanto como la habilidad para manejar cualquier situación nueva o inesperada, adoptando una postura más filosófica sobre la vida. Quería producir el esfuerzo enfocado y centralizado en sí mismo, para luego ser el aspirante unidireccional que desarrollara la conciencia del alma a través de distintas iniciaciones. Como había aprendido a pensar deductivamente de lo general a lo particular, ahora podía exteriorizar el designio divino para darlo a conocer por su comportamiento o de forma verbal.

- ¿Cómo he de hacer para integrarme en la vida universal? Le preguntó el joven suspirando hondamente una vez habían salido de la garganta de roca firme a donde habían entrado.
- Tal vez buscando constantemente a Dios o la iluminación interior. Le contestó el Demente.
- ¿Quién me ha de revelar la verdad no diluida? Siguió preguntando el mozo empapado. ¿Será que tengo que participar de la intuición religiosa o abrirme a la revelación para captar la inspiración del Yo Superior? Ya sé, voy a cultivar el lado espiritual o interior de mi vida, para dar salida al fuego como el elemento más sublime y cercano a la Divinidad.

De pronto una mano se posó suavemente sobre el Demente, haciéndolo bajar del estado dubitativo en el cual se encontraba al lado del joven. Era la mujer quien, sintiéndose confundida, se había acercado para preguntarle cómo podía hacer para comprender como encajaban las distintas partes en una sola la totalidad.

- Debes comenzar por comprender que todas las verdades forman una sola verdad, le contestó. Observa cómo en tu cuerpo cada órgano tiene su propia verdad; pero entre todos ellos forman una sola: la de servirte de vehículo. Tal vez tu cuerpo sea la prueba que hace que en la tierra todo funcione como en el cielo. Así debe haber infinidad de órganos en el universo que forman el cuerpo universal en el cual navegamos y tenemos nuestro ser.

- ¿O sea que tengo que despertar a la realidad de que soy una existencia inmortal eterna?
- Tú lo has dicho, respondió el Demente aún con la mirada clavada en el objetivo que tenía en la distancia.
- Elevar mi existencia a un plano superior, repitió ella como si estuviera oyendo el susurro de la conciencia humana por encima del tiempo y del espacio.
- Sí, debes aprender a crear en un sentido más elevado y espiritual, para después tejer todo lo que aprendas en un todo coherente, le advirtió el Loco. Debes alegrarte ante cualquier clase de cambio, porque jamás hay épocas buenas o malas; tan solo las hay... diferentes. . Todos los momentos de la vida son distintos a la hora de probarse uno a sí mismo.

De repente, el Demente se puso la mano haciendo sombra sobre sus ojos y, afinando la vista en el paisaje, le pareció ver que alguien venía ascendiendo por el camino por el cual ellos debían continuar la marcha. Entonces se dirigió al chico que había estado todo este tiempo escuchando su diálogo con la mujer y le preguntó: ¿Sabes quién viene por allá?

- Parece ser alguien conocido, respondió el muchacho. Al menos tiene mi mismo color de piel.

Efectivamente, por el sendero ascendía un alguien que parecía un peregrino joven alegre y rozagante, acompañado de una leve sonrisa en su rostro. Algo parecía divertirlo y tanto, que no se percató de la presencia del grupo que lo estaba viendo venir por el camino. Traía en su mano un libro de carátula negra, del cual parecía extraer una información que lo estaba haciendo reír con gana.

- Esto está muy bueno, se decía. Ahora sí voy aclarando mis dudas, y sé por qué he sido un apóstol tan rebelde durante toda mi vida. Me ha llegado el momento de madurar y dejar de ser tan niño; debo ser mucho más responsable para apersonarme de mi propia evolución.

El Loco y el muchacho se acercaron al caminante que no demoraría en toparse de frente con el grupo.

- ¿Quién eres? Le preguntó el Demente cuando el peregrino se percató de su presencia.
- Eso es lo que quisiera saber, respondió el andariego. Por ahora soy alguien que busca cómo adaptarse a los demás por medio de acciones libres y sinceras. Y, ustedes ¿quiénes son y para donde van?
- Somos caminantes de regreso al hogar, contestó el Loco. Y ¿qué estás leyendo que te divierte tanto?
- Algo que me está dando esperanzas a través de la risa, contestó el andante estirando su mano mostrándoles el libro. Con su lectura he comprendido mucho acerca de mi propia vida y de la de un Maestro que el destino me regaló desde cuando yo era un niño, porque perdí a mi padre.
- Y ¿quién es ese Maestro? Preguntó intrigado el Loco, pensando que él jamás había tenido alguno en particular.
- Es alguien que siempre me ha querido comunicar su fuerza interior, respondió. Pero apenas ahora es cuando lo estoy comprendiendo con la lectura de este libro acerca de su vida. Siempre me ha dicho que mi error es el conformismo, la frivolidad, el horror a la rutina, la tendencia a la exageración y, sobre todo, mi irresponsabilidad.
- Y ¿cómo es él? Le preguntó a su vez el muchacho parado al lado del Loco.
- Es alguien que quiere transmutar e impulsar a los demás por medio de ideas y estímulos que nos imparte a todos, respondió el viajero. Es un ser extraño que tiene la capacidad para estar cerca de muchas vidas en un mismo momento. Alguien que puede recibir toda la información, para después enseñar a los demás lo que pueden extraer de ella.

- Me parece a alguien que yo he conocido, respondió el joven. ¿Acaso puede controlar el pensamiento y la palabra o restringir la palabra por medio del pensamiento?
- Sí, dijo el andariego, así lo hace. Es experto en recopilar y preservar la información para que sea accesible a todo el mundo; y nos anima a los demás a formularle las preguntas más difíciles. Si ustedes lo conocieran...
- ¿Y en dónde vive? Preguntó el Loco, quisiéramos ir hasta donde él.
- Es difícil encontrarlo, porque pueden estar a su lado y jamás saber que él es el Maestro. Respondió su discípulo. Sólo lo más cercanos podemos verlo más allá de lo que él muestra a los demás. Pero como su misión es atraer a toda la gente transmitiendo la verdad, ojalá tengan la suerte que yo he tenido al encontrarlo. Lo que me duele es que a veces me parece que no lo he sabido aprovechar... Viviendo con él he aprendido a aumentar mi tolerancia con las demás personas; y a entender el propio contexto social en el cual me ha correspondido vivir. También me enseño a aceptar los errores de mis amigos, integrando dichas experiencias en mi propio desarrollo; así como él supo integrar mis errores a su vida sin jamás pedirme explicación alguna acerca de mis actitudes hacia él. Como si verdaderamente supiera cual era su misión conmigo. ¡Jamás en la vida he conocido a alguien más comprensivo y paciente!
- Pues dinos en dónde lo podemos encontrar, le preguntó el Loco. Ya que jamás he tenido uno, quiero que él sea mi maestro.
- Me parece que lo único que tienen que hacer es seguir el sendero por el que vienen, dijo el peregrino. Porque si está en su destino toparse con él, habrán de encontrarlo en la curva de cualquier paisaje pero allá, en aquella, en la más alta de las montañas. Yo vengo del sitio para el cual ustedes van. Si se lo encuentran, síganlo; si es que están seguros de querer seguirlo. Porque él también viene del sitio para el cual ustedes van, después de ascender a la cumbre.

- ¡Pues vamos a encontrarlo y a convencerlo por medio de la razón, que tiene que ser nuestro maestro! Exclamó el otro joven emocionado.
- No, esa no es la fórmula, dijo el extraño peregrino. Sencillamente sigan su marcha y dejen que todo suceda. Él me dijo que hay que luchar por la bondad y la sabiduría para realizar la intensión divina.
- Pero es que mi oficio es conducir a esta gente hacia la seguridad, añadió el Loco mostrándole al grupo de guerreros sentados a su lado. Eso es contribuir a una buena causa, porque me encanta defender causas perdidas; y, como soy un Loco perdido, qué más da si tu maestro me acepta o no en su regazo. Bueno, pero dime: ¿qué más te enseñó?
- A confiar en la bondad de la gente, contestó sentándose al borde del paisaje junto a ellos. Me dijo que tengo que transmitir a otros mi sentimiento de lo significativo de la experiencia vital que me tocó vivir a su lado.
- ¡Oye, yo conozco ese Maestro! Dijo el otro muchacho escuchándolo atentamente. Mucho de lo que dices que él te enseño, alguien me lo dijo a mí también; pero no me acuerdo quien ni dónde ni cuándo.
- No, no lo conoces, respondió el discípulo absolutamente seguro de lo que decía. Es más puede ser que sí lo conozcas, pero de distinta manera que yo. Él jamás es el mismo para nadie, pues tiene la capacidad de ser uno para cada quien. Es como un ser sin forma a quien nada lo afecta. Por ejemplo, antes de comprenderlo, no me gustaba ni el color de mi piel; y deseaba la aprobación y armonía por parte de la sociedad en la que me correspondió nacer; pero ahora sólo quiero ayudarlos mediante la generosidad y la habilidad para inspirar y darles ánimo.
- ¿Acaso ese maestro te enseñó la alegría y cómo aterrizar siempre de pie? Preguntó el joven compañero intrigado.
- Sí, así es. Me dijo que la risa es el mejor remedio para descargarme de la energía acumulada en mi interior. Y es dicha actitud quien me va a permitir

enfrentarme con mi contexto social, aprender a entenderlo y a expresar mi voluntad en él. De pronto me va a tocar establecer leyes y normas de conducta para la sociedad en la que habito; pero, entonces, me va a corresponder extender mis conocimientos más allá de los límites exteriores de lo que los demás creen posible. Es por eso que ahora me dirijo hacia donde nací.

- ¿Es que acaso quieres mejorar a los demás? Preguntó el mozo aún parado al lado del Loco.
- Por lo menos quiero ofrecerles nuevas ideas preocupándome por la alegría de toda la sociedad, respondió el transeúnte.
- Pues yo también quiero renovar sin cesar mi interés por comunicarme con los demás, añadió el muchacho mirando al Loco. Déjame ir con él.
- No hay que dejarse llevar por ninguna relación, les advirtió éste arreglándose su caracola en la cabeza. Es bueno ser una autoridad intelectual, una persona culta y valorada como alguien meritorio y notable en la sociedad en donde a ustedes les correspondió nacer por destino; pero cuando el grupo ve a uno de los suyos como alguien diferente, ocurre una dos cosas: lo ovacionan o lo matan. O primero lo alaban y después lo matan.
- Así sucedió con mi padre, respondió el andariego recostándose en la dura roca. Quiso aglutinar las cosas en categorías generalizadas pero definidas aún tibiamente, y no lo dejaron ser el serio pensador que quería ser. Por eso ahora voy a usar el pensamiento con justicia, uniéndome a la humanidad a través de ideas.
- Para eso tienes que ver la coherencia subyacente en toda aspiración humana, le aconsejó el Lunático. Es bueno entusiasmarse con una actividad trabajando al máximo en ella, pero entonces tienes que aguantar la suficiente presión del prójimo para tener éxito.
- ¡Eso mismo me dijo mi Maestro! Contestó entusiasmando el caminante. Me dijo que tenía que expandir todo lo que hiciera y hacer retroceder las fronteras para expresarme abiertamente ante mi raza. Es

- decir, que jamás creyera que había llegado a la cima, porque detrás de ella siempre había una más alta.
- Pues voy a ayudarte a aportar lógica, raciocinio y erudición a todo lo que toquemos, dijo de repente el joven alejándose del Loco y acercándose al viajero. Juntos vamos a difundir información al mundo en el que nacimos, pero luego de haberla procesado; creo que ambos contamos con la capacidad de dictar o pregonar códigos morales o sociales a nuestra gente.
- Pero primero tenemos que asimilar, conceptualizar y procesar nuestras percepciones, le contestó el peregrino. Porque si no, nos sucede lo de mi padre... Hay que desarrollar el entendimiento, el espíritu superior, la mente y la sabiduría necesaria para que no nos rechacen, como lo hicieron con él.

El par de muchachos se habían identificado inmediatamente el uno con el otro y parecía ser que se estaban ateniendo a valores dignos de fe entre ambos. Era loable que se estuvieran preocupando por la ética y los principios de su sociedad nativa, pero primero debían localizar, activar y desarrollar el sitio de donde provenía la confianza en sí mismos, antes de pretender que los demás la depositaran en ellos. Entender una acción verdadera los llevaría a generalizar cualquier concepto para aplicarlo a todo lo que fueran a vivir. Juntos se estaban interesando por las mismas actitudes y teorías, y desde lejos querían llevar las buenas nuevas a su gente.

- Creo que ambos vamos a obtener el máximo placer de lo emprendido, dijo el recién llegado. Antes yo buscaba placeres sencillos a cualquier precio y, en especial, porque no los pagaba yo. Ahora, leyendo este libro, he aprendido a valorar la amplitud de mis miras mentales y de la libertad física que me dio la vida desde niño. Tengo mucha responsabilidad conmigo mismo, pues hasta mi cuerpo se ha resentido porque he abusado de él.
- Algo nos debe indicar la perspectiva que nos liberará para poder actuar de una manera que nos lleve a la

felicidad, al utilizar la oportunidad social para la expansión personal que tenemos, agregó el mozo poniéndole su brazo sobre el hombro al recién llegado. Sé que juntos tenemos una perspectiva y un ideal por el cual vivir: ¡Nuestra gente!

Denotar el terreno en que de forma natural tenemos buena fortuna, es algo fundamental para poder cumplir con nuestras metas de vida; pero lograr el dominio en el campo de nuestra maestría era algo mucho más importante. Tal vez el par de jóvenes podían representar la capacidad para expresar el razonamiento abstracto, el pensamiento especulativo y la llave del entendimiento para potenciar, de manera independiente y activa, el valor y la evolución personal en cualquier situación que tuvieran al regresar hasta donde su gente. Pero una cosa era querer proyectarse hacia el exterior, y otra muy diferente era poder organizar y establecer el orden en medio de gente caótica y encerrada en la ignorancia.

- Yo sé de eso, les advirtió el Loco. Fíjense cómo partí con cientos de guerreros y si acaso me quedan unos doce. Por eso les aconsejo primero buscar sus propios defectos, antes de mostrarle a los demás los de ellos. Primero deben sobreponerse a los sentimientos limitantes y a los miedos, antes que producir lo mismo en la gente que los espera. Es fundamental superarse a sí mismo, antes de mostrar a los demás lo atrasados que están. Eliminen sus prejuicios para que no los juzguen; y hagan frente a todos los retos dejando de lado la solemnidad y el protocolo ceremonial, para acceder y profundizar en el verdadero significado de las cosas. Trasciendan la razón y luego diríjanse hacia lo sobrehumano.

De repente, el Loco sintió una angustia en su corazón; había comprendido algo ineludible: el par de muchachos, teniendo un mismo origen terrenal, debían regresar a sus raíces. Pero, cual hijos pródigos, debían volver cargados de sabiduría porque habían adoptado una postura filosófica ante la vida, alcanzando autonomía, control y una mayor realización personal que la de quienes los esperaban. Ante lo inevitable, los tres se miraron desde la profundidad del alma y, comprendiendo que así debía ser, los muchachos se alejaron del Loco para aliviar la carga kármica que éste llevaba. Juntos acababan de abrir una puerta hacia aspiraciones, mejoramientos y nuevos planes de vida.

- Vete con ellos, dijo el Demente a uno de los bárbaros; a aquel que había demostrado tener más fe en sí mismo que los demás. Vas a cuidar que nada les suceda hasta cuando regresen a su pueblo nativo. Vas apoyarlos en lo que puedan llegar a ser y a hacer con sus vidas por el camino que deben andar y, en especial, cuando pierdan la fe en sí mismos. Vete con ellos, entonces, hacia su grupo social natural para hacer reinar el orden y la prosperidad entre todos.

Cuando sus miradas se cruzaron por última vez y, antes de que se perdieran en la lejanía, el Loco les gritó: ¡Ábranse hacia la gracia y acrecienten el buen juicio entre ustedes!

Salir al mundo y aprender cosas sobre él, siempre será parte de estar iniciando una eterna búsqueda. Fomentar la investigación de diversas culturas y los viajes largos, invariablemente serviría para hacer consciente a la persona de todo el mundo que lo rodea. Al menos así iba filosofando el Demente, mientras el grupo descendía por la ladera rocosa del paisaje al borde del cual habían permanecido tanto tiempo. La montaña seguía a lo lejos, altiva, desafiante, como si estuviera preservando la esencia de la semilla que el Loco estaba dispuesto a encontrar.

- Yo tengo la misma fuerza expansiva de una semilla, le confesó a la mujer aún cojeando a su lado.
- Yo también debo tenerla, supuso ella. Pero, ¿cómo hago para liberarme del todo de las restricciones de esta materia y del pasado que he vivido?

- Primero tienes que salir de las rígidas definiciones que tienes acerca del tiempo y del espacio, formuló el Loco. Debes soltar los asuntos ya cristalizados y superar todo tu pasado, tu pequeñez, el sentimiento de aislamiento y la falta de control, mediante la experiencia de la riqueza del presente que hemos estado compartiendo. Como no siempre voy a estar a tu lado, debes encontrar el propósito más elevado para el hecho de aún estar viva. Pregúntate a ti misma por qué te dieron la oportunidad de visitar el inframundo y salir de allí. ¿Sería para aprender a ver la luz luego de vivir en la oscuridad?
- Pues allá tuve el sentimiento de unidad que existía en el primer período de mi vida, respondió ella. Y aprendí a confiar en un plan más vasto o en un poder superior para, tarde o temprano, conseguir lo inalcanzable.
- ¿Controlar su propio universo? Preguntó el Demente.
- Crear el sueño que quiero realizar. Respondió ella. Aumentar, expandir y organizar la conciencia del ego hasta abrazar el universo. Atraer a mi propio mundo cosas que son exteriores a mí, para convertirlas en parte de mi yo; para así poder colaborar en el desarrollo de dicho yo.
- Entonces vas a tener que hacer mucha más presencia en ti misma para poder mantener al Ser, le aconsejó el Loco. Antes de que me vaya tienes que comprender un estilo de vida superior al actual; y conectar el yo con algo más grande que tú; así como todos estos lugares son formas de pensamiento más elevadas... como aquella montaña.

Como el Loco estaba obsesionado con alcanzar la distante cima en la que estaba el maestro del peregrino, era esa misma obsesión quien le daba la capacidad para contemplar aquello que le estaba sucediendo o que tenía que soportar desde un contexto más amplio de evolución. Siempre había sabido dar magnanimidad y significado a su existencia mediante una filosofía de vida o algún sistema de creencias. Aun cuando el Loco creía en absolutamente nadie, había aprendido a desarrollar y expandir el alma y la mente humana, con una nueva percepción y una conciencia superior que fuera más allá de lo físico o terrenal.

- Tienes que enfrentar la verdad para enriquecer tu energía personal, continuó diciéndole a la mujer. Y ensanchar el alcance de tu acción, tu conciencia, toda la experiencia adquirida a nuestro lado, los propios horizontes y todo lo que tocas de aquí en adelante. Así como alguna vez te tocó mi voz, debes expandir la conciencia hacia nuevos ámbitos de experiencia, y tu esfera de acción y de costumbres. Y, por último, tiene que llegar a percibir el gran esquema de las cosas.

El Lunático siempre había portado dones kármicos, instruyendo a los demás acerca de la existencia y naturaleza de la Ley de Causa y Efecto; pero organizar la vida del individuo en una expresión perfecta del verdadero ser, le correspondía a cada quién. Él podía proyectar lo divino, como si la gente fuera el telón de fondo; pero reflejar la posición del individuo ante Dios y la fe, también era asunto de cada persona. Revelar aquella área de la vida en que se profesa la fe de existir un orden universal tras el aparente caos, sólo podía ser válido si estaba abonado el terreno para que la gente percibiera una perspectiva más global de las cosas.

- Cada uno de ustedes son como una parcela terrenal en donde he tenido que trabajar una parte de mí, dijo de repente dirigiéndose a los pocos bárbaros que aún lo acompañaban. Estar con todos ustedes me ha servido para tener confianza y fe en la vida, en mi mismo y en un plano mayor o poder superior. Siempre he dicho que jamás debemos tener metas, pero ahora, ante aquel gigantesco picacho que me aguarda, siento que esa es la meta a la cual debo apuntar.

El grupo siempre se había aventurado por mundos que, por lo menos, habían sido más o menos similares a aquellos con los cuales ya estaban familiarizados. Pero la idea de escalar la cima allá en la distancia, los hacía estremecer. Alguien les tenía que conceder un atisbo del significado y la totalidad; debían buscar una respuesta a cada experiencia a través de alguna verdad. Pero la única verdad era que estaban aún más lejos de lo que pensaban. En ese momento, haciendo realidad de su situación, el Loco cerró los ojos, se arrodilló sobre el verde pasto por el cual caminaban y dejó salir de su pecho una oración que lo llevó a momentos eternamente distantes:

- Lejos es saberse pequeño y querer ser gigante; es sentirse noche y anhelar ser día. Lejos es un trueno en la distancia y la angustia de querer atrapar su centelleo. Lejos es un horizonte que se pierde en los deseos de un camino. Lejos, en fin, es creerse de algo cerca y estar aún mucho más lejos...

Con su letanía, el Loco estaba exteriorizando la expresión del amor que había vivido mucho antes de encontrarse con su imaginario ejército. Y era cierto, cada persona que había llegado a su vida, le había mostrado el camino hacia la espiritualidad. Los habitantes que se había topado en aquel pueblo lleno de prosperidad material le habían aportado el conocimiento necesario para aprovechar las experiencias afortunadas en el mundo exterior. Recordaba aún cómo ese grupo de mujeres y hombres totalmente desnudos, bañándose en las aguas de aquel precioso raudal, le habían aportado el descubrimiento de las satisfacciones sustanciales de la vida. El Bufón, con su disfraz, le había dado a conocer cómo ampliar su gama de intereses. Oír al grupo de eruditos le había enseñado a tomar la defensa de las leyes y más de aquello que podía absorber. La prosperidad de las mujeres en el pueblo aquel en donde los habían alimentado hasta saciarse, le había ayudado a encontrar un lugar feliz en el mundo. El grupo de aldeanos agricultores, le había ayudado a buscar el favor de individuos de gran autoridad; es decir, de personas que tuvieran autoridad en lo que sabían hacer. Con los leprosos había aprendido a apreciar la plenitud de todo cuanto había experimentado como persona, incluyendo el dolor. La mujer del jardín encantado le había enseñado a construir una visión particular del mundo y del lugar que ocupaba en él. Con el joven que lo había acompañado durante su permanencia en la oscura caverna, había aprendido a describir los aspectos en los cuales se sentía y en los que podía serle más fácil encontrar algún significado a la vida. El Monje, allá en lo alto de la oscura cornisa en la caverna, le había ayudado a localizar el sitio del cual provenía su propia confianza. La mujer enferma le había hecho comprender los significados de la vida y aspirar a ser más de lo que él era. Y, por último, el joven andariego, le había hecho recordar que, como Loco, estaba protegido por algo o por alguien; que la vida era algo benigno y que su demencia tenía un sentido.

- Cada individuo que he conocido ha sido mi Maestro, se dijo. Todos me han ayudado a atribuir significado a los acontecimientos y estímulos de mi cotidianeidad, y a encontrar un mayor significado en las relaciones de mi vida. Todas las personas me han ayudado a crecer como individuo en un nivel físico y espiritual; a definir el procedimiento para reforzar la confianza y la fe en mí mismo y en ellos. Pero yo también los he alentado libremente en el crecimiento y en el desarrollo en expansión de la forma, a través de mi clara visión mental. Juntos hemos aprendido a condicionar nuestra fe en la vida y la visión del futuro, para armonizar con dichas posibilidades futuras.

Ver siempre el lado bueno y optimista de la vida y de los problemas, le había servido al Demente para ampliar o crear nuevas oportunidades en la vida, definiendo en qué campos se desarrollaría mejor, y hallaría mayores beneficios y mejores oportunidades. Deseaba hacer grandes cosas desarrollando el potencial que le había sido asignado desde su encarnación; y lo deseaba hacer ahora más que nunca, viendo cómo el grupo paso a paso se acercaba cada vez más al inicio de la empinada cumbre.

- Vamos a expandirnos desde adentro como un volcán, les dijo el Lunático presintiendo el miedo que estaban sintiendo, ante el hecho de querer obligarlos a ascender por donde tal vez no querían o no podían ascender.

La verdad es que el Loco jamás había pretendido obligar a alguien a nada en especial; todo lo contrario, siempre había mostrado cómo procuraba creer y experimentar confianza en la vida, realizando con fe todo aquello que quería hacer. Este era el momento para agregar optimismo y una conexión espiritual a cualquier relación; así como demostrar cómo cultivar más la fe en sí mismo y la habilidad para manejar cualquier situación inesperada o nueva, como la que iban a empezar a vivir. Es decir, les estaba dando una mayor motivación para mejorar sus circunstancias actuales.

- Se les olvida el terreno en el cual ustedes, de forma natural, tienen buena fortuna, les recordó el Loco. Tienen que caer en la cuenta de todo aquello que puede sustituir su pasado. ¿Quién rige su mente superior? ¿Acaso los ha vuelto a atrapar el miedo? Vamos a irradiar la sabiduría que hemos adquirido, e insuflar facultades estimulantes e intelectuales entre nosotros. Ahora sí que somos compañeros de viaje; tenemos que potenciar de forma activa e independiente la confianza en nosotros mismos, la fe en la vida, el valor y la evolución personal en cualquier situación, y más en una como ésta.
- Pero es que la montaña es absolutamente impenetrable, dijo uno de los guerreros muy acobardado.
- Mira hacia arriba, se necesita estar loco para querer penetrar en aquellos negros nubarrones en donde centellean semejantes rayos, exclamó otro.

El Demente quería llevar al grupo hacia una verdadera madurez y más allá de los límites actuales, estimulándolos a la creación de ideas diferentes que les permitiera ver cómo aceptar las nuevas experiencias e informaciones que estaban recibiendo. Pero, conferir madurez y serenidad, ante semejante espeluznante espectáculo de la naturaleza, no era algo que iba a lograr entre ellos. Durante toda la travesía les había proporcionado ayuda, amplitud de miras, entusiasmo, fe, fuerza, iluminación espiritual, optimismo, sabiduría y seguridad para actuar.

- ¿Por qué, entonces, ahora van a desfallecer ante este último escollo del camino? Preguntó a cada uno. Siempre les he ofrecido las mejores oportunidades para mejorar nuestras circunstancias de vida.

De pronto algo hizo silenciar al Loco. De lo alto de la montaña descendía majestuosa, con un vuelo imperial, una enorme águila que todos se quedaron contemplando. Era emocionante observar el planear olímpico de semejante soberana de los cielos. Mientras volaba aprovechando una corriente de aire frío que bajaba de la cima de la montaña, guiándose esplendorosamente con su amplia cola extendida, al Demente le pareció ver en ella un buen augurio. Era un símbolo de dominio universal de ascensión espiritual, de autoridad suprema, de bravura, de claridad y de un estado espiritual superior o trascendente.

- ¡Miren! Les dijo a los guerreros y a la mujer a su lado. Es seguro que esa Águila viene por mí, será ella quien me guíe a las alturas. Observen su fuerza, su genio, su heroísmo volando en medio de semejante luz resplandeciente, como la expansión de un ser por su elevación. Miren lo orgullosa y el poder que demuestra al volar estoicamente.
- Verdaderamente es la realeza y una potencia elevada, añadió la mujer observando su planeo atentamente. Me parece como si fuera un rayo de regeneración espiritual, enviado por alguna divinidad suprema que debe habitar allá en lo alto de la montaña.

El águila les estaba manifestando, con toda su soberanía, el valor que les faltaba para ascender, la victoria que iban a coronar y la visión audaz de la cual necesitaban para llegar a lo alto. Era como la mensajera del coraje, de la penetración y de la voluntad de lo supremo.

-   Si ustedes no me acompañan, advirtió el Loco, ella será la encargada de llevarme ante el Maestro del peregrino que se fue con el joven de los venados. Mi plegaria, entonces, se elevará hacia los cielos como lo hace esta águila.

Pero los bárbaros no estaban viendo en el águila lo mismo que veían el Loco y la mujer a su lado. Para ellos, el animal era la representante del poder, la fama, la gloria y el dominio sobre los demás. Y la veían así porque esa era su esencia, la de ellos; lo que tenían adentro. El Demente, al contrario, la percibía cual si fuera la verdadera representante de sus amplias perspectivas, de su elevada visión e impasibilidad; cual si fuera la mensajera celestial del mundo de arriba como intercesor entre el Maestro y él.

-   Este es el animal que vuela sobre los dioses, se dijo sin perderla de vista. Me veo reflejado en esta ave como el discípulo-individuo triunfante que seré cuando haya conquistado mis emociones malsanas. Quiero ser ese discípulo triunfante y generoso, listo a convertirme en otro tipo de guerrero, no como el que son éstos aquí a mí lado, sino en el Maestro que sabe para donde va creando belleza desde extremos opuestos. El Maestro ha enviado esta águila por mí. ¡Yo soy el elegido!

-   Yo veo en ella a mi alma inmortal liberada de la materia y del alcance de la unidad más elevada, añadió la mujer apoyada en el Demente. Como ella, mi verdadera naturaleza es ilimitada e infinita. Si, esa ave es la ascensión y la espiritualización, también ha de ser la asimilación progresiva del espíritu que surge de mi materia. Yo la vi en mis visiones en el inframundo como símbolo de la transmutación que estaba sufriendo mientras descendía al averno, tal cual ella ahora desciende desde las alturas a este inframundo externo en el cual vivimos los mortales.

Quienes hubieran alcanzado este nivel de ver en el águila lo que ellos dos comprendían, era porque habían aprendido a desarrollar juicios más verdaderos; a comprender que ellos mismos tenían un significado y un propósito vital de algo externo a sí mismos. Contemplar al águila les estaba aportando compasión, esperanza, espiritualidad y honradez consigo mismos. Pero los bárbaros no opinaban lo mismo, pues a través de su majestuosidad querían prestigio, riqueza y el sentido del honor. Mientras el Demente y la mujer enfocaban su vida en los planos mentales superiores y en el plano intuitivo, los guerreros sólo pensaban en erigir y glorificar algo o a alguien en un pedestal; es decir, a su ego. Querían satisfacer su demanda de poder, y más ahora que tenían tanto conocimiento almacenado.

Hay quienes sirven concentradamente y con pasión a la justicia, al amor, al bienestar humano, a una verdad, a un principio elevado, a un ser amado; y defienden intensamente aquello en que creen y valoran de una forma sobrehumana, como el vuelo del águila cada vez más cerca de ellos. El Loco quería ser aún más generoso y magnánimo, y proteger y cuidar a quienes lo acompañaban. Pero de lo único que no podía proteger a su grupo era de lo que en ese momento estaban sintiendo en su interior.

- Es necesario que aprendamos a participar en la creación de algunas de las leyes que utilizamos para regir nuestro universo personal con justicia y rectitud. Vamos a aumentar y a mejorar el brillo y la fuerza de nuestro ser, les dijo. Quiero inspirar en ustedes ideas de expansión, generosidad y moderación.
- Y la resistencia a las enfermedades por medio de la vitalidad, agregó la mujer pensando en ella. Quiero tener la vitalidad de esa águila.

La majestuosa ave le estaba dejando ver al Demente cómo extender desde el centro hacia afuera -igual que sus enormes alas- todo lo que tocaba; así como expandir el potencial de algo en él, amplificando todo para bien o para mal. Peo los salvajes ya ni siquiera escuchaban al Loco, porque en su imaginación ya se veían haciendo las cosas a lo grande, cual lunáticos emperadores del pasado.

- ¡Debemos elevar el nivel cultural y social de la masa humana! Exclamó uno de ellos levantando su brazo derecho con el puño cerrado.
- De nada sirve que hagan eso, les aconsejó el Loco. Todas las revoluciones fracasan porque elevan el nivel social de la persona, pero no el de su ser. Está bien dar bienes con bondad, pero ¿a quiénes? Alguien les tiene que indicar cómo entregarse a los amigos, familiares y seres queridos; así como la perspectiva que los liberará para poder actuar, y que automáticamente esto los lleve a la felicidad al utilizar la oportunidad social para su expansión personal. ¡Eso es volar sobre los demás como esta ave lo hace sobre nosotros!

Los bárbaros sabían que con el conocimiento que habían adquirido, otras personas podían subirlos en un pedestal y adorarlos. Es cierto que podían impartir la tendencia inherente de fusionarse, y estabilizar las asociaciones que hicieran por medio de la regularización de sus funciones; pero si se iban a sentir como si fueran representantes del orden social, era como creerse representantes de Dios en la Tierra.

- Con el conocimiento adquirido ustedes deben mejorar la enseñanza de las agrupaciones humanas, les dijo conociendo sus intenciones de pretender dominar a los demás, por aquello que sostiene que... saber da poder. No soy yo quien les debo proporcionar un sentimiento de inclusión con respecto a las demás personas, pero sí les advierto que deben recompensar la amabilidad para con los demás. Como relacionarnos con otras personas que estén dispuestas a ayudarnos a conseguir nuestros objetivos, es algo que jamás debemos olvidar, es necesario que sean serviciales y útiles al dar juiciosos consejos. Trabajar por el bien de toda la comunidad con ética y actuar como árbitros de la moral, será parte de su destino si piensan vivir entre la gente.

EL SENDERO ZODIACAL DEL LOCO

El Demente siempre había encontrado una esfera en la cual podía ser útil a los demás, con un papel que desempeñar como lo había visto hacer al Bufón. Y desplegaba sus posibilidades llevando a la plena expresión lo que estaba latente en él, transformando así las aspiraciones, las creencias y sus planes a largo plazo. Reinar con prudencia sobre el conjunto de la personalidad le había servido, precisamente, para expandir dicha personalidad y su educación. Mientras había estado viendo cocinar a la matrona aquella en donde se habían alimentado tanto, ésta le había enseñado el oportuno empleo de la forma. Y una buena cena, siempre recompensaba la fe puesta en el trabajo duro.

- Primero debemos captar el propósito de la encarnación y el punto de expresión de nuestra verdadera personalidad, antes de pretender dictar cátedra a los demás. Hacer crecer y expandir la personalidad y la vida en general superando retos, es algo que nos acompañará toda la vida. Es por eso que los convido a escalar la más alta montaña que jamás hayan visto. Quiero incentivar en ustedes el crecimiento y la confianza en la vida; pero, en vez de ello, ustedes están es pensando en dictar las leyes para los demás. Es bueno concebir y lograr el orden, e impulsar a otras personas hacia ese nuevo orden y el presente hacia adelante; pero elaborar leyes sin mirar hacia el futuro espiritual, puede hacer perder sus objetivos y su dirección en la vida, sin ver más allá de los hechos inmediatos y de las situaciones corrientes de la vida diaria. Tener ser no significa ser mas.

El Loco estaba malgastando sus palabras. El grupo de guerreros que permanecían a su lado ya no pensaban sino en procurarse el poder administrativo, civilista, financiero, gubernativo y legislativo; es decir, el vuelo del águila les estaba indicando en donde radicaba su éxito, opulencia, la suerte de cada uno y su tendencia a extralimitarse. Querían volar alto, muy alto, creyendo que ya habían reconocido en sí mismos las soluciones favorables y optimistas. Creían que ya habían equilibrado diferencias y compensado antagonismos, cuando en verdad, el mismo vuelo del águila le estaba dando a entender al Demente que debía desarrollar la sensibilidad síquica inferior y superior, para que pudiera complementar eficaz y utilitariamente los más dispares afectos, ideales e intereses.

- ¿Saben ustedes de qué depende nuestra felicidad y suerte? Les preguntó a quemarropa.
- De tener una buena salud y un bienestar propio, respondió la mujer recogiendo una pluma gris que había encontrado en el suelo.
- De ocuparse de la prosperidad y de la forma de ganar dinero a través de la suerte, contestó uno de los salvajes.
- De pensar en grande, para sobreponerse a los miedos y a los sentimientos limitantes, contestó otro con voz pausada.
- Pues de la fortuna y de la fuerza expansiva que me trae abundancia, armonía y la dicha, respondió uno detrás de él.
- ¿Vieron? Para cada uno de ustedes el éxito y la suerte es diferente, recalcó el Loco. Pero mientras la suerte es tan sólo eso: suerte; el éxito hay que alcanzarlo. Y mi propio éxito no está fundamentado ahora en llegar hasta la cima de la montaña, sino en hacer los esfuerzos correctos para que como resultado final llegue a la cumbre. El éxito no es llegar, el éxito estriba en hacer el esfuerzo correcto, en el momento apropiado, para obtener el único resultado posible a mis esfuerzos: acceder a la cima. Por eso no puedo informarles acerca de las ilusiones, los sucesos y la suerte de cada uno de ustedes; porque cada quien está vestido de suerte.

De repente, el águila se descolgó vertiginosamente en su vuelo, mientras sus chillidos resonaban en el paisaje entero golpeando el eco contra las rocas. Todo indicaba un desenvolvimiento afortunado, pero doloroso, para el Loco; pues en el momento en que menos lo esperaba, como el ave sabía que él estaba a la altura del reto que significaba ascender hasta la lejana y borrascosa cumbre, le iba a proporcionar un apoyo absolutamente penetrante para el cumplimiento de su deseo. Entonces, el Demente, presintiendo lo que se aproximaba sobre él, se relajó para así poder obtener el logro inevitable de la síntesis final de su propósito, en el preciso momento en el cual la gigantesca ave, hundiendo sus poderosas y afiladas garras en la sudorosa y sucia carne de sus hombros, cual si fueran dagas divinas, lo elevó sobre el grupo que, atónito, pensaba que ésta le iba a desgarrar sus carnes.

Entonces el águila, elevando al llevándolo lejos de lo mundano con su raudo vuelo, comenzó a traducir en el espacio la idea de una cuarta dimensión, es decir, de una superación. O, al menos, así le parecía a él.

- ¡No se alejen, espérenme aquí, les juro que he de regresar! Fue lo último que le escucharon exclamar mientras el ave lo introducía en las sombrías nubes que, en medio del chubasco, parecían acariciar los peñascos que sostenían la montaña.

La mujer, llena de espanto pero con una absoluta fe en lo que él había prometido, se levantó inmediatamente para recoger del suelo la caracola que el Loco usaba cual casco de guerra; éste se le había caído cuando el ave rapaz lo había arrebatado en su vertiginoso vuelo hacia el firmamento.

LA DÉCIMA PUERTA

- Qué cierto es que con paciencia se gana el cielo, se dijo el Loco inmóvil en medio del ascenso del águila, no fuera a ser que si se movía ésta lo soltara de sus garras.

Sentía los garfios clavándose en sus hombros, cual si llevara una pesada cruz que se los hacía sangrar. Pero como desde niño había aprendido a ser riguroso consigo mismo, e ir directo al grano sin rodeos y sin malgastar el tiempo, agradecía al animal que le hubiera ahorrado escalar por los filosos riscos que formaban la montaña. Como el fin justifica los medios, el Loco comprendía ahora por qué la disciplina siempre había sido una de las claves de su existencia; por qué uno de sus dichos preferidos era: al pan pan y al vino vino.

Para el Loco el deber siempre había estado por encima de la diversión; toda vida se había dedicado por entero a su trabajo sin esperar más recompensa que la satisfacción de haberlo hecho perfectamente. Sabía que no hacer nada a medias es propio de espíritus nobles; y que no dejar para mañana lo que podía hacer hoy, era una de las más importantes leyes universales.

- ¿Realmente tengo que pasar por todo esto? Se preguntaba en medio del dolor y del frío que ahora comenzaba a sentir, a medida que el águila remontaba por los aires esquivando las ráfagas heladas que descendían de las alturas lacerándolos a ambos. Si mantengo el poder centrado en mí, nadie podrá arrebatarme lo que me pertenece; es decir, todo. Vaya esfuerzo que estoy haciendo aquí, pero sé que es mi deber.

El Loco estaba accediendo a lo inaccesible por medios muy personales pero que no dependían de él. Había aprendido que como la vida costaba, lo material servía de ayuda. Mientras el águila elevaba su cuerpo al Cielo, él se sentía como la Loca María que dizque había hecho lo mismo milenios atrás con su cuerpo.

- Venga a mí tu Reino y hágase tu voluntad así en la Tierra y en mí, como en el Cielo y en ti, oh Maestro. Si estoy ascendiendo es porque me merezco algo mejor, dijo levantando su cabeza tratando de ver los ojos del ave mientras ésta atravesaba las borrascas de agua helada que caían sobre ella.

El Demente estaba comenzando a admitir su desvalimiento ante la vida y la necesidad de salvación, en el preciso instante en que el águila, atravesando una apertura entre los nimbos, exactamente cual si fuera una puerta entre las nubes, empezó a cambiar la forma de batir sus alas. Parecía que iba a detenerse en un altísimo peñasco, al borde del más profundo de los abismos que el Loco jamás hubiera visto. Pero no, el ave no se detuvo; sencillamente, cuando calculó estar muy cerca de las gélidas y filosas rocas, abrió sus garras soltando al Loco quien cayó estrepitosamente sobre las espigadas piedras que formaban el piso.

- ¿Águila, por qué me has abandonado? Preguntó cuando ésta ya había desaparecido de nuevo entre las nubes, dejándolo en compañía de su soledad. ¿Es que no merezco que nadie me ame? ¿Será que no supe amar a tiempo o, sencillamente, no lo supe hacer? Siempre dije que el amor es bueno, pero que con él no se come... Jamás pude aceptar cuando me dijeron: si me quieres, has de querer a toda mi familia; o, te amo si me respetas ciertos límites y obedeces las reglas.

La absoluta soledad en la cual se encontraba el Demente, mas el hecho de no saber en dónde había caído, lo estaban haciendo cuestionarse aquellas oportunidades en que hubiera podido ser feliz con el amor. Como jamás había aprendido a demostrar sus afectos más abiertamente, tal vez la soledad del lúgubre paisaje le ayudaría ahora a atemperar las pasiones para vivir feliz y en paz consigo mismo. Auto probar los valores actualizados en su evolución, para glorificación o cautiverio de su propia existencia, lo hacían sentirse como el Loco Prometeo encadenado a la roca en la cual estaba recostado. Tal vez buscar la metamorfosis interior y los valores del auténtico amor, le sirvieran como última oportunidad para congelar lo que sentía en su pecho.

- Voy a castigarme aún más para vencerme a mí mismo, exclamó metiendo la cabeza entre sus manos. Al fin y al cabo, mejor malo conocido que bueno por conocer. Y he de trabajar en mí sin prisa, pero sin pausa. Siempre he comandado y guiado a personas más débiles que yo, pero ahora ¿quién ha de guiarme a mí? Es en este instante, cuando he de comprender el significado de la creciente luz que ha de acompañar mi progreso al ascender hasta a la cima de la montaña.

Fue al amanecer cuando el Loco cayó en la cuenta que aún no estaba en la cima; que el águila lo había dejado adolorido en medio de cualquier parte entre la Nada y el Todo, pero lleno de un transparente rocío en su indefenso cuerpo.

- Comprendo que este rocío es símbolo de mi iniciación, se dijo incorporándose para ver todo el paisaje y así poder conferirle una realidad absoluta a la verdad que estaba viviendo. Es el anuncio de mi regeneración, de mi revivificación y de la sangre redentora de mi cuerpo. Pero este rocío congelado en mí, es tan efímero como las cosas de la vida. Y, como comprendo que el océano de la existencia es vasto, voy a conquistar la cima de la montaña para estar a solas en el punto más alto; y que así, los demás puedan ver que he alcanzado la cumbre.

El Loco estaba desvariando, porque en semejante altura ¿quién lo iba a ver? Tal vez lo supieran después, si podía descender y si le creían cuando se los contara. Por ahora, más le servía seguir conservando la sangre fría que siempre lo había caracterizado, para construir la conciencia del alma solitaria, como jamás lo había sido. Todo el mundo le había pedido consejo, pero y él, ahora ¿a quién podía pedírselo? Él, que había sido maestro de tanta gente, ¿quién podía ser su Maestro? Y esa pregunta lo motivaba a ascender aún más en su empeño por alcanzar el filo extremo de la montaña.

Ahora iba a contactarse con frecuencias más elevadas, con mayores expansiones de consciencia, con nuevas expresiones creadoras y con nuevos puntos de vista. Estaba comenzando a crear una comunicación o dialogo con su alma como nunca antes lo había logrado. Como estaba absolutamente solo, se podía desnudar y quitarse la máscara que siempre había llevado puesta. Y eso, exactamente, fue lo que hizo: se arrancó los pantalones abombados que llevaba; lanzó lejos la única sandalia que traía puesta; y dejó a un lado la mugrienta camisa, quedando así como su madre lo había parido.

- Nada le debo a nadie, exclamó irguiéndose y abriendo sus brazos formando una cruz mientras el Sol y la brisa bañaban y acariciaban todo su cuerpo. De aquí en adelante yo haré todo porque nadie me ha de ayudar. Como siempre he creído firmemente en que cada cosa tiene su lugar apropiado, quiero conseguir algo que refleje todo lo que he trabajado en mí mismo en la vida. Pues bien, este es el sitio en el cual voy a cultivar una decidida y firme fe en sí mismo y en el Universo. No tendré necesidad de demostrar a alguien cuánto he luchado, porque aquí hay... nadie.

El Demente siempre había demostrado una gran madurez mental desde la infancia; y tanto así, que parecía ser un niño viejo que desde siempre había podido desarrollar una gran aptitud para sostener un elevado nivel de frecuencia y tensión espiritual; como la que estaba viviendo ahora y que lo llevaba a comprender que vivía en un mundo ordenado por una inteligencia cósmica.

- ¿Y mi libre albedrío? Se preguntó horrorizado doblando su rodilla derecha. ¿Hay quién me pueda decir si todo lo que he vivido estaba escrito de antemano?

Estaba comprendiendo que le era necesario y obligatorio doblar la rodilla ante una Voluntad Superior, para poder dominar al universo, al mundo, a su medio mediante, al ego y a sí mismo; para luego ser ejemplo -aún sin proponérselo- del poder de la voluntad humana que había en él. Sabía que debía aprovechar el ascenso físico para elevarse desde su efímera naturaleza hasta la de su alma; y así encontrar el equilibrio justo entre la altura que quería alcanzar y la profundidad de la que había salido. Si siempre había sabido encontrar soluciones a los problemas más difíciles en sus propias fuerzas profundas, ¿cómo no iba ahora a poder escalar hasta donde la fuerza interna lo llevaba?

Se estaba englobando en un destino cósmico y en una finalidad metafísica mucho más exaltante, mientras iba escalando y superando la montaña de la iniciación personal. Ahora, más que nunca, se estaba entregando con más sinceridad al oficio de vivir por el simple hecho de vivir, y al acecho del detalle que verdaderamente importara, así como lo había estado al ascender el risco en la profunda caverna del inframundo en donde había conversado con el Monje.

- Estoy en conexión con la tierra de la que obtengo la fuerza física; pero no debo descuidar las realidades externas, se dijo cuando ya iba cuesta arriba. Debo asegurarme un apoyo firme a cada paso que doy y fiarme sólo de aquello que me parezca seguro; al fin y al cabo siempre me he exigido ideas de sublimación y de transfiguración, mediante la disciplina que he mantenido durante toda mi vida de Loco.

Como jamás le había resultado difícil ignorar el placer y el sufrimiento, no sabía si lo que sentía ahora en medio del cansancio, el hambre y el frío, era lo uno o lo otro. Todo ello lo inspiraba aún más hacia la acción y la meta, inmolando a su alrededor lo que tanto le costaba destruir en sí mismo. A cada doloroso paso que ascendía, se iba introduciendo en una verdadera transfiguración e iluminación que le permitían liberarse cada vez más del mundo, del temor y de la duda.

- Esa es mi última gran enemiga y vencerla me permitirá lograr algo: ¡el dominio absoluto sobre sí mismo y la libertad total como un reto ineludible! Tampoco es la primera vez que lucho contra las tinieblas, las limitaciones, los obstáculos y la autopreservación. Sé que voy a llegar a la meta, al máximo de mi ambición personal y a la cima en donde está el Maestro. ¡Él reconocerá mi esfuerzo!

Pero el desnudo Lunático debía tener cuidado, porque en su ascenso, el hecho de no haber camino lo podía llevar a dos partes: a su propia destrucción o desde la etapa de la individualización al sendero del discipulado. Por eso debía mantener mucho más el dominio sobre sí mismo; así como el nivel de contacto con fuerzas superiores. Le era necesario conservar su ambición en secreto para que su ego no lo supiera; debía sostenerse en su beatitud espiritual y en el éxtasis que le producía el ascenso. Su lucha a través del tiempo iba dando resultado, pues después de varios días de ascenso su visión estaba intacta al observar todo en continuidad y como siempre había estado. Ahora sí que asumía una poderosa perspectiva acerca de su futuro.

- Jamás me ha gustado recorrer los senderos trillados, se dijo haciendo un alto en el camino luego de varios días de trepar sin ver el final del ascenso. Además, aquí no veo ningún sendero que me lleve a obtener el objetivo; sólo cuento con la voluntad conquistadora que me libera de la forma; y con una inquebrantable percepción espiritual. Voy a ofrecer de rodillas mi corazón y vida al alma; y todo el sufrimiento que he vivido, estoy viviendo y vaya a vivir, en nombre de mi propia evolución espiritual.

Al Demente, quien siempre se había orientado hacia la realidad, le estaba tocando poner en práctica toda la teoría. El extenuante esfuerzo que venía haciendo le estaba ayudando a purificar su vehículo terrenal. Pues de él manaba sangre por varias llagas que ya tenía en las rodillas, la espalda y las de los hombros que aún no cicatrizaban. Pero, como para el Demente su sangre era el vehículo del alma, de las pasiones y de la vida; la especie de castigo que sentía lo acicateaba aún más para realizar sus fines gigantescos y lejanos. Para él, su actual situación era como si estuviera recibiendo una iniciación que le permitía reconocer que algo en su interior clamaba por ayuda divina para alcanzar los límites apropiados. Había comenzado a remplazar el orgullo por la humildad y a relajarse de cuando en cuando. Si jamás le había quedado difícil reprimir las emociones en aras de la disciplina, ¿cómo no iba a poder reprimir los efectos del dolor que sentía en su aterido cuerpo?

- Siempre he sabido lo que es real, se dijo. ¿Cómo no voy a satisfacer esta obligación que tengo de ascender, si toda la vida he sentido el peso de los esfuerzos de la humanidad en mis propios hombros, así como respeto por el entorno y la disciplina? Yo soy la roca sobre la cual se han podido apoyar los demás.

El Lunático estaba comenzando a sondear los misterios de su naturaleza interior como nunca antes, y a favorecer los beneficios que se derivaban del buen empleo de su cautela para ascender, la meditación en sí mismo y la previsión ante cualquier clase de sorpresa que se presentara en su ascenso. Como sabía soportar lo que no podía evitar, quería subyugar la expresión concreta, la forma y la materia, para fines y propósitos divinos. Necesitaba sufrir lo que más pudiera mientras iba teniendo cuidado al poner el pie en el peldaño más alto de la escalera de la vida que estaba escalando.

Tener autoridad sobre sí mismo le daba una idea objetiva de la verdad, así como una poderosa fe en su propia energía. La necesitaba toda para terminar las cosas con una fuerte determinación impersonal, y para tomar contacto con su guía interior y los estratos más profundos de su ser.

- Debo trascender para convertirme en el gran guerrero, dijo casi exhausto pues había ascendido tan alto que, en medio de la neblina le comenzaba a hacer falta el oxígeno necesario para sobrevivir. Entonces, comprendió que debía escalar aún mucho más lentamente. Debo utilizar el vasto depósito de mis experiencias pasadas para realzar mi insospechada percepción del futuro que ansío. Si he podido vencer las ambiciones mundanas, el miedo, el orgullo, los sentimientos de soledad y el pesimismo, ¿cómo no he de alcanzar la cúspide?

De pronto el Loco se desvaneció cayendo pesadamente contra una enorme roca que había enfrente de él. Había ascendido durante 40 días y 40 noches, y algo en él comenzaba a mostrarle la vida con más realismo; porque uno de sus grandes enemigos podría llegar a ser, precisamente, la falta de realismo. Aquí iba a superar el nivel de convencionalismo y elevar el pensamiento a alturas sublimes en donde se volviera el creador. Siempre había vivido con apego a la realidad material, con cualidades de reserva de su propia energía, con profundidad de pensamiento y con sobriedad. Pero ahora, en medio de la gélida nada, estaba empezando a vivir una vida más creadora incluyendo su plano intuitivo.

- Quiero vivir una vida más abundante en compañía con mi Señor Interno, exclamó extenuado. No necesito ver para creer, porque lo que ambiciono es seguir ascendiendo. A estas alturas de la vida comprendo que soy responsable de lo que hice y de lo que construí. Pude haber logrado hacerlo mejor y servir de una manera más eficiente, pero así se hizo a través de mí.

En ese momento sintió un graznido que lo hizo pensar que era el águila que venía a rescatarlo para seguir remontando los aires. Pero no fue así. Mientras su corazón palpitaba aceleradamente en su pecho, comprendió que el extraño sonido provenía de su interior y que éste se acrecentaba con cada latido de su corazón. Poco a poco el palpitar se fue convirtiendo en un gruñido. Y para cuando el Demente quiso incorporarse, de en medio de su locura vio cómo salía una gigantesca sombra que más parecía una bestia del inframundo que un ser de carne y hueso. Pero no, no era de carne y hueso. El Loco estaba siendo desarmado por una criatura imposible de describir, pero que se había alimentado de la energía mal utilizada o desperdiciada por él mismo. Totalmente indefenso, fue testigo de cómo manaba de su cuerpo una figura inmunda formada por la escoria pútrida de sus propios deshechos no trabajados por él.

Mirándolo fijamente con ojos inyectados de sangre negra, la bestia de pezuña hendida olfateó el cuerpo exánime del cual acababa de salir. En seguida, tomándolo con sus garras, lo alzó por su pie izquierdo y lo arrojó cual si fuera un trapo de marioneta contra una erecta roca que sobresalía en medio del paisaje yermo.

- Voy a enseñarte a expresar lo peor de lo que eres capaz, le dijo acercando sus babosas fauces al rostro del indefenso Loco mientras lo impregnaba con su aliento fétido. Aquí, en mi poder, vas a dejarte llevar únicamente por tus instintos sexuales. Siente cómo te acaricio el rostro con mi lengua y te beso con mis labios fríos ¿Acaso eres capaz de frenar en este momento tus impulsos y excesos carnales, sensuales y sexuales? Estas tan débil y abandonado, que jamás podrás superar tu desconfianza, tu egoísmo, tus inhibiciones internas, tu rencor, la rigidez de tu pensamiento ni tu tendencia al fatalismo. Soy tu amo, la bestia de la que hablas tanto a los demás y que alimentaste toda la vida, mientras pensabas demostrar a los demás dizque el poder y el triunfo de tu vida crística.

Ahora vas a comprender la diferencia entre humildad y humillación; entre arrodillarse en la soledad y hacerlo ante los demás. Te voy a enseñar el valor que tiene el tiempo, porque esta experiencia te va a parecer eterna. Ni siquiera te vas a poder sostener en el nivel de amor que pregonaste tener a los demás. No vas a poder afirmar tu dominio sobre el instinto y la sensibilidad malsana que yo represento. Me creaste, me diste vida y ahora no sabes cómo matarme. Y menos aún el día de hoy que estoy afuera de ti mismo y te tengo entre mis garras. Como soy tu titiritero y tú eres mi fantoche predilecto, vas a hacer lo que yo te ordene.
Siempre aconsejaste, corregiste y guiaste a otros seres a tu lado. Pues bien no eras tú, era yo quien lo hacía. Fui yo quien asumí las cargas más pesadas y las responsabilidades más ingratas, tanto tuyas como las de tus colaboradores. Y, cuando educabas, enseñabas y formabas a los demás, a que no sabes quién lo hacía. ¡Sí, yo! Y mientras tanto, te enseñé a no asfixiarte con las responsabilidades que asumías, para que creyeras que eras un hombre bueno; siendo que no eras más que un pobre Loco pendejo alimentado por mis ideas. Si supiste cómo saber dar vida a las ideas de otras personas, eran mis ideas, no las tuyas.
¿Buscaste el poder mediante la inteligencia? Pues era mi inteligencia y no la tuya. ¿Convertiste tus ideales en realidad? ¡Eran mis ideas y también mi realidad! ¡Jamás has existido! Tan sólo has sido el trozo crudo de mortal que he utilizado para poder manifestarme en esta realidad. Me concentré en ti para poder poner a punto mis programas a largo plazo. Tu materia me ha servido para alcanzar una individualización plena y concreta a nivel personal y planetario, para conquistar y controlar o hacer absoluto lo predecible. Te ayudé a transformar las ideas -mis ideas- en objetos y el saber teórico -mi saber- en saber real.

La hedionda bestia se detuvo para poner boca arriba el cuerpo desfallecido del Loco; quería asegurarse de que estaba respirando. Pretendía comprobar si la vida divina estaba profundamente incrustada en la sustancia material del Demente; pues era esa la médula que quería extraer de su cuerpo, como quien besa a su amante predilecto. A pesar de que el Loco había aprendido a apreciar la vida, seguramente ahora preferiría estar muerto. Pero, como la irracional bestia se lo había advertido, por más que abogara por la conservación del tiempo, el Loco iba con el tiempo. Y este era... eterno

- Quisiste crear algo que llevara tu nombre, de forma tal que todo el mundo pudiera recordarte después de muerto. Pues bien, lo lograste pero lo cree yo; fui yo quien le hizo un aporte al mundo por intermedio tuyo. Siempre buscaste el reconocimiento público, pero jamás te ensuciaste las manos trabajando, porque naciste con ellas ya sucias. Conseguir honores por tu contribución a la comunidad te dio poder y responsabilidad a través de la vocación. ¿De qué te sirvió obtener tal reconocimiento y reputación? Te convertí en esclavo de ellos mientras creías hacerse o ser diferente de los demás. Eres igualito a todos, tan solo que ahora estas... peor que ellos. ¿No dizque no había que gastar energía con anticipación a los sucesos? Pues ya la gastaste toda ¡Mírate! Deshecho de porquería, soy yo quien te hablo. Siempre te preocupaste por lo material y por los problemas derivados de tu culpabilidad. Y como no querías pasar desapercibido, elegiste los materiales adecuados para la obra. A que no sabes quién te los dio... Y por eso es mi obra ¡Tú eres mi mejor creación! Resultaste un material fácil de moldear.

Jamás aprendiste a ser menos pesimista o aguafiestas; y siempre te aferrarse a costumbres viejas y a hábitos ya adquiridos. Nunca dejaste de ser esclavo de la rutina, ni a renunciar a todos los intereses separativos. Pero te reconozco algo: que me superaste a la hora de aprovecharte de los errores de tus adversarios y a disimular tus proyectos Sólo querías estar seguro económicamente conquistando el dinero, la materia y, obviamente, el sexo. Sí, eres un experto a la hora de transformar la energía y el tiempo en... dinero. Jamás cuidaste de tu familia tanto como de tu reputación, ni luchaste contra la corrupción ni contra tus enfermedades emocionales. Siempre te encantó la explotación ajena y aprovecharte de la ignorancia y la inercia de otras personas. Nada de eso te reprocho, porque fuiste un buen hijo de mí, tu creador.

Y, para cuando descubriste que la vida social consumía toda tu energía y todo tu tiempo, ya era demasiado tarde. Motivarte a trabajar para mejorar tu reputación y condición social en la vida, fue uno de mis mejores aciertos. Siempre fuiste una persona dual, hipócrita y utilitarista atada a lo terrenal; alguien que sólo mostró los ojitos mientras por debajo del agua del pantano iba con la jeta abierta esperando la oportunidad de caerle encima a quien fuera. Siempre te moviste mimetizándote como pez en el agua; es decir, como alguien que conocía muy bien sus terrenos y se desenvolvía en ellos sin despertar la menor sospecha del ataque. Te encantaba producir una respuesta oscura y negativa a las sugerencias ajenas, perjudicándote a ti mismo y a los demás; pues literalmente eres el animal menos espiritual de todos.

Ahora estás aquí, y te estoy viendo como lo que eres al desnudo, sin máscara alguna: una persona ambiciosa, caprichosa, codiciosa, escaladora, manejada por el impulso de tus sentidos; que buscas la satisfacción del deseo en lo material o en lo espiritual, pero como aspirante egoísta que tratas de satisfacer tu aspiración: llegar a la cima. Ahora eres un ente solitario y continuamente en actividad; cuidador sólo de ti mismo y disfrutadora de tus ambiciosos planes; persona dura, de fortaleza ilimitada pero materialista de nacimiento, tratando de alcanzar el cielo a como dé lugar por caminos áridos. ¿Qué sientes con el orgullo y la soberbia que te da saberte en la cumbre de la montaña más alta y solitaria de todas las existentes?

Pero el Loco a nada podía contestar, pues ni siquiera sabía en qué estado se encontraba. Tal vez creyera que era una de sus tantas pesadillas de locura infinita que siempre había tenido.

Aquí vas a afrontar el caos, el despojamiento, la espera, la esterilidad y la negritud de tu interior, allá en donde habito yo; y desde donde te amenazo con el infortunio y la pobreza si te resistes a aprender las lecciones que te seguiré dando. Te voy a arrojar a la experiencia propia que necesitas, para que asumas la lección, las responsabilidades y, sin compulsión externa, aquello con lo que debes cumplir para que puedas seguir escalando por esta montaña. ¡Mi montaña! ¡Yo soy tu Maestro! Toda la vida he castigado y purificado tu alma humana a través del dolor y del sufrimiento necesario, para cuando no sigues mis reglas para que te mantengas en el lado correcto de la vida. ¡Mi lado! Me quedó fácil castrar tu creatividad, tus deseos de evolución y de libertad causándote aflicciones, angustias, baja vitalidad, congojas, disgustos, espantos, esterilidad, hambre, melancolía, retraimiento, retrasos, trabajos, tristezas y mucha soledad como la que ahora vives. ¿Acaso comprendes la formación de todas las cosas y la naturaleza de tu dolor? Jamás supiste cómo conciliar la intransigencia y la rigidez, con la dulzura y la morbidez. Voy a atar tu alma a la Tierra para siempre, concretando tus patrones establecidos por tu vida anterior; y te voy a condenar al despojo y a la renuncia. Voy a crear muros para impedir que en ti entre el cambio; y problemas sólo en aquellos aspectos de tu vida en que eres vulnerable. Voy a crear aún mucha más oscuridad y restricciones alrededor de cada experiencia que te quede por experimentar en esta vida; y he de concederte el sentido del deber desagradable y de la virtud molesta. He de darle forma al miedo que bloquea tu progreso, así como más vida a las fuerzas desconocidas. También voy a darte la existencia ilusoria de algo diferente a ti, pero seguirás siendo el mismo o peor. Te voy a describir el ámbito en el que siempre te sentiste más acobardado, incómodo, temeroso y vulnerable; y vas a descubrir cuáles fueron los comportamientos que te llevaron a la repetición de errores

El Demente estaba absolutamente impotente para poder construir barreras, defensas sólidas y escudos para protegerse de ser atrapado por esta fuerza más allá de su control. Le era necesario construir una coraza alrededor de su alma para desarrollar autoconfianza y, sin embargo no podía hacerlo. La bestia estaba logrando controlar y restringir lentamente todas sus expresiones de vida, sin él poder caer en la cuenta de las propias fuerzas escondidas ni de las debilidades o de dar los pasos para comprender las amarguras. La bestia quería contraerlo hasta hacerlo una cosa absolutamente insociable.

- Te voy a definir las áreas en las cuales se localizan tus deseos y los miedos más profundos, continuó acicateándolo la bestia desde su interior. O ¿Acaso sabes definir el juego en donde terminas tú y comienzo yo? ¿Acaso supiste cuándo actuabas y cuando era yo haciéndote creer que eras tú. ¿Cuando lo sepas, te voy a depurar a través de la aflicción y del dolor que te va a causar ser consciente de cuando fui yo quien hizo las cosas a través de tus manos. Por ahora voy a desbaratar lo flojo que hay en ti y que ya no me sirve, para dar oportunidad a otra obra maestra de mi construcción en ti mismo. Estoy dispuesto a devorar todas las nuevas posibilidades de tu personalidad; y a dictar y hacer cumplir mi ley, sin que seas capaz de diferenciar entre lo que quieres aceptar y lo que quieres evitar. He de ejercer mi influencia sobre toda tu clase de miedos, y a encarnar la voz interior que te administra, advierte, condena, desaprueba, detiene, guía, inhibe y sostiene. Voy a hacer que te enfrentes con las consecuencias de sus actos; con los pavorosos problemas de lo absoluto, del infinito, de la inmensidad y contigo mismo. Jamás sabrás enfrentar los desafíos y tolerar la naturaleza ambivalente de ti mismo, del mundo y de la soledad que estás sintiendo. Voy a disponer un nuevo lugar adecuado para cada cosa en tu interior y para que permanezca así para siempre, de forma tal que te esclavices ante las necesidades que te impongan los demás; mientras crees que te sacrificas por ellos. Me ensañaré en fijar y cristalizar los procesos y las situaciones en forma inamovible, pétrea y segura, para frustrar todas tus acciones estructurando con fuerza tu fría realidad. Ya me debes estar sintiendo evaporar toda la materia pegajosa que hay ti, mientras te voy indicando el miedo que impide satisfacer tus ambiciones y el terreno en donde tienes que realizar repetidos esfuerzos para dominar en un sentido que no tiene que ver con el ego. Vas a saber en dónde te afligen sentimientos de inferioridad, de presión y de timidez; así como la esfera en donde tienes que solucionar viejos problemas, y superar inhibiciones y temores que provienen del pasado. ¡Tu pasado!

Saber que estás en medio de la fase entre el animal y Dios en tu interior, te dará mayor exigencia de esfuerzo y sacrificio. Conocer las áreas de la vida en donde las cosas no te llegan fácilmente o no están claras, te hará experimentar grandes y dolorosas lecciones; las que necesitan disciplina, estructura y forma. Te voy a indicar lo que debes ser; los puntos en donde te siente débil aún en lo físico, como ahora lo estás sintiendo al verte incompleto o inseguro. Limitar tu expresión a través del miedo o de ese recuerdo doloroso que te persigue, me permitirá mantenerte entre lo falso y lo verdadero. Marcarte el perímetro del ego, te dejará ver las restricciones, los límites, las debilidades más manifiestas, los puntos de mayor frialdad y vulnerabilidad, y todo lo que pueda ser visto desde la altura de la montaña en la cual estás ahora tirado en medio del frío vendaval. Voy a instruirte en la naturaleza de tu depresión.

Jamás te vas a liberar de formas de pensar antiguas, de las cadenas de tus instintos animales o de la prisión de tus pasiones infernales. Te voy a mostrar en donde eres rígidamente egocéntrico, estás apegado, y experimentas dolor y frustración para siempre.

La bestia le estaba mostrando al Loco su cruda realidad y las difíciles experiencias de aislamiento y desengaño por las cuales estaba pasando. Ahí estaba tirado en la nada, en compañía de sus heridas, de sus inseguridades, de sus puntos débiles y de los límites de la vida en esta Tierra. Estaba a punto de morirse y el asqueroso animal se soslayaba mostrándole el costo de sus acciones y deseos; ofreciéndole las mejores oportunidades para aprender lo que había estado dejando para más tarde mediante las dificultades de la vida. En su mísero estado, el Demente estaba comenzando a sentir el origen de toda su avaricia y la pobreza de su ser, como símbolo del despojo mental en la búsqueda ascética y de desprendimiento material por el ascenso espiritual. Pero algo en él sabía que el mal era tan obstructor, que tenía que obstruir hasta al mismo mal.

- Te he de poner frente a tu avidez, y a prueba tus límites y carácter por medio de las restricciones y las negaciones. A cambio de ello voy a poner todo patas arriba cuando sea necesario hacerlo, y un orden establecido en todas tus situaciones de sufrimiento o de desafío psíquico. De aquí en adelante voy a presidir todos tus nacimientos lentos y dificultosos, para producirte aflicción, desolación, egoísmo, miedo y llanto. Siempre he provocado las penas y las desgracias de tu vida; así como el afán de resistirte tercamente a la necesidad de cambiar. Como vas a retrasar el desarrollo de todo cuanto toques, me será fácil restringir tu crecimiento a través de la dura realidad y de las energías liberadoras que destruyen todas las limitaciones de tu mente y del cuerpo. Como sé en qué dominios tienes miedo de cualquier cosa, también sé cuáles son tus inconvenientes y demoras. Por eso voy a someter a tu alma a las pruebas más extenuantes y duras; y vas s sufrir en secreto el hecho de que jamás podrás trascender tus grilletes autoimpuestos. Yo soy tu propio carcelero, el que te ha hecho trabajar mediante la decepción, trayendo a tu vida el sentido de la frustración, la melancolía y la restricción.

De repente el inmundo animal cetuvo su prédica, porque vio que a lo lejos estaba comenzando a amanecer. Y, entonces, dando un vertiginoso salto se introdujo de nuevo en el cuerpo exánime del Loco. El fuerte sacudón hizo que éste regresara a la realidad con una actitud absolutamente extraña en él: comenzó a estimular la ternura en sí mismo, para integrar las emociones y manifestarlas de una manera diferente. Abrazándose se fue incorporando lentamente, puesto que su cuerpo estaba absolutamente magullado, como si alguien lo hubiera estado arrojando contra las rocas durante toda la noche. El Loco, por vez primera en su vida, se estaba amando a sí mismo.

- Debo alcanzar el dominio de mí mismo, se dijo. Necesito sostenerme en este nuevo nivel de autorrealización y de comprensión, para expandir la consciencia más allá de la personalidad que siempre me ha dominado. No voy a alimentarla más; ya se morirá de hambre mientras las dificultades del camino logran controlar mi carácter.

El Lunático estaba comenzando a abogar aún más por la autodisciplina y la energía aplicada de una manera contundente. Si no dominaba su personalidad jamás podría alcanzar la independencia personal ni convertirse él mismo en un iniciado. Alguien debía guardar el secreto de su alma misma para luego revelárselo. Pero ¿cuál era ese secreto? La aurora fue tomando fuerza al mismo tiempo que el Sol fue calentando el entumido cuerpo del pobre Loco. El astro rey parecía brillar bajo la luz del propósito y de la Voluntad Divina.

- Debo hallar mi vocación a través de la espiritualidad, pensó mientras se desperezaba estirando brazos y piernas. Pero para lograrlo voy a ir flexibilizando el pensamiento mientras continúo ascendiendo.

Concentrarse en la elaboración de ideas y proyectos, siempre había sido uno de sus lados fuertes. Jamás le había resultado difícil cultivar ideas filantrópicas y progresistas, liderando sobre otros seres con la acción y el pensamiento. Pero ahora sentía que su movimiento debía orientarse hacia otra clase de éxito más filosófico. Una vez más asumía la responsabilidad de continuar un ascenso que no sabía cuándo iba terminar; pues cada vez que accedía a un filo nuevo, había otra más alta y cada vez más lejos.

- ¿Qué será de la gente que quedó en la base de la montaña? Se preguntó oteando la inmensa profundidad del paisaje. Yo cree, dirigí y mantuve una ordenada cadena de mando con ellos; les edifiqué la sociedad en los arquetipos, las formas físicas, materiales, sociales o dictando reglamentos que les permitieron vivir más civilizadamente. Ejercí entre ellos el liderazgo, el poder y la autoridad por medio de la eficiencia, la frialdad y el trabajo; y supe darles generosamente, sin esperar retribución alguna mientras actuaba por ellos.

El Loco estaba en paz consigo mismo porque había sabido cumplir sus obligaciones para con los demás; así como cuidar de aquellos que estaban por debajo mejorando las condiciones de seres menos afortunados que él. Siempre supo compartir su riqueza y ponerla al servicio de causas nobles, con el amor al deber a través de su enorme sentido de responsabilidad. Supo dar sustento a la familia y a la comunidad, porque eran lo mismo; y administró, organizó y sistematizó sin oprimir el espíritu de los implicados. Es decir, demostró que se había interesado por los demás aportándoles armonía, bendiciones concretas de abundancia, cooperación, ideas nuevas, ritmo, síntesis, unidad y vida.

Parte de su misión había consistido en poner su determinación y perseverancia al servicio de los demás, desarrollando habilidades espirituales nuevas y satisfactorias. Prestó servicio enseñando a los bárbaros a trabajar en sí mismos; pero jamás a delegar funciones confiando en ellos. Prefirió transmitir confianza y seguridad a quienes lo necesitaban, mientras trabajaba arduamente en favor del mundo porque ese era su deber. Fue así como aprendió a respetarse a sí mismo trabajando comunitariamente una lección de servicio, y enseñando a los demás a economizar de su propia energía y a ver la vida con más realismo.

Con el tiempo entendió que el trabajo era una oportunidad para revelar el bien al servir a la humanidad. Y supo ser autoridad en algo, así como autosuficiente, perfeccionista, perseverante, sensato y práctico. Todo ello lo había llevado a ser respetado por sus logros, por su posición social y por ser sumamente consciente y tolerante hacia los demás. Una de sus mejores cualidades había sido saber establecer buenas relaciones humanas y utilizar su buena voluntad para saberse imponer con cautela, orden y organización. También se había responsabilizado de su vida por medio de actos disciplinados que lo llevaron a producir y expandir las ideas propias y las de los demás, cultivando la tolerancia para lograr su liberación.

Querer construir y lograr algo en el plano material, también lo había llevado a construir la morada material personal y la de la sociedad con la cual había vivido. Ampliar la jerarquía familiar, le había resultado una labor sencilla que lo había hecho realizar socialmente, buscando el honor por el honor mismo, así como a aprender a disfrutar más de la vida. Sin embargo, aprender a relajarse no fue uno de sus mejores logros. Prefirió fomentar la concentración en sí mismo para saber desprenderse de la materialidad, y así poder acrecentar su individualidad y su sentido de relatividad. Controlar y ser eficaz en los aspectos prácticos de la vida, le estaba sirviendo ahora que ascendía hacia quién sabe dónde.

- Voy a dedicarme a la preparación del plan que proyecto llevar a la práctica, se dijo repente trayendo su vista de la lejanía en la cual la tenía clavada mientras recordaba su historia personal. Debo resolver algunos problemas midiendo mis logros, y recordar no ser demasiado severo conmigo mismo, aprendiendo a pronunciar juicios siempre justificados sobre ese mí mismo y las circunstancias que estoy viviendo. Voy a cristalizar, concretar y estructurar mi vida de una nueva manera; y a poner límites y la primera piedra de mi nueva vida. Voy a velar constante y directamente sobre aquello que me pertenece: la bestia. Voy a obligarla a respetar las tradiciones, las normas y el orden de las reglas legales con las cuales debo cumplir mientras camino por esta escarpada senda.

Y así, al voltear una profunda garganta de piedra, de un momento a otro, el Loco por fin accedió a la cumbre coronada por una solitaria roca sólida, que más parecía el abandonado trono de una mítica deidad en medio de la tempestad que nadie más que él presenciaba en ese momento. ¿De dónde había sacado fuerzas para llegar hasta donde ahora se encontraba? Como siempre, de sus propias monolíticas convicciones. Y con esa confianza, siendo el campeón de los sistemas de defensa y sin tenerle miedo a nada, así se había encumbrado hasta las desconocidas y solitarias alturas en donde ahora se encontraba.

- ¡Yo ya he estado aquí! exclamó asombrado, mientras se desplomaba sobre el frío y áspero trono de piedra.

¿Cuánto tiempo permaneció allí tirado ante la intemperie? Ni el mismo lo supo jamás. Él, que siempre había sabido administrar y ajustar el tiempo, dándole precisamente tiempo al tiempo; él, que siempre había enseñado que hay un tiempo para cada cosa, ahora estaba en permanencia en el espacio y el tiempo delimitando dicho espacio y tiempos propios. Haber aprendido a esperar y a fundamentar la estabilidad interior, le había permitido influenciar en el tiempo y la manera de cosechar lo sembrado en él. Habiendo sabido ser un buen sembrador en el agro llamado Tierra, había creado y gestado un yo en continua maduración con raíces profundas y fuertes clavadas en él mismo.

Sin saber quiénes somos, no era algo sencillo mantenernos informados acerca de cuáles procesos no están en sintonía con la Ley y sobre aquellos aspectos personales que deben ser atendidos y cultivados. Como cualquier semilla, algo o alguien debía permitir que ésta evolucionara según la ley natural, igual que la energía que se encuentra encerrada en la materia, se debía liberar y fusionar una vez más con el Todo. Y eso era lo que el Demente sentía en ese momento: que algo o alguien estaba naciendo en él, aprovechando la buena tierra de su cuerpo...

Además no sabía que tenía un enemigo en su interior; y no lo sabía porque para el Loco, sencillamente, jamás habían existido ni existirían los enemigos. Él sólo perseguía el cenit o camino recto de lo más elevado y ya había alcanzado dicho punto. Ahora podía hacer dos cosas: esperar que todo se quedaran como estaba, o cerrar éste y abrir un nuevo ciclo, porque físicamente ya no podía ir más alto. Podía demorar y retardar el ritmo de la naturaleza y las cosas en general, pero ¿cómo un gusano iba a retardar el hecho de volverse mariposa? ¿Con qué excusa? Lo que debía hacer era actuar hasta estar completamente seguro de estar preparado y, entonces, impulsar hacia adelante y tomar una mirada realista y responsable de las cosas.

- Voy a aceptar lo que venga, dijo incorporándose de repente. Voy a acentuar y enfrentar mis deberes, los límites humanos, las normas, las pruebas, la realidad, la responsabilidad y esta soledad, como un puro deber. Permanecer aquí hasta cuando sienta que debo descender, me aportará la idea de duración.

Y ahí estaba el pobre Loco, sentado en esa especie de trono pétreo en donde su aspecto de rey desnudo sin corte que lo agasajara, era un espectáculo desolador. ¿Qué estaba esperando? ¿Por qué no descendía de la montaña sino que permanecía impávido soportando el frío y la tempestad? Encarrilar al individuo por el sendero -cuando se ha extraviado- sin importar el precio a pagar, era parte de cómo se habría de revelar el karma del ego encarnado. ¿Sería eso lo que estaba aguardando? ¿Conocer cuál era su karma? Entonces, ¿quién y cómo, le habría de revelar en donde se encontraría con sus pruebas kármicas más específicas?

- Quiero actuar en conexión con mi Maestro y con mi karma, se dijo golpeando con su puño derecho el trono de piedra. Voy a hacer cumplir las leyes exactas del karma en mí mismo, mientras espero al Maestro y voy encontrado mi destino y el puente o camino angosto entre la individualidad y la personalidad. He venido hasta acá para verlo y para gobernar el sentido del tiempo; es decir, la duración física de mi vida de acuerdo al karma personal con el Plan Divino del Maestro.

En su chifladura el Loco se estaba sintiendo tan rey, como para poder gobernar la parte del karma que hacía que las cosas le fueran agradables o desagradables. Pero, mostrar en donde su karma "difícil" iba a entrar en su foco más específico, era toda una sorpresa. ¿Cómo iba a encontrar el escenario en el cual habría de cumplir con su destino y su misión si estaba tan solo? En semejante cima tan desértica, ¿quién le iba a indicar cuál era su destino; cómo obtener la excelencia o maestría en el trabajo, y en donde y con quien tendría que trabajar?

- El Maestro ha de mostrarme la parte de mi vida humana que es obra del destino inmutable, se dijo recostándose contra su trono. Sé que debo dar vida a los rituales sociales cíclicos y a las tradiciones; y llevar a cabo el plan punto por punto para llegar al autoconocimiento y la integración. Lentamente debo llevar lo exterior hacia el interior, para lograr ser en la Tierra lo que ya soy en esencia. De mi nivel de ser depende detenerme o liberarme, según mis orientaciones hacia la Ley y los procedimientos. Voy a hacer que se vuelva obligatorio en mí respetar la Ley y buscar el fin supremo en todo lo que persiga.

El oficio del águila había sido conducir al Loco aspirante hasta el umbral del primer abismo; y allí lo había abandonado. Ahora al Demente le correspondía transformar al aspirante en discípulo aceptado, pero ¿por quién si el Maestro no estaba? El ave le había servido para impedir que se saliera o cansara del camino, con tal de que él fortaleciera sus músculos espirituales y su vida en general, puesto que era muy importante que retuviera la esencia de todos los esfuerzos hechos hacia el verdadero crecimiento espiritual. Garantizar que el espíritu encontrara vehículos conscientes, como el del Loco, por medio de los cuales pudiera expresarse, no era un asunto de casualidad. Esto sólo se da luego de presentar desafíos que desarrollen el alma y las limitaciones que deben ser superadas; limitaciones como las del ego y sus necesidades específicas de autodisciplina.

El Loco siempre se había demostrado a sí mismo su fortaleza, la fuerza de su vida espiritual, la guía sensata y la perseverancia necesaria para desarrollar la afirmación del sí y la fuerza interior, mediante el aislamiento y la actualización individual e íntegra del ser, al margen de todo lo que se le opusiera. Precisamente, cada obstáculo en su camino había sido como una invitación que él sentía para abrir paso a las fuerzas espirituales por la vía del desasimiento; cada prueba era un puente entre lo personal mortal y su parte superior, espiritual e inmortal. Si la vida le había dado el cascarón -el cuerpo- que sostiene al espíritu, estaba dispuesto a salir de dicha cáscara. Pero, antes de hacerlo, tenía que comprobar cuán concentrada estaba su conciencia y cuán concentrado estaba realmente su crecimiento espiritual.

- Debo construir un nivel de densidad para que el espíritu alcance la autorrealización y dejar de percibir la conciencia ordinaria, se dijo recostado en el respaldar de su trono. Para ello debo recoger y retener el fruto de todas mis experiencias e impresiones formadas en la conciencia a través de todo lo que he vivido de primera mano. No lo que me hayan contado, sino lo que he comprobado en mi interior y que me ayuda a definir la conciencia mediante la comprensión y mi propia realidad. ¿En dónde está el Maestro que me ha de mostrar el camino para la elevación espiritual, intelectual y moral? Ya sé que la comprensión es el resultado directo de mi esfuerzo y de una actitud responsable; y es dicho esfuerzo quien siempre me ha señalado la frontera de la conciencia del ego personal, los miedos, los temores y la transición de una fase de conciencia a otra. Pero ahora, más que nunca, soy consciente de lo pesado que puede ser para mi mente la abundancia de conocimiento. Debo ser mucho más consciente de los límites sensatos que me pone la vida.

Fueron muchos los días y las noches que pasó el Loco con su soledad esperando al Maestro en la cima de la montaña. Soledad y montaña le ayudaban a promover su crecimiento y reflexión consciente en la búsqueda de la verdad abstracta y su aplicación concreta. Él siempre había sabido cómo conducir a otras personas hacia un proceso de despertar que los hiciera crecer y madurar; les había abierto la puerta de la oportunidad y del sendero de la iniciación. Cuánta gente, escuchándolo, había allanado el camino desde los puntos de vista a la visión y hacia el discipulado. Les había servido como eslabón o puente entre lo exterior-no ser y el mundo interior del ser, encendiendo en ellos el deseo de conocer los misterios de Dios y de hollar el sendero de probación o purificación.

- Quiero actuar como agente divino de la suprema justicia, del equilibrio y la sabiduría, dijo levantándose del trono. Debo aprender a distribuir en el mundo una estricta justicia imparcial e impersonal; y a sentir y a trabajar con el lado superior de la energía para superar todas mis limitaciones. Voy a alcanzar la individualidad consciente y a identificarme con dichas limitaciones, pero viviendo con la rectitud que no limite ni inhibe a nadie. Prefiero limitar mi existencia a unas condiciones concretas y ordenadas; pero antes, debo descubrir al Maestro y mis fortalezas ante dichas limitaciones.

Mostrar las limitaciones y la realidad del mundo material, no era tarea del otro mundo; lo difícil era aceptarlas e ir más allá de ellas. El Loco sabía que allá era donde debía buscar la verdad absoluta y que, por lo tanto debía elevarse mentalmente por encima de las regiones materiales a verdades de orden más universal; así como había ascendido hasta semejante montaña en la cual ahora se encontraba pensando en su destino. ¿Pero con quién iba a hablar de realidades y de verdades si el Maestro no aparecía? ¿Con quién iba a hacer cara a la verdad? A la gente siempre se la había capacitado para funcionar como piedra angular de la familia, de la nación y de la raza, pero ¿y para serlo de sí mismos?

- Debo hacer que el Ser Humano u Hombre Divino en mí, domine la voluntad mezquina y arrogante de su ser inferior, exclamó el Loco como si hubiera descubierto algún secreto. Pero primero tengo que comenzar por canalizar el Yo, para proteger la evolución de mi vida y de mi ego. En esta cima, más que en la caverna aquella en donde anduve con el joven, y me encontré con el Monje y la mujer enferma, debo capacitarme para salir de la oscuridad a la luz.

El Demente sabía que condicionar, disciplinar y preparar su alma en evolución, a través de las oportunidades necesarias para liberarse vida tras vida, lo habría de llevar a una plena apreciación de sí mismo desde el fondo de dicha alma. Le era necesario ver el valor de las cosas a través de ella y qué parte de su alma podía expresar realmente a través de la materia y sus actos, como un reflejo de su verdadero ser interior. Debía construir una sólida base para que su alma se realizara en esta vida, cumpliendo con regocijo y silenciosamente con el plan evolutivo que ella había elegido.

- Debo luchar por la existencia desde el alma y la forma, dijo abrazando su cuerpo. Pero, para enfrentarme con el pasado en el presente y así prepararme para al futuro, debo encontrar al Maestro y condicionar mi grado de evolución, la fe y mi visión de dicho pasado, profundizando en él y en todo con mucha observación. Es así como voy a enfrentarme con un enfoque realista y responsable de la vida.

La extrema situación que el Loco estaba viviendo en la yerma cima, lo estaba conduciendo a una mayor experiencia de comprensión y autodominio. Se sentía como si estuviera próximo a encontrar la libertad mediante dicha comprensión de sí mismo y de todo aquello en lo que ahora estaba concentrando su atención. Obligarse a permanecer desnudo en semejante lugar, era como imponerse una carga y disciplina para comprender la importancia de sus propias necesidades.

Pero su locura llegó al máximo grado cuando, abriendo sus brazos y levantando la cara para que la tormenta lo golpeara aún con más fuerza, exclamó: ¡Quiero construir universos!

¿Cómo diablos iba a crear y estructurar formas, y un universo ordenado y pulcro, estando tan loco?

- ¡Cumpliendo con mis responsabilidades! Exclamó como si estuviera conversando con alguien. Y lo voy a hacer, porque a un Demente como yo, nadie le demanda que lo sea. Debo admitir que tengo que hacerme responsable de mí mismo, porque ese es mi deber personal y social; así como enfatizar la pulcritud. He de ejecutar las cosas hasta su fin con autodisciplina, habilidad y mucha resistencia.

El Lunático venía haciendo énfasis en dicha actitud, porque algo en él se imaginaba que cuando bajara de las alturas solitarias se iba a expresar en el terreno de la vida en donde radicarían la dirección, la fatalidad del ambiente, el propósito, la razón, dicha responsabilidad social y su nueva voluntad de vida. Pero, antes de tomar conciencia de los deberes, debía primero hacer conciencia de lo que había en él de débil inadecuado e incompleto.

- Y no voy a bajar de aquí hasta cuando no haya aparecido el Maestro y vencido los efectos que me produce este sitio, exclamó de nuevo hablando solo. Voy a tomar el mando de mi vida con la autodisciplina y la conducta responsable que me da el hecho de estar aquí. Si aguanto esto ¿qué poder van a tener sobre mí las actitudes ajenas que he de tener que soportar?

El Loco estaba aprovechando semejante vendaval que se cernía sobre él cada vez con más fuerza, para medir su ambición, sus aptitudes, su capacidad de competencia y de compromiso; su crecimiento, su cumplimiento consigo mismo; su estructura y la firmeza de ésta; su madurez y orden; su seriedad y solidez. Venciendo esta prueba, él creía tener bajo su control la habilidad para ejecutar las cosas hasta el fin; así como la mente cerebral inferior y, obviamente, su responsabilidad física y voluntad personal. Se estaba exigiendo demasiado...

- Nada es demasiado cuando sé que debo transmitir todo lo que interesa retener para el alma humana, se dijo mentalmente. Pero ahora me corresponde determinar la idoneidad, los límites de mi conciencia subjetiva y cuando es el tiempo para saber actuar. ¿Cuándo descenderé de aquí?

Para elevar y evolucionar al hombre a través de la experiencia que estaba viviendo el Loco, definitivamente se necesitaba ser... Loco. Pero eso era lo que estaba a favor suyo, porque no cualquier iba a evolucionar de lo personal a lo impersonal; y de lo concreto y práctico a lo abstracto y teórico. Era soportar lo que estaba aguantando lo que le estaba permitiendo madurar la conciencia para el progreso evolutivo que le aguardaba.

- Iré hacia adentro para razonar o racionalizar los sentidos; no me voy a dejar mandar más por ellos. Dijo sentándose de nuevo en el húmedo trono. Lo único que voy a preservar es el sentido del yo ya existente, para aumentar y concentrar el sentido de mi identidad diferenciada. Si jamás he sido como los demás, ahora sí que menos.

El Loco sentía que de ahora en adelante debía enfocar su vida de una manera lógica, esencial y relevante. Algo en él le estaba dejando ver que debía poner en movimiento toda manifestación de vida para ser un ente independiente y separado del océano de la vida, así le correspondiera vivir con la masa humana. Pero, entonces, le era necesario aún más disciplinar su acción, conducta, palabra y pensamiento, para experimentar la vida que le correspondía con moderación en la expresión, y el correcto manejo de las esencias suprasensibles de los demás. Pero no tenía afán alguno por alcanzar las metas que veía, pues sabía que disfrutaría más de ellas si las lograba más tarde en su vida.

- Por ahora voy a buscar un óptimo desarrollo del lado correspondiente a la forma física de la vida, se dijo. Jamás he de olvidar lo que estoy viviendo en esta etapa ¿En dónde me podrá hacer más frío que aquí? ¿En donde tendré que aguantar y aferrarme más a mí mismo que aquí? Voy a construir con eficacia la estructura de mi propia vida, aquí y ahora, para así defender la integridad del yo personal.

Y, mirando hacia el oscuro firmamento exclamó: voy a incluir a los demás seres dentro de mi vida, pero sin dejar de ser un individuo separado, como el Sol lo es dentro de la galaxia de soles.

Parecía ser que estaba estableciendo el tema central de su vida: vivir con la gente pero de una manera diferente. Pero ¿cuál gente? ¿Era ese el motivo que lo estaba llevando a establecer una segura estructura de vida, para que cuando los demás se fueran a recostar en él no lo derrumbaran? Estaba echando los cimientos de los principios fundamentales de su última etapa de vida; así como la templanza respecto a los extremos, la tolerancia, el deber y el trabajo que se iba a cargar encima. Pero, ¿cómo iba a manejar los componentes tangibles de la vida, si no sabía con quien iba a vivirla?

- No importa, dijo poniendo la cabeza entre sus manos. Voy a hacerme cargo de las pruebas que necesito para crecer y desarrollarme, pues en cualquier etapa de la vida algo o alguien siempre me ha brindado las más adecuadas experiencias que me ponen a prueba; y me ha mostrado aquellas áreas de la vida que necesitan una atención especial para desarrollarlas adecuadamente. Sólo debo responder ante la vida con cautela, enfocando la atención en cada día, para mantenerme vivo a través de mi instinto de conservación.

Mostrar la influencia de la necesidad de su vida, estaba haciendo que el Loco pensara que la gente lo necesitaba. Pero ¿quién iba a necesitar un chiflado de éstos, más que su ejército imaginario del cual, por cierto, ya casi nada quedaba? Pero le había quedado sonando la idea de construir una sólida estructura, tan sólida como la montaña en la cual estaba.

- No importa para donde vaya si me voy construyendo a medida que avance, porque eso es lo que necesitan los demás, alguien estructurado como yo. Expresó solemnemente. Aquí se me está suministrando la sustancia cohesiva para mantener en su lugar la integridad estructural de todas las unidades separadas de mi conciencia. He de ser... ¡Uno! Y, como no podría serlo si ya no lo soy, voy a cerrar la brecha de la estructura de mi psique que me ha dejado desconectado de las personas que me esperan abajo en el precipicio. Voy a hacer desaparecer los muros construidos alrededor de mi mismo por mi propia mente; y me dedicaré a alzar un sistema de defensa diferente contra el mundo exterior.

El Loco estaba comenzado de una manera absoluta a afirmar, definir, concentrar y disponer su energía, dentro de formas específicas. Ahora sabía que este asilamiento le estaba sirviendo, no sólo para construir una personalidad diferenciada por medio de dicha experiencia concreta, sino para aportar el orden y la estructura necesaria. Estaba comenzando a construir capas protectoras y significativas de conciencia; así como, conservar y rendir honores a lo conocido y probado en el presente que estaba viviendo. Sentía como si la gélida roca lo estuviera invitando a construir desde los átomos minerales hasta el Hombre Perfecto que había en potencia en él.

- Voy a diseñar los prototipos de las construcciones materiales que debo hacer, comenzando por mí mismo. Y voy a construir estructuras fortificadas que aíslen mis fortalezas, para que nadie las vea.

Pero debía actuar con mucha sabiduría, porque fijar las cosas existentes en la rigidez, así como la estructura de las cosas y las fronteras de cada organismo vivo en particular, lo podía convertir en alguien demasiado rígido. Todo lo que estaba sintiendo lo impulsaba hacia la transmutación espiritual, a logros cada vez mayores y a no retener por mucho tiempo las cosas que en él estaban en mal estado. Sentía que tenía que salir de algo que lo poseía desde adentro de sí mismo, pero no sabía qué ni como. Dos cosas lo favorecían: el hecho de saber que él mismo era el centro de toda verdadera autoconciencia y sintonizarse con el verdadero sí mismo. ¿Y el Maestro?

Muy pocas personas se conformaban con arreglarse con lo que tenían, porque querían atar todas las formas a sí mismos, mientras se oponían a todo cambio. Durante una etapa de su vida, el Loco había acumulado y se había aferrado a cualquier clase de propiedad, y a rutinas y rituales que le habían dado seguridad y preservado su autonomía personal. Pero con el tiempo había dejado de ser un hombre de ritos y acabado con los apegos para poder crecer y ser más pleno. Obviamente le era necesario saber actuar de acuerdo con sus necesidades de seguridad y el temor de ser superado. Pero el hecho de aprender que no hay agente externo en forma de obstáculos, lo llevaría a diferenciar entre él y las demás personas

- Voy a tener más voluntad para afrontar cualquier obstáculo posible mientras actúo en el mundo, se dijo dando otra vez un puñetazo en un brazo del trono. Voy a superarlos a todos como si fueran un vicio, a través de la experiencia que estoy viviendo aquí. Nada me va a impedir tener acceso a lo desconocido.

El Loco no era de aquellos que hacían que la mente se frenara y que la personalidad fuera menos fluida, concreta y sólida. No. Él siempre había sabido conducir su mente a la contemplación de asuntos más altos y más ocultos, precisamente, concentrando su actividad en un objetivo, y la conciencia, la experiencia y la voluntad humana en una finalidad. Habiendo sabido cómo separar la mente de los sentimientos personales, manejaba mejor la primera que los segundos; pues había encontrado seguridad a través de su mente concreta obteniendo así una visión de gran alcance. Nadie controlaba el pensamiento como él.

- Ahora tengo que garantizar, concentrar y conservar la energía aplicada, se dijo. Es así como voy a destruir las condiciones existentes por la fuerza del impacto de mi energía.

Como todas las civilizaciones se habían interesado en conservar, garantizar y preservar su existencia y las tradiciones, el Loco había podido depurar y perfeccionar dichos conocimientos existentes, haciendo que lo existente en el plano material obtuviera un nuevo significado. Y ese significado era lo que estaba empeñado en transmitir a la gente. Pero ¿a quienes, cuándo y dónde? Debía darle forma a las ideas, defendiendo lo que pensara y sintiera, y construir su nuevo carácter y los pensamientos que lo inclinaran a la acción. Es decir, pasar de la acción práctica en el mundo externo y presente, a aquello que es su mundo interior de pensamiento.

- He de aprovechar el tiempo que me resta en esta cima para dividir y separar lo basto y lo fino; lo impuro y lo puro; las emociones de las sensaciones; el sueño de la realidad y las influencias groseras de las sutiles. En fin, voy separar lo real de lo irreal, preservando la armonía entre el altruismo y el egoísmo.

Parecía ser como si el Demente estuviera naciendo de nuevo, empeñándose en concretar las posibilidades inherentes a dicho nacimiento, y sacando a relucir las debilidades de la personalidad. Algo estaba haciendo que se conociera a sí mismo como entidad separada, distinta y autoconsciente, al establecer, estructurar y preservar dicha personalidad, y el yo a través del esfuerzo que hacía para permanecer en medio del frío que congelaba hasta su médula ósea.

- He de buscar y lograr la excelencia y la perfección como ser humano que debo ser, se prometió a sí mismo. Desde estas alturas he de remover mi facultad contemplativa para transmutar las perversiones en virtudes por medio de dicha contemplación meditativa.

Y entonces, doblando las rodillas en posición contemplativa, enderezó su columna vertebral mientras un nubarrón negro cubría toda la montaña. Y, en vez de repetir el sonido Aum, fue diciendo pausadamente:

- He de adquirir confianza en mí mismo y en mi propio valor. Voy a acicatearme para cultivar ciertas cualidades y características que necesito obtener bajo presión. He de convertir las ideas en realidad para despertar en mí una verdadera sabiduría

De todos modos, aplicar el conocimiento y presión para lograr ciertas metas, siempre le había dado buenos resultados; pues dicha actitud lo llenaba de fortaleza ante los problemas que se le habían presentado a lo largo de su vida. Nadie como él para abogar por la autodisciplina y la tenaz persistencia a través del tiempo, que le brindaba las más adecuadas experiencias que lo ponían a prueba. Siempre había sido un maestro a la hora de convertir las dificultades en ventajas, asunto que le concedía recompensas tangibles cada vez que superaba un reto. Ahora la vida le ofrecía la oportunidad de sufrir como nunca antes para, a través suyo, aprender a analizar y decidir correctamente los valores superiores.

- Me voy a proponer conseguir mi realización sin importar las dificultades que tenga que superar - exclamó- mientras se doblaba su cuerpo debido a una contracción en su ser interior en pos de una mayor confianza personal y fuerza interior. Debo reconocer la sabiduría de la paciencia y de la oportunidad racional en medio de este dolor que siento adentro de mí. ¿Cómo no voy a buscar la permanencia en las formas perfeccionadas, si mi cuerpo carnal es tan imperfecto?

El Demente pretendía anclar y cristalizar en su forma, aquello que aún no estaba formado en él; quería definir objetivos y lo que se estaba parcialmente formando, y ser él mismo como una forma exclusiva definida, evitando que la forma sufriera alteraciones innecesarias. Entonces comenzó a mover los brazos como si estuviera levantando barreras y muros protectores contra la amenaza de sus heridas, y para no perder su forma y estructura. Quería empeñarse en establecer nuevas relaciones entre el ego y todo lo que formaba su ambiente, para lograr mantener las formas establecidas organizando los principios formativos inherentes a la materia.

- ¡Que lo mejor de la esencia humana se proyecte en mi cuerpo y en la materia! Exclamó corriendo como un loco alrededor del trono de piedra. Quiero equilibrar todas mis emociones, las fuerzas del espíritu y la materia.

Desear la perfección en el plano material, traía implícito el saber desprenderse de la materialidad. Si el Loco intentaba materializar y estabilizar todo lo que tocaba, debía demostrar la naturaleza verdadera del plano material, aprendiendo a reciclar dicha materia. Entonces empezó a palpar su cuerpo, el piso, el trono y las rocas de alrededor como si todo esto le estuviera mostrando las cosas que en verdad duraban; palparlas le permitió comenzar a confiar en cualquier cosa que durara largos períodos, así como en sus los propios recursos.

- Debo buscar un sentimiento de identidad más sólido, exclamó luego de tocar sus ateridos músculos. Debo dar cohesión a las cosas y fragmentarlas para entenderlas mejor.

Palpar su cuerpo no solamente le estaba dando a entender la noción de su ser rudimentario personal, sino la idea de crear una base firme de operaciones para construir buenas pautas de conducta. Esa conducta era lo que le iba a permitir conferir la necesidad de aprobación social que le llegaría mañana. Ya se imaginaba ayudando a establecer el orden social civilizado. Pero ¿dónde? Se veía demostrando el proceso mediante el cual iba a satisfacer su sentido de obligación social en lo público, para obtener reconocimiento en el área de la colaboración y del compromiso social personal que debería ser apoyado y respetado por el resto del mundo. Tal vez el Loco se estaba adelantando a su tiempo. ¿Quién le iba a mostrar en donde sería especialmente sensible a las expectativas y normas sociales?

- Necesito la aprobación social para vivir conforme a alguna norma de éxito o reconocimiento en medio de la gente cuando regrese a ellos, exclamó frotándose las manos mientras trataba de calentarlas con el vaho que salía de su boca. Voy a adquirir identidad dentro de las esferas personal y social

Después de tanto tiempo de estar aguantando estoicamente su situación en la cumbre de la montaña, el Loco comenzó a sentir que ésta ya le había otorgado suficiente estabilidad, poder de concentración, seguridad, profunda penetración a fuerza de largos esfuerzos reflexivos y un espíritu conservador. Podría decir que ya se pertenecía a sí mismo personalizándose; que ya presidia un centro más fuerte del Yo y un centro personal del ser, que le iba a permitir dirigir su atención afuera del yo. Y, entonces, comenzó a sentir que el mundo lo necesitaba para crear teorías de orden cada vez más general.

- Ya sé que la montaña ha sido mi Maestra, dijo en medio de su demencia con la vista dirigida hacía el horizonte. Pero, como ahora debo ayudar al mundo a despertar, voy a minimizar mi vulnerabilidad estableciendo límites apropiados y de autodisciplina en el mundo externo a donde he de descender a trabajar porque ese es mi deber. Ya me he demostrado una resistencia enorme permaneciendo aquí desnudo a la intemperie; ahora debo superarla para poder ocupar mi lugar en ese mundo que me aguarda.

Sería una redundancia decir que el Demente había logrado consolidar lo sólido en él, pero así era. Consolidar, estructurar y organizar el fruto de su experiencia, así como su firmeza interior y la realidad, a través de las experiencias vitales que había aguantado días y noches enteras bajo el temporal. El frío lo invitaba a cristalizar sus supremas ambiciones; las experiencias vividas, la realidad y tanto el potencial perjudicial como el útil que había en él. Lo yermo estaba despertando en él esa superante ambición, el esfuerzo adquisitivo intenso y la persistente, incansable y laboriosa productividad. Sin embargo, sentía que debía transformar dichas ambiciones, así como su estructura laboral y sus prioridades.

- Debo conectar a tierra la realidad cotidiana que estoy viviendo, se dijo arrodillándose una vez más sobre el piso. Tengo que conocer lo significativo que en realidad es todo lo que voy a hacer a través de experiencias muy sólidas y reales; así como establecer patrones de seguridad a través de un funcionamiento muy realista.

La realidad, tal como la entendemos, es muy diferente para cada quien. Pero la verdad es que el Loco sabía cómo infundir capacidad para discernir y, como poseía una memoria tenaz para descubrir los patrones de experiencias pasadas, era eso lo que iba a causar un impacto definitivo en el ambiente en donde iba a vivir, mostrando a los demás aquellos factores que lo ayudarían a ganarse el respeto ajeno.

- Debo seguir el sendero de las correctas relaciones, se dijo. Y sé que me voy a encontrar a la persona adecuada en el momento correcto. Voy a ser en la Tierra lo que ya soy en esencia: justo, parejo y lo más perfecto posible. Dicha actitud me va a permitir dominar en un sentido que nada tiene que ver con el ego.

No sé si las intenciones del Loco eran las de conquistar con el fin de controlar, o lograr el cumplimiento para obtener la completa autonomía, la autoridad, el dominio sobre sí mismo y a la vez mantener dicha conquista. Pero ¿sobre quién? Se había propuesto purificar, espiritualizar y refinar todo aquello con lo que tuviera contacto mediante el dolor, ese dominio de sí mismo, la pena y la resistencia. Había llegado el momento de convertir su deseo en voluntad con el fin de continuar con lo que se estaba imaginando hasta cuando llegara a una conclusión.

- Voy a generar la oportunidad de vivir lo que es mi misión en esta Tierra, se dijo tan seguro de lo que decía, que en ese momento comenzó a entrar en comunicación con todo aquello en lo que quería convertirse.

De su cuerpo, tirado ahí en donde estaba, comenzó a emanar de nuevo una red de rayitos cristalinos, que fueron conectándose con cada poro del lugar y más allá de lo que él alcanzaba a ver. De repente su materia comenzó a elevarse sostenida por este huevo luminoso que la rodeaba, como si siempre hubiera retenido dicha energía para ahora dar todo; ahora, cuando la naturaleza lo encontraba apto para ello. Parecía ser que dicha esencia lumínica lo iba a preservar del caos exterior que lo aguardaba al bajar de la escarpada montaña. La única condición era que, si el Demente quería mantener el capullo intacto, tendría que negar absoluta, esencial y rotundamente toda emoción, impulso pasional y sentimiento externo. Debía romper todas las ataduras que lo ligaran a circunstancias que lo debilitaran, rasgando así la envoltura que lo habría de envolver por el resto del sendero. La crisálida lo iba a individualizar aún por medio de los rechazos ajenos.

- Esta experiencia me ha dado reglas para enfocarme, dijo al salir del estado en el que había permanecido durante toda una noche. Ahora puedo estar a cargo de todo lo que pueda controlar, para asegurarme resultados sólidos y confiables.

La experiencia lumínica, muy por encima de la agreste cima rocosa, había hecho consciente al Loco de sus deberes para consigo mismo con cuantos lo iban a necesitar. Si es cierto que podemos hacer las cosas sólo cuando estuviéramos preparados para ello, el Loco ya lo estaba. Pero, hacer lo correcto y que las cosas fueran concretas, cuando uno es un demente, no iba a ser una tarea sencilla.

- Debo abrir los ojos y ser cauteloso, se dijo imitando una danzarina de ballet. Para hacer permanentes todas las cosas, debo ir más allá de lo superficial poniendo a prueba la fortaleza y la utilidad de las estructuras que me encuentre, dejando intactas las que aún son eficaces.

Pero, si todos defendemos el modo como nos comportamos, el Loco iba a encontrar mucha resistencia cuando quisiera alterar los sistemas educativos, religiosos y sociales de la gente que se imaginaba encontrar en el fondo de la montaña, esperándolo como si estuvieran aguardando un legislador que los dotara de organización, ponderación, perseverancia y seriedad. Conociendo al pueblo, creo que por su parte iban a enfatizar el hecho de tener todo arreglado correctamente y la necesidad de sentirse bien, aislados de la agresividad externa. Si todos queremos establecer e imponer límites necesarios y reglas a nuestro alrededor, y sobre la voluntad para preservar la integridad del ser

¿cómo iba a penetrar el Loco semejante muralla? Sin embargo, él sentía que haber aguantando tanto tiempo en la cumbre, le había proporcionado el tiempo necesario para conocer su propia fuerza y saber escalar cualquier clase de muros.

- Voy a enseñarles a hacer las cosas bien, a seguir las reglas, a respetar a los mayores, a ser pacientes, a soportar todas las dificultades como yo lo he hecho. A cómo ser y cómo devenir con una actitud y conducta correcta; así como la capacidad de sobrellevar la vida, de ser tolerantes, de trabajar lenta profunda y duraderamente. ¡Sí, la gente me necesita!

Parecía ser que el Demente se estaba sintiendo ahora como un loco legislador, queriendo imponer leyes para un pueblo imaginario ubicado en alguna tierra prometida perdida en su loca mente. Pero, desarrollar tanto autocontrol, autodisciplina y el sentido del ahora, podría llevarlo a vivir más frustraciones de las que se imaginaba. No es fácil que alguien nos empuje a ser cautelosos, esforzados, prudentes, sobrios, tenaces; o a tomar conciencia de nuestra vulnerabilidad y de los puntos débiles para corregirlos y superarlos. En especial esto último.

- He de mostrarles cómo establecerse y preservarse a través del esfuerzo, continuó diciendo en su locura. Les indicaré el valor de aquello que le pertenece a cada quién, pero también la relatividad de todos los valores tangibles. Sé que eso les hará poner a prueba sus habilidades, ideas y valores.

Y, de pronto, el Loco comenzó a hacer algo increíble. Con un esfuerzo sobrehumano logró arrancar un par de pizarras de una de las altas paredes que formaban la cima y con su dedo índice derecho empezó a escribir en ellas como si fueran un par de tablas de piedra.

- Voy a enseñarles la ley de la aceptación, la moderación y la paciencia; como aquella que yo he logrado, se dijo apoyando su despelucada cabeza sobre su puño izquierdo. Voy a enseñarles a forjar la austeridad para que sepan cómo son realmente las cosas desde un punto de vista objetivo y práctico. Voy a hacerlos más fuertes, profundos, sólidos y con la velocidad justa para que comprendan que una lección se aprenda antes de emprender la siguiente. Voy a exigirles cultivar el desapego, la ecuanimidad y la paz. Voy a enseñarles a canalizar los esfuerzos para obtener lo que pidan, pero sabiendo aplicar la ley. He de obligarlos a excluir de la conciencia aquellas partes que no gustan de sí mismos y que los hacen sentir incómodos. Los voy a doblegar a ser morales y a impartir las lecciones que necesitan aprender para crecer. Voy a ponerles las cosas en su lugar y a mantenerlas así eternamente, defendiendo estos propósitos que les llevo por más difíciles que les parezcan, y en la sequedad de una sabiduría que busca hacer iguales todas las cosas.

Los últimos renglones los estaba escribiendo con su sangre, porque por más duras y largas que tenía las uñas, ya éstas no le daban para más. El Loco, definitivamente, estaba siendo poseído por algo en su interior que no sabía qué era. Entonces ¿quién estaba escribiendo todas estas leyes: él o quien se las ordenaba desde su interior? Tomar las estructuras establecidas que se iba a encontrar y cuestionar su valor, lo podría llevar a intervenir en todos los procesos de estabilización de las personas que se iba a encontrar al descender. Plantearles exigencias a los demás, cuando ellos solo querían persistir en lo antiguo y evitar el advenimiento de lo nuevo que él les traía, le podría acarrear un descalabro descomunal. Parecía ser, entonces, que al Demente le faltaba mucho por reflexionar y considerar asuntos que revestían seriedad para los demás. ¿Cómo iba a ir contra estructuras que durante siglos habían protegido y dado seguridad a las personas a través de logros concretos, la inseguridad o los sentimientos desagradables que sentían? Para pretender remover todo aquello que no funcionaba o no fuera productivo para alguien, él necesitaría saber cuándo y por qué las cosas ya estarían desgastadas. Y salvar cualquier parte que funcione antes de tirar el resto, no era algo que se pudiera hacer a la carrera.

- Voy a empujarlos contra la inercia, dijo levantando cada una de las tablas para ver qué tal le habían quedado escritas. Perfecto, no hay ningún error de ortografía. Ya tengo todo clasificado, definido y ordenado. Ahora voy a permanecer firme en la reunión de mis objetivos; así como neutral y normal en el punto del resultado cualquiera que logre entre la gente.

Pero el Loco estaba más confundido que nunca con respecto a la multitud. Una cosa era propiciar la iniciativa acerca de lo que da consejo, duración, firmeza, permanencia, respeto y solidez; y una muy diferente indicarles qué tipo de trabajo importante tendrían que desarrollar, cuando a la masa lo único que le interesaba era la insaciable tendencia adquisitivo-acumulativa y conservadora en que siempre habían sido educados. El Loco era experto en hallar situaciones que siempre le habían permitido el control, la conducción central de sí mismo, así como estabilizar y madurar las facetas de su propio ser; pero, por mostrar a otras personas la facultad que más debían disciplinar, era el motivo por el cual los Cristos siempre eran crucificados.

- Lo primero que he de hacer cuando me encuentre con ellos, es segar los efectos de causas pasadas en su vida. Estas leyes que he escrito en semejante par de tablas de piedra, han de ayudarles a mantener las cosas en funcionamiento a través del esfuerzo necesario, así como a trabajar siempre en algo y sobre ellos mismos. Yo sé que esto ha de traer grandes recompensas a la persona que aprenda cómo esperar por ellas.

El Loco estaba emocionado imaginándose cómo iba a revelar en dónde el pueblo hallaría experiencias importantes y ponderadas, mientras él les enseñaba cómo preservar los compromisos y todo lo que es. Les iba a revelar cómo la gravedad se había apoderado de ellos; así como el sentido de mantener inmutabilidad en la perfección, pero no la indiferencia.

— Todo lo contrario, se dijo. La inmutabilidad les ayudará a refinar cualquier cosa; a retener una parte de sus trabajos más allá de su control; a sintetizar lo que sea y a preguntarse por el propósito intrínseco de su vida. Voy a regenerar a los bárbaros para que se alegren al pagar las deudas adquiridas en su destino. Y, mientras la vida los recompensa con cosas pequeñas pero firmes, yo voy a morir por el objeto de mis afectos...

Pronunciada la última frase y pensando que había llegado el momento de bajar de la montaña, entonces se sentó oteando el horizonte esperando ver volar al águila que le había ayudado a ascender un buen trecho de la empinada cuesta; pero ni la veía ni la oía chillar en lontananza. En ese momento se le ocurrió una idea genial: cerrando los ojos lentamente, fue trayendo a su fantástica memoria visual el instante aquel cuando el Monje de la caverna se había convertido ante sus ojos en serpiente y luego en ave fénix; y, apretando firmemente las tablas de su propia ley contra su pecho desnudo, cerrando los ojos y convocando en su mente imaginaria la presencia del huevo esplendoroso que lo había encerrado antes, éste se fue materializando a su alrededor para envolverlo suavemente con su luz, como quien recoge un delicado pichoncito tirado en suelo; y, elevándolo por los aires huracanados ascendió, para en seguida descender con él depositándolo muy delicadamente en medio del paisaje aquel en el cual había estado en el momento exacto en que el ave lo había arrebatado encumbrándolo por los aires.

LA UNDÉCIMA PUERTA

La transparencia del lumínico capullo le dejó percibir al Loco que no estaba solo. Al otro lado de la etérea malla que lo envolvía, le parecía ver y oír a un grupo de personas cual si fueran trozos coloridos de vitrales que, moviéndose afanosamente de un lado para otro, formaban un solo conjunto. De pronto, abriéndose una delgadísima fisura en medio de su áurea protección, el Demente, levantándose de la posición fetal en la cual se encontraba, y saliendo del capullo con las tablas de su ley levantadas con ambas manos entró, de nuevo, a la realidad del mundo que lo aguardaba diciendo: fraternidad, igualdad y libertad para todos vosotros.

Pero el espectáculo era aterrador. Toda la gente que había encontrado en su camino estaba a la espera de que él descendiera de la montaña; sin embargo, y como se estaba demorando más de la cuenta, estaban celebrando una verdadera bacanal. ¡Cómo no! Los primeros bárbaros habían llegado con todas sus mujeres desde aquel pueblo lleno de tesoros y riquezas materiales. Y, en su búsqueda del Loco, habían invitado al viaje a aquellos que se habían quedado con los bañistas. Cuando todos cruzaron por la plaza de mercado se trajeron con ellos al Bufón y a todos los eruditos. Y después de almorzar y cenar en la aldea de las matronas también las convidaron en su viaje con todas sus familias; inclusive se habían traído a los aldeanos agricultores con todos sus animales y productos; hasta a los leprosos estaban con ellos.

Al Loco le pareció distinguir entre el gentío a la bella mujer del jardín encantado. Y debía ser ella porque, con un ramo de flores en sus brazos, le preguntaba al bárbaro que se había quedado con ella: como te amo, eres libre. ¿Me amas, me amas? Mientras el salvaje le contestaba: pero si cuando nos casamos te dije que te amaba, ¿acaso no es suficiente?

- ¡Que todos seamos hermanos! Exclamaba el muchacho aquel que lo había acompañado a la cueva; agarrado aún del brazo del otro joven andante aún con su libro negro en la mano.
- ¿Y el monje? Preguntó el Loco.
- Calla, calla, dijo la enferma mujer devolviéndole su caracola. Recuerda que él era nada más que la encarnación de lo que tú querías ver.
- Demuéstramelo científicamente, le decía uno de los eruditos al muchacho del libro.
- No sé cómo demostrárselo, solo sé que el hombre se hace Yo por medio del Tú, le contestó.
- Es muy fácil, les dijo el Bufón metiéndose en la charla. ¿Acaso no han oído la advertencia que dice: Hombre, conócete a ti mismo?
- Sí, pero la información ha de ser libre, reviró otro de los eruditos.
- Precisamente, respondió el Bufón. Por eso es válida la otra advertencia que dice: no hay que poner vino nuevo en odre viejo.
- Pero es que sólo tengo curiosidad de saber si me amas, insistía mientras tanto la bella mujer ante el bárbaro.
- Pues uno para todas y todos para una, le contestó ofuscado. Además, yo busco una pareja que me deje ser libre como yo deseo, porque soy eso.
- Yo sé, exclamó la vaporosa mujer. Pero es que si no indago si me quieres, de pronto invento que lo haces.
- Intelectualizas mucho el amor, le contestó el guerrero.
- Tienen que agregar un toque personal a todo lo que hagan, dijo una de las matronas blandiendo un cucharon en su mano. El destino nos pone al lado a las personas que más necesitamos, pero de nosotros depende cómo cocinamos la relación. Todo en esta vida es veneno, porque mucho beso también raspa la jeta. La dosis es fundamental en todo.
- Hay que hacer que el amor no sea personal, le aconsejó a su vez la mujer enferma arrojando a un lado

su cayado y mostrándole al Loco cómo ahora podía mover su brazo en todas las direcciones. Ya no me duele, ya no me duele, exclamó brincando de la emoción. Después de haberte oído ya nada me duele. Estoy feliz Loco ¡Gracias por haber aparecido en mi vida!
- Y yo quiero decirte que también te amo, exclamó una hortelana cargando un canasto lleno de huevos y semillas. Decirte que se me explota el corazón y especialmente hoy en el día que volvemos a verte. Te siento muy ilusionado, como si fueras niño chiquito con una gran torta entre tus manos.
- No, no es una torta, son las tablas de mi ley, le contestó el Demente.
- Siento mucha emoción y es el regalo más grande que me da el universo, poder verte de nuevo. No me importa que los demás bárbaros y la gente que nos acompaña no sepan interpretarlo: para mi es una gran muestra de amor verte tan contento como te estoy viendo. Aquí trabajando mientras regresabas, no he dejado de pensar en ti; y sobre todo, porque nadie te ha dado el gran afecto, respeto y amor que te tengo. Cuando las generaciones futuras cuenten tu historia, quiero participar contigo sin decírselo a nadie; y eso para mí es difícil, porque estamos rodeados de seres celosos e inseguros. Mientras regresabas, la única persona con la cual he hablado es con esta enferma mujer. Ella también te ama y no tiene ego; como eso es amor, sé que para nada se sentiría celosa ni envidiosa, solo quiere ayudarte y verte feliz al igual que yo. Te amoooo Locooo.

El Demente miraba aterrado a toda esta gente que parecía más loca que él, pensando que tenía que ponerse a clasificar las piezas del rompecabezas. ¿Cómo iba a hacerles comprender que todos eran parte de una totalidad mayor? Como necesitaba comprender y tolerar las múltiples voces disonantes de la humanidad en la que le correspondía vivir, se sentó a escucharlos con el fin de conocerlos y así conducirse como si fuera un miembro común y corriente de dicha comunidad. Era demasiada la gente pues, además de sus bárbaros y las personas que había conocido, cada quien había llegado con sus familias y amigos. ¿Cómo iba a poder coordinar con desapego a tantas personas y conceptos? Él había establecido unas leyes y enunciado algunas pautas que iban a determinar el comportamiento humano. Pero ante semejante caos ¿qué hacer con su par de tablas de la ley, que habían estado en contacto con las leyes universales? ¿Cómo iba a evidenciar y comprobar científicamente todas las leyes de la creación?

- Debo mantener en secreto mi condición de "elegido" se dijo. Voy a hacerme pasar por ser un Maestro Disimulado, como lo era el Monje de la cueva; porque necesito moldear este caos para darle una forma útil e innovadora, mostrándoles a todos los nuevos caminos. He de ser el "agua de vida derramada para las personas sedientas", de forma tal que pueda suscitar en ellos el espíritu creador, la compasión, la cooperación, el amor y la perspectiva global de sus vidas.

El Demente quería trabajar permaneciendo fiel a sí mismo y a su impulso primigenio a cualquier costo, pero trabando amistad con todo el mundo para poder transmitir lo adquirido. Pero como ya antes alguien se lo había dicho, él parecía un Loco desquiciado que trataba de domar a un grupo de bestias salvajes. Y era entre esa clase de gente instintiva, que él pretendía unir lo racional con lo irracional para crear algo completamente nuevo; y todas las consciencias separadas para hacerlas trabajar por una meta común. Definitivamente este tipo estaba... Loco.

- Voy a volverme el maestro servidor de esta gente porque soy la conciencia del grupo, exclamó solemnemente volviendo a poner el antiguo caracol sobre su cabeza.

Entonces, el Lunático se detuvo un momento al darse cuenta que estaba sin ropa. Su aspecto era bastante ridículo: un tipo desnudo, con un caracol en la cabeza y dos tablas de piedra en sus brazos. ¿Era esta la clase de persona que pretendía cambiar a la sociedad entera y al universo mediante sus ideas originales, para que se convirtieran en lo que él pensaba que deberían ser? ¿Cómo un loco así iba a poder desarrollarse como líder de toda esta gente? ¿Cuál iba a ser su arma secreta para lograrlo?

- ¡El amor!, exclamó una y otra vez mientras daba vueltas danzando como un loco en medio del gentío. Mi libre amor al prójimo hará que crean en mí.

Fue tal el júbilo de su expresión, que la mujer del jardín encantado, al percatarse de su presencia, corrió no sólo a abrazarlo sino a cubrir su desnudez con los vaporosos y transparentes velos anaranjados que vestía.

- Te amo Loco de mi jardín encantado, le dijo estampando un beso en sus fríos labios. ¿A qué has venido Lunático de mi vida? ¿Acaso has venido por mí?
- He venido a salvarlos a todos ustedes de la ignorancia, incluyendo hasta la más pequeña de las criaturas que los acompañan. Contestó el Demente acomodándose el transparente velo en sus hombros. Y necesito tener a mi lado personas receptivas y espiritualmente sensibles como tú.

En ese instante una mujer de pelo corto salió de entre la muchedumbre abriéndose paso con toda su fuerza, como si fuera una Luna Llena. Era una de las grandes matronas del pueblo aquel en donde lo habían alimentado tan amorosamente; venía cargada de canastos con galletas y frutas; de mágicas piedras, cuarzos y ágatas. Apenas estuvo enfrente de él se arrodilló y acariciando sus encallecidos pies, los introdujo en un par de sandalias de cuero que traía debajo de su delantal.

- Son para que no te hieras al andar con nosotros, le dijo sonriendo. Yo también te amo, pero a veces es tan fuerte la manera en que nos descubres y nos dices las

cosas que tenemos por dentro, que hay momentos en que no lo resisto.
- Pero es que yo, como tú lo haces en este momento, quiero dar más que recibir, y de una manera desinteresada, respondió levantándola. Quiero dar luz a todos ustedes cual si fuera un instructor. Estoy buscando personas como tú, que se ajusten perfectamente al esquema de construir sociedades ideales para mejorar la convivencia humana.
- Entonces, ¡llévame contigo! Exclamó ella abrazándolo. Como yo también me preocupo auténticamente por el bien de todos, quiero alimentarte.
- No, eso lo voy a hacer yo porque te amo mucho más que ellas. Exclamó de repente una voz que salía detrás de un grupo de bárbaros. Mira la cantidad de huevos que te traigo, dijo la hortelana mayor mostrándole el interior del canasto que cargaba. Era una de las aldeanas que le habían enseñado a manejar las herramientas sembrando semillas de la huerta. Si por mí fuera, me quedaría al lado de este Loco todo el tiempo; porque entre lo lindo que habla y todo lo que sabe...
- Eres como mi madrina le dijo el Loco apretándose un tanto las correas de las sandalias. También te necesito porque tienes un carácter amistoso y fraternal con todo el mundo. Tú me ayudarás a concebir el futuro como si ya estuviera aquí.

El Loco estaba feliz porque del afecto que le profesaba la gente, estaba comenzando a surgir una especie de entendimiento acerca de la relación de cada cosa y de cada ser con cada uno de los demás, sin centrarlo en el yo ni limitar la vivencia sólo a las relaciones entre dos personas.

- ¿Pero si te dejarás amar para siempre? Preguntó una de las matronas.

El Demente no contestó porque sabía que no era bueno hablar a los demás de sus utopías. Su estrategia siempre había sido "alejarse" lo más posible de los demás, cuando le tocaban ese tema.

Él sabía cómo derribar las barreras que lo separan de los demás, menos esa. Esa que le pedían. Tal vez el hecho de controlar los aspectos de su naturaleza que interfirieran con su realización, lo habían llevado a buscar la libertad de expresión y la verdad; para con ello contribuir al logro de los bienes derivados del conocimiento irrefutable de los misterios de la evolución. De qué estaban enamorados: ¿de él o de lo que él representaba?

- Ustedes pretenden conquistar en mí lo inexplicable, les advirtió. Yo sí amo intensamente, pero la libertad y la verdad.
- ¡Estás bello, pero la gente no sabe quién eres! Creo que a ti como a mí, las estrellas nos hablan. Exclamó de repente la aldeana que le había traído los huevos, ahora llena de semillas. Venía descalza con sus uñas pintadas de rojo, que más parecía una loca como él danzando sobre el verde prado. Te he traído estas semillas para compartirlas con los hijos de todos tus bárbaros; porque dan la idea de parecer una civilización en expansión.

El Loco se quitó su caracola y la puso a manera de recipiente frente a ella, para que pudiera echar allí todas las semillas que traía. Algunas personas querían ayudarlo en sus asociaciones fraternales para vivir en un mundo idealmente humanitario. Pero, pensar en términos de una sola humanidad y de una sola vida, no era para todo el mundo; la autoexpresión a través de movimientos colectivos y fraternidades, tenía más enemigos de lo que el Loco pudiera imaginarse. Aportar al mundo ideas científicas e innovadoras y algo de valor duradero a la comunidad, iba en contra de mentes más retrógradas que podían ver en el Demente a un verdadero loco. Y los primeros enemigos de la reforma revolucionaria de la civilización que quería llevar a cabo el Orate, serían los mismos bárbaros.

- ¿En donde están el par de jóvenes que se fueron juntos cuando ascendí a la montaña? Preguntó.
- Aquí, estamos contestó uno de ellos con un venado a su lado. ¿Nos necesitas?

- Sí, pero primero se necesitan ustedes a sí mismos, contestó el Lunático. ¿Van a prestar servicio a la humanidad, buscando el bienestar de la sociedad en la cual nacieron?
- Sí, exclamó el joven. Quiero ser un trabajador del mundo y alguien útil a un extenso grupo de personas o a un propósito humanitario.
- Pero primero tienes que darte cuenta de tu responsabilidad individual hacia el grupo y pedir disculpas a todos los que has ofendido. Le advirtió el Loco. Para responsabilizarte del bienestar de una comunidad, primero tienes que ser consciente de la belleza de la vida y del interés grupal.
- ¿O sea que debo aceptar, conformarme y tolerar los defectos propios y ajenos en la imperfección humana? Preguntó el otro caminante cerrando el libro negro en sus manos.
- Tienes que conocer la conciencia grupal si quieres construir sociedades ideales. Respondió el Demente.

El Loco sabía que no era fácil conducir al discípulo o iniciado al servicio mundial, produciendo la actividad grupal y la utilidad vital. Pero buscar la creación y su aplicación actualizada y práctica a las actividades humanas, era lo que debían hacer este par de jóvenes. El mismo Chiflado estaba aprendiendo a transmutar el servicio prestado a su personalidad en la solitaria montaña, en servicio a la humanidad.

- ¡Yo te vine a querer y no a amar! Exclamó de repente la campesina interrumpiéndolos. Mucha de la gente se cree que tú no crees en Dios.
- No les hagas caso -le dijo- pues tengo la suficiente capacidad para controlar los comentarios adversos más diversos. Más me interesa buscar justicia global para todos y crear, en términos de conducta social, un cambio benéfico y un todo que sea mayor y mejor que la suma de sus partes. Además, la gente prefiere creer en Dios para calmar su conciencia, que creerle a Dios.

Porque, entonces, les tocaría amar al prójimo y hacer otras cosas que él manda.
- Pues yo busco lo mismo que tú porque soy muy inteligente, acentuó ella.
- Es que quien no busca más es porque está muerto o porque ya se liberó. Sentenció el Demente. Por eso es mejor observar a los humanos como una gran fraternidad, promoviendo la cooperación, la igualdad y la tolerancia entre ellos.

De pronto la campesina, parándose al lado del Loco, mirando a la muchedumbre y elevando su voz ante ellos exclamó: ¡Yo soy la mensajera del más allá, para ustedes los del más acá!

El Loco presentía que ella quería definirse a través de la interacción social, apoyando causas grandes y nobles, como la de este Demente con quien se identificaba tanto. Pero identificarse con una causa social, un grupo o con la humanidad, había que saberlo hacer; pues no se pueden ofrecer ideas con agrado y su participación en el crecimiento de la conciencia colectiva, sin destruir antes todas las limitaciones que se encuentren por el camino.

- Es bueno poner a esta gente a pensar y, además, dejarlos pensando, le dijo el Loco. Por tal motivo ayúdame a consolidar mi destino por medio de sus ideales innovadores y revolucionarios, actuando con desapego. Porque si nuestra felicidad está en ayudar a la gente, su ingratitud no nos puede afectar; porque, precisamente, verlos felices fue nuestro pago.
- ¡Vamos a perfeccionar a toda la sociedad! Exclamó ella emocionada. Debemos transmutar la vida autoconsciente en sensible percepción humanitaria. Pero debes ayudarme porque a veces me siento insegura de mí misma.
- Tienes que actualizar la conciencia absoluta para poder alcanzar lo remoto. Le contestó el Loco alentándola. Debes consagrarte como yo, al servicio del Todo.

- Pero es que ya estoy mayor de edad y no tengo tanta energía como antes, mi lindo Loco. Yo antes no paraba y me bastaba a mí misma. A veces quiero hacer una cosa, pero el no tener tanta energía como antes me genera inseguridad.
- Pues busca la paternidad espiritual o física, para hacer donación de ti misma a dicha entidad superior y que él realice todos tus asuntos usándote como instrumento. Concéntrate más antes de tomar alguna decisión y luego aplica tus brillantes soluciones.
- Pero es que a veces no sé ni lo que quiero, dijo ella tomándolo de una mano. Y eso que ni siquiera sé qué edad tengo.
- Bueno, eres la eterna juventud. Exclamó el Loco mientras la sacaba a bailar por la pradera, ante los ojos aterrados de quienes estaban a su alrededor.
- Siento que la música viene de adentro de mí, exclamó ella ¿Qué tengo yo contigo? Eres muy especial para mí, pues tu alma me pone como una persona nueva y rozagante, mientras me das sabiduría. ¿Por qué sabes tanto? ¿Por qué yo, que soy más vieja que tú, no usé mi tiempo para aprender lo que tú sabes? De ti aprendí, por ejemplo, que cuando las cosas están difíciles hay que sentarse en la canoa con los remos en la mano, y ver pasar el paisaje mientras el río nos lleva afuera de la oscuridad. Dijo sintiéndose como velero llevada por la brisa que producía el baile con su amado Loco.

El Demente siempre había sido un maestro a la hora de conceder libertad a las diferentes ideas de los demás, para que éstos se comprometieran más con sus asuntos personales. Y sabía desarrollar los poderes psíquicos superiores, así como una consciencia grupal que llevaba a la gente a cooperar con la jerarquía divina, para construir cosas según su propia visión interior y su forma de ver el mundo. Pero, para corregir los males de la sociedad y descubrir lo que es correcto o verdadero, y ciertas tendencias sociales mucho antes que los demás, era necesario que el Loco participara más activamente con la comunidad.

Y así, después de un largo tiempo de construir con ellos muchos proyectos de vida, se sintió contento de que a su gente le gustaran las reformas y todo lo que tenía un carácter social. Le había costado mucho tiempo desmenuzar y desmontarlo todo y en particular el pensamiento ajeno, para estudiarlo por partes y reconstruirlo de un modo totalmente nuevo. Había sabido difundir sus ideas innovadoras a la totalidad de la sociedad, así como estabilizar la razón en el interior de cada individuo. Los hijos de los bárbaros se educaban correctamente y se alimentaban mejor, de forma tal que su promedio de vida había comenzado a aumentar. Es decir, el Loco había logrado cristalizar en el mundo físico todas sus creaciones mentales; aquellas que había tenido en la cresta de la montaña.

Pero lo que el Loco no recordaba, porque no lo sabía, era todo lo que le había dicho la sombra oscura que en algún momento había salido de su interior cuando él estaba completamente indefenso, tirado allá en la dura y fría roca en la cima de la cordillera.

- Debo mantener mis amistades a nivel mental para que lo emocional no sea una traba en mi destino, se dijo un día pensativo. Solamente voy a continuar dibujando las líneas de mis puntos de vista para inspirar a otros. Jamás debo olvidar que soy primera y última autoridad de mi mismo; y que debo conservar mi independencia mental y una absoluta falta de compromisos emocionales frente a la vida práctica. Es decir, lo emocional no se puede adueñar de mí, para así tener las energías correctas a mis órdenes en el momento preciso.

El Demente pensaba que si podía mantener a raya las emociones negativas, tarde o temprano podría entrar en contacto con grupos más avanzados en lo que él conocía como "el círculo consciente de la humanidad". Pero iniciarse en sectores mayores del conocimiento, y a la vez involucrar a otros en sus planes así como involucrarse en los planes de otros, siempre traía aparejado el peligro de identificarse con alguien y comenzar a sufrir por ello.

- Debo luchar para mantener mi individualidad y libertad, se dijo una tarde recordando lo que había construido socialmente durante los últimos años. Voy a seguir expresando ideales y la actividad de la mente que ha sido iniciada en los propósitos de la Mente Universal que comprendí en mi soledad. He sabido llevar al alma a colaborar en forma activa con el plan interno de Dios y empleado mi experiencia, con el fin de convertir el conocimiento adquirido por el sendero recorrido, en un factor de servicio.

Él sabía conocerse de una manera impersonal y objetiva para mantener su individualidad, mientras iba fomentando la independencia individual y las aptitudes prácticas en las demás personas. Es decir, sabía aunar lo práctico y lo teórico a la hora de medir la extensión de su independencia. Se había destacado mediante la lógica, el intelecto y la objetividad, de un modo pacífico como jamás los bárbaros lo habían vivido. Y éstos, a su tiempo, habían podido desechar las viejas normas, porque el Loco les había demostrado que, tal vez, ya no servían.

- Hemos sabido romper alegremente con el pasado, le confesó un día el peregrino del libro negro.
- Así como convertir los métodos viejos en novedades, agregó el muchacho del venado que se había topado en las afueras del jardín encantado. Siempre me habían perturbado las actitudes e ideas petrificadas y gracias a usted ahora creo más en mí mismo.
- Pero no es fácil huir de lo hereditario y de lo tradicional, confesó el caminante. A veces eso lucha en mi interior de una manera dramática; porque si rechazo todo lo ancestral, la comunidad acabará rechazándome a mí. ¿Qué hago, Maestro?
- Hacer las cosas a tu modo y que la verdad se conozca a toda costa, contestó el Loco enfáticamente. Pero dime: ¿por qué me llamas Maestro?

- Porque ahora que lo recuerdo, fue a usted a quien vi en la cima de la montaña, contestó. Tan sólo que, como estaba actuando como si fuera un loco que no sabía lo que hacía pero sí lo que decía, me quedé escuchándolo atentamente hasta cuando se me perdió de vista. Oírlo tan atentamente y durante tanto tiempo, me enseñó a reunir las fuerzas del conocimiento creador y elevarlas a la máxima potencia en mí mismo. Ahora sé que debo sustituir las estructuras culturales, educacionales y sociales, así como los conceptos y métodos gastados y viejos de mi comunidad, por innovaciones mejores y más apropiadas para que ellos puedan seguir prosperando como consecuencia de dichos cambios.
- Tener puntos de vista futuristas sobre el ser humano no es algo tan sencillo, le respondió el Loco convertido ahora en su Maestro. Primero tienes que servir en campos mayores de esfuerzo humano, e inventar métodos nuevos para hacer cualquier cosa entre tu gente. Luchar por traer al mundo una conciencia superior y cósmica siempre nos cuesta la muerte... Recuerda lo que sucedió con tu padre y con otros Locos del pasado.
- Pero ¿por qué siempre tiene que ser así? Preguntó el peregrino intrigado.
- Porque trabajar con gente u organizaciones que traigan algún ideal universal, siempre hace nacer la envidia y los celos de poder. Pero no importa; lo que tienes que hacer es llegar al fondo de la verdad, llenarte de ella y derramarla luego al exterior. Mientras te matan... ámalos.
- Enséñame a tener una cosmovisión imparcial y desapegada de las cosas, así como la tuya. Le dijo su andante discípulo. ¿Qué necesito para lograr tu estado de desapego?
- Tienes que saber usar el recto conocimiento, la intuición y la perfección espiritual, utilizando la técnica de complementar los pares de opuestos con fines espirituales. Es decir, no dejarte afectar por nada ni nadie, mientras aprendes a verter sobre la humanidad la

fuerza de la vida y de tu energía espiritual. Ámalos mientras... te matan.

Pero matar o negar todo egoísmo personal siempre ha sido uno de los asuntos más difíciles de lograr en este mundo; y, más aún, cuando el individuo no ha sabido valorar la nobleza de los sentimientos ajenos. Para intelectualizar la sensibilidad ajena, despreciar la sensiblería, resistir todas las pasiones del mundo y vencer las limitaciones del mundo físico y su orgullo, se necesita ver al mundo desde un punto de vista macro. No bastaba con ser democrático, distinto a los demás, extremista, humanitario, innovador o el miembro dominante de un grupo original; se necesitaba permanecer libre distribuyendo energía y vida.

- ¿Y qué es ser libre? Preguntó el joven acariciando su venado.
- Que nada te afecte, respondió el Loco. Que cada vez dudes menos y tengas más fe en ti mismo. Tienes que percibir la idea que late en el fondo de las cosas y saber cómo funcionan, sin involucrarte tanto con las personas.
- Quiero introducir una vida más abundante en mi gente, confesó el joven cabizbajo. Ya yo tengo mi propia ciencia, ética, lógica y psicología, pero me parece que va contra la de ellos. ¿Qué puedo hacer?
- No te queda más remedio que tomar contacto con el Maestro interno y que él te guíe, respondió el Loco. Porque si todo te va a seguir afectando, los de aquí afuera nada podemos hacer por ti.

El Demente quería abrir al muchacho a nuevos descubrimientos e intuiciones; despertar su curiosidad de buscador y de explorador del camino hacia adelante

- Pero ¿y si elijo un camino distinto al que usted me indica o cambio constantemente el rumbo, qué pasaría? Preguntó el mozo.

- No importa, contestó el Lunático. Sencillamente vas a darte cuenta de que hay muchos caminos hacia Dios y hacia tu propia presencia en ti mismo.

Al Loco siempre le había gustado hacer que las personas se encontraran con mundos totalmente extraños, mostrándoles una realidad superior y otorgándoles una visión intelectual e intuitiva de una vida más vasta. Pero, para poner a la persona en contacto con el Dios Vivo que fluye a través suyo, le correspondía a cada quien cortar con sus creencias pasadas y aventurarse por partes inexploradas de su propia naturaleza. Producir desarrollo espiritual, evolutivo y natural, definitivamente no era para una masa de individuos, sino para quienes tuvieran una mente abierta.

- ¿Cómo hago para lograr paz en mi mente? Háblame de ella, dijo el joven sentándose al lado del peregrino y del Loco.
- Ya te lo dije: tienes que abrir la puerta a la mente inconsciente colectiva, a la era del crecimiento mental e intelectual, y a una visión más fascinante de la vida. Porque me parece que ves tu vida desde un pequeñísimo marco de referencia.

Al inexperto joven le resultaba verdaderamente difícil acelerar y amplificar el pensamiento racional, así como el ritmo de la naturaleza. Necesitaba actuar como agente estimulante que empujara su propia vida más allá de las barreras puestas por él mismo, y pensar de una forma nueva y original. El Loco le estaba anunciando ideas más recientes y la más rápida forma de la transmisión de éstas, como si se estuviera apoderando de él por medio de dichas ideas.

- Voy a asumir mi responsabilidad para interpretar o traducir estas nuevas ideas en los términos de una ciencia o de una filosofía útil para mi crecimiento, dijo sabiamente el muchacho. Tal vez así pueda atraer a otras personas y nuevas relaciones, por mis nuevas ideas revolucionarias.

- Pero tienes que saber que buscar ideales y visiones que ayuden a ordenar y dar significado a tu existencia, no significa que los demás te las van a aceptar, le advirtió el Loco conociéndolo. Primero tienes que comprender, observar y tolerar desde un punto de vista más amplio y libre de prejuicios, que en el mundo hay cabida para todos los comportamientos, ideas e incoherencias. El hecho de concebir ideas que si no funcionan deben ser renovadas, primero debe ser un proceso interno.

El Loco quería crear en el muchacho un estado de equilibrio interior, de forma tal que la mente pudiera elevarse sobre el dualismo conflictivo que siempre lo había dominado. Él jamás había conocido a alguien tan inteligente, además del fallecido padre del compañero de andanzas sentado a su lado. Por eso el Demente estaba empeñado en darle el motivo para destrozar o destruir la barrera mental de su ilusión de la separación; así como las pautas rutinarias de conducta inconsciente y su status quo estático, para que pudiera crear las condiciones necesarias para que se impusiera en él un orden de vida más elevado.

- Estás dotado de una mente original y sana, le dijo el Loco viéndolo deprimido. Y es en momentos así cuando tienes que aprender a elevar y a estimular tu intelecto y la mente, para abrirlas y activarlas mucho más.
- Tengo que recordar que el cerebro tiene mayor número de conexiones posibles entre células nerviosas, que el número total de partículas atómicas que hay en el Universo, formuló el muchacho abriendo sus grandes ojos.
- ¿Ves? ¡Esa es tu inteligencia innata! Exclamó el Loco bailando en una pata mientras lo abrazaba. Por eso estoy estimulando tu intuición, tu mente y las relaciones no ortodoxas, para que experimentes con nuevas tendencias y corrientes del pensamiento.

Formar nuevas pautas de comprensión, siempre indica a la persona el área en la cual cuenta con el potencial para expresar ideas innovadoras, y para alterar situaciones caducas que no satisfacen a nadie. Pero, individualizar y personalizar dichos conceptos e ideas, siempre atrae a mucho enemigo del progreso y de pensar de una manera diferente. Precisamente, el Demente les estaba indicando al joven y a su amigo peregrino, el área en donde contaban con el potencial para expresar ideas innovadoras que pudieran alterar situaciones arcaicas que ya no satisfacían la necesidad de la gente en donde habían nacido.

- Necesitan a su lado gente de su misma edad o más jóvenes, les advirtió conociendo el futuro que les aguardaba. Los mayores no van a querer ni poder cambiar sus conceptos anquilosados. Ustedes pueden materializar sucesos que sacudan momentáneamente la solidez, la seguridad de los valores sociales y los pensamientos apoyados en la tradición; pero es tan sólo eso: momentáneamente.
- Pero yo creo que ya cuento con la capacidad suficiente para sintetizar la información que he recibido, le dijo el andante señalándole el libro. Me siento capaz de mezclar la información que se haya recopilada aquí, añadirle la mía y con ellas formar un todo nuevo y sólido. Con este libro he encontrado mucha paz con migo mismo; ahora entiendo todo lo superficial y en la brutalidad en la que estaba, solo satisfaciendo lo externo y mi alma; lo profundo de mi mar estaba vacío. Solo me pido a mi mismo tener el valor y fuerza suficiente para poner todo en práctica, aunque por ratos se me pasa; vuelvo a leer las cosas que he subrayando y me tranquilizo. Cuando lo termine hablaremos, pues tengo muchas preguntas.

El par de muchachos habían estado mucho tiempo lejos de su gente, motivo por el cual habían podido armonizar o desconectar sus percepciones mentales de las de su cultura. Ahora querían proyectar sobre ellos imágenes e ideas que tuvieran fuerza para transformarlos.

- Pero recuerda que revelar mucha más luz y sabiduría a través del conocimiento, fue el motivo por el cual los viejos de tu grupo no dejaron a tu padre ser lo que debería haber sido.
- Pues ahora voy a ser el nuevo precursor o pionero de otras ideas y vocero del colectivo, exclamó el caminante levantándose de un salto del tronco seco en donde había estado sentado todo este tiempo.
- Entonces tienes que aprender a trasladar toda tu información más allá del nivel individual, para incluir la conciencia colectiva, le señaló el Loco acomodándose mejor su transparente velo anaranjado.
- Voy a unir a la gente alrededor de ideales que considero más reales, con mayores contenidos y más verdaderos que los convencionales. Sé que puedo usar mi intelecto imparcial con honestidad y justicia.
- Pues cuídate de tu pueblo, le contestó el Loco. Porque debes saber inspirar con acierto inventivo, a una gente dominada por su espíritu de contradicción, y a quienes tus ideas les van a parecer excéntricas.

Y el Lunático se calló porque ya llegaba la noche y la gente había estado prendiendo algunas hogueras en la pradera en la cual se encontraban acampando. Pasado un buen tiempo, de repente se quedó observando el fuego fijamente, mientras con sus brazos fue imitando a las llamas que se elevaban por los aires. Sentía cómo su energía se iba elevando desde las reacciones vitales basadas en sus instintos y en las emociones, hacia unas áreas del cerebro que estaban sin explorar. Debía ser algo muy real lo que el Loco estaba sintiendo en ese momento, porque la gente comenzó a ver cómo iban fragmentándose sus reservas de energía. Las del Demente y las de ellos también.

Inmediatamente se comenzó a despertarse en la multitud un brusco afán de apoyo mutuo y solidario en la fraternidad humana que estaban conformando. En su imaginación, el Loco empezó a fundir las ráfagas de fuego que brotaban de su cuerpo con las que hacía salir de quienes participaban en su éxtasis. Eso era, precisamente, lo que él llamaba establecer la verdadera solidaridad humana en la convivencia social. Todos eran como el ave fénix.

- ¡El fuego nos funde en uno sólo! Exclamó. El fuego une lo separado y evapora la escoria de aquello que no somos. Vamos a extender la fraternidad a una esfera sin límites, así como estas llamas alcanzan el cielo sobre nosotros.

Y daba vueltas sobre sí mismo danzando como un loco sin molestar a nadie. La hoguera era una invitación a movilizar su ser para que todos se superaran; pues le parecía como si todas las ramas que se habían necesitado para prender la candela, fueran como cada una de las personas que lo amaban para hacer una sola hoguera... de amor. El Lunático los estaba incitando una vez más a vivir una multiplicidad de experiencias bajo la luz de la Luna Llena que salía en ese momento en el horizonte oriental.

- ¡Mi esposa! Exclamó el Loco desnudándose al dejar caer su velo transparente sobre el césped. Gracias a ti porque me has sabido conducir para tener una gran sensación de gratitud. Mi amada y Loca lunática, cuánta falta me has hecho para mejorar las condiciones de vida en la oscuridad de toda esta gente. Tú refuerzas mi sensación de propósito e individualidad y me indicas el proceso mediante el cual mi comportamiento de Loco impredecible induce a los demás a creer que no soy muy digno de confianza; sino que soy demasiado excéntrico para ser tomado en serio.

- Para mí la institución del matrimonio es la castración del amor, expresó en ese momento la Luna oyendo la letanía del Loco. Cuándo es algo con contrato eterno se pierde la magia y por ende la esencia pura del amor. Por eso tú y yo sí somos esposos... Porque sólo tú tienes la capacidad de reflejar tu luz en mí para poderme ver como quieres; es decir, ver tu reflejo en mí. Por eso somos pareja, porque somos uno.

Todos estaban extasiados viendo cómo el Loco se abrazaba a la Luna, como si en verdad la tuviera apretada contra su pecho. Ella siempre lo había ayudado a conocer lo que sabía y a ser consciente de que el modelo del universo entero se hallaba en su interior. Hasta le pareció oírla decir:

- A mí me gusta el amor en la cocina; es decir, aquello que esté preparado con amor me encanta. Todo es cuestión de saber ponerle sazón y mucho amor. Por eso soy todo terreno... a donde vaya disfrutaré de la comida. ¡Me encanta alimentarte!

Si, era la Luna quien coordinaba y sincronizaba las diversas funciones orgánicas y los ritmos correspondientes, entre el Loco y el universo. Como ella conocía mentalmente niveles de conciencia superiores, contactaba con un significado elevado de la propia vida del Loco, nutriéndolo e instándolo a investigar los espacios interiores del universo creativo oculto en él mismo. Y al Demente le encantaba trasmitir el conocimiento del misterio oculto utilizando, precisamente, las ciencias ocultas en su interior.

- Voy a reorganizar mi conciencia para producir un nuevo crecimiento, dijo de pronto deteniendo su lunática danza. Como la Luna, voy a irradiar el compañerismo sobre la conciencia de las masas, sublevándome contra todo lo que impida el verdadero concepto de la amistad.

Definitivamente la multitud opinaba entre todos, que el Loco estaba cada vez más loco como para saber actuar sobre ellos para bien o para mal. Si pensaba luchar en nombre de la comunidad para servirles, y sustituir lo viejo por algo nuevo y mejor, se habría de ver rodeado de acontecimientos fatales, imprevistos e imprevisibles. Abrir los ojos a cada individuo y a la sociedad en general hacia nuevas posibilidades más allá del mundo familiar conocido, era la peor de sus locuras. Promover el gusto por el amor al progreso, el crecimiento intelectual, lo nuevo y por toda clase de investigaciones técnicas, era sacarlos de su modorra fatal. El Loco en su locura, olvidaba que a los muertos les encantaba enterrar a sus muertos...

- Ya he acumulado en mí mismo la suficiente información con el fin de crear algo que sea completamente diferente y nuevo para ellos, se dijo buscando afanosamente su par de pizarras. ¿En donde las dejé? Tengo que encontrarlas, porque en ellas fue en donde escribí las instrucciones para iniciar con orden la nueva estructura de mi vida. Necesito que se despierten porque están dormidos y que se levanten de entre los muertos para que yo los pueda iluminar.

Y el Lunático, aun cuando aún no tenía la luz del amanecer a su favor, comenzó a buscar desesperadamente su plan de trabajo. Tanto tiempo sufriendo en las alturas para venir a perder el derrotero de sus próximos años de vida. Cuánto había planeado ampliar el deseo de mejorar la calidad de vida mediante una renovación constante de la gente, y ahora no sabía quién había cogido su par de tablas de piedra. ¿Cómo iba a concretar el nuevo orden de las cosas? Pobre Demente; porque antes estaba Loco, pero ahora, además, estaba perdido.

- Tienes que confiar en el futuro, dijo de repente una voz detrás suyo en medio de la oscuridad.
- ¿Quién está ahí? Preguntó desorbitado mirando para todas partes.
- Soy el ser que tú mismo has creado, contestó la voz. Un ser personal, no convencional y muy revolucionario. ¿Para qué quieres apresurar el cambio? ¿Olvidaste que todo tiene su tiempo?
- Pero es que necesito acabar de experimentar la totalidad en mi interior, de forma tal que me permita fluir con la corriente del cambio; y si no encuentro las tablas de la ley estoy perdido.
- ¿La Ley? ¿Quién necesita leyes para el cambio? Precisamente del caos sale el nuevo orden de las cosas.

Lo que debes hacer es cambiar, excitar y expresar tu ser sin restricción alguna. ¿Qué ley necesitas para provocar conmociones y grandes descubrimientos? Sencillamente impulsa a la gente que te acompaña hacia cambios radicales y sorpresivos, así como a una evolución en el ámbito personal. ¿Quién ha dicho que esta caterva de gente conoce de leyes? ¡Para eso son masa!

- Pero es que necesito indicarles en donde han de experimentar cambios repentinos en el rumbo de su destino?
- ¿!Destino!? Exclamó el sonido descendiendo del árbol en donde se encontraba enroscada. La masa no tiene destino porque está descerebrada. Yo me encargué de eso desde hace milenios, apareciéndomeles como su único Dios en un jardín que consideraban su edén.
- Pero es que debo crear con ellos mejores condiciones de vida a través del proceso de la civilización.
- ¿!Civilización!? ¿Llamas a esto civilización? ¿Es con este esperpento de gente que pretendes crear y engendrar cambios nuevos, radicales y súbitos? Soy yo quien les he dado alguna forma de expresión al cambio, a los impulsos de su genio interno y nueva vida a todos sus pensamientos, sentimientos y deseos escondidos que han sido forzados a vivir en la oscuridad. Eso es la masa: un engendro de tenebrosidad que lo único que han hecho es crucificar a los Enviados, como tú.
- Pues he de demostrarles la necesidad de renovación y de evolución, dijo el Loco retrocediendo un poco ante el ser que tenía enfrente de él.
- No tengas miedo, no puedo hacerte daño porque, entonces, me mataría yo mismo. Fui yo quien te apaleó allá arriba en la gélida montaña, y aproveché la locura que te dio ahora mientras bailabas como si fueras fuego del infierno, para esconderme entre las sombras que producían las llamas. No me gusta mucho la luz, pero sí buscar modelos de antaño para cambiar al mundo. Yo soy la raíz de todo el conocimiento.
- ¿Y qué hay allá en antaño? Preguntó el Demente subiéndose al árbol del cual había descendido la voz.

- Sabiduría oculta y tan profunda, como las raíces del árbol en el cual te has subido. Y es esa la sabiduría con la cual presido los cambios de una manera brusca. Si eres el esposo de la Luna Llena yo soy tu amante, la Luna Negra.
- ¿Entonces, podría servirme de tu sabiduría para propiciar reformas sin precedente, y los cambios necesarios para acoger nuevos modelos mediante la agitación revolucionaria en cualquier área de la vida? Preguntó el Loco.
- ¡No, jamás! Exclamó la voz de forma tan irascible, que su sonido comenzó a encender todo su cuerpo, recordándole al Loco lo que había sucedido en la caverna con el Monje imaginario aquel con quien había conversado en plena oscuridad. Este conocimiento no es para la masa y mi oficio es guardarlo celosamente hasta cuando encontremos formas materiales más adecuadas a nuestros deseos y necesidades.
- ¿Nuestros? Preguntó extrañado el Loco
- Sí, ¿acaso crees que estoy solo?
- Y ¿con quién estás?
- ¡Contigo! ¿Quizá no te reconoces? ¡Mírate en tus ojos, los míos! ¡Toca tus escamas, las mías! Vamos a inaugurar un nuevo orden en el mundo y a integrarnos juntos para inventar cosas nuevas, pero no con la masa. Vamos a producir insurrección y la revolución necesaria de las ideas; juntos vamos a quebrantar la ley. Por eso rompí tus tablas de piedra apenas te apartaste de ellas, porque me quedaron mal escritas.
- Pero ahí era en donde yo había escrito cómo esclarecer mis metas personales.
- ¡Dependencias estúpidas! Exclamó una vez más la serpiente !Yo escribí la ley en tu corazón! Y es de allí desde donde tienes que revolucionar el modo de ser de la multitud que te corresponde. Voy a afinarte y a sintonizarte con la verdad como símbolo de pureza. Pero no te equivoques, como otros Locos Elegidos, pretendiendo morir por ellos.

Y, en ese momento, aumentando su tamaño y su fuego de una manera descomunal, el engendro comenzó a agitarse desesperadamente como quien libera energías atrapadas en su interior. Parecía que iba a vomitar o a parir alguna aberración del demonio. Algo se estaba liberando del pasado, de aquello que la constreñía y limitaba en una vida sofocante, así como de los confines de una estructura rígidamente controlada por la bestia. Mientras abría las fauces plagadas de colmillos afilados, algo dentro de ella estaba buscando la rápida liberación de las tensiones a que se veía sometida. Su cabeza se agitaba en el aire de un lado para otro elevándose con todo su cuerpo tras de ella, a la vez que sentía en su interior que alguien o algo contraatacaba con una fuerza destructora.

Como el animal no podía ocultar ya más lo que debía ser descubierto, su intenso dolor le estaba indicando la fuerza fecundante que la estaba poseyendo. La bestia, tan enemiga de las reglas y sin embargo no podía escapar a ellas; tenía que contribuir con la liberación de lo que había en su interior. De pronto, en su ígneo desespero, el monstruo comenzó a equilibrar la necesidad de libertad con la aceptación y el cumplimiento de su obligación: la bestia iba a ser... madre.

En ese momento, desgajándose una infernal tormenta sobre la Tierra, cayó una descarga eléctrica que, incrustándosele en el vientre, comenzó a fertilizar en ella un óvulo sin fecundar oculto en la profundidad de sí misma. Estaba demostrando que el intercambio de fluidos sexuales no era necesario para la evolución. Estaba sintiendo en sí misma la plena excitación que le producía en ese momento la independencia y la libertad animal de saber que no necesitaba de macho o hembra para procrear. Dicho sentimiento, que iba generando en el animal un fuerte impulso hacia la conmoción y la rebelión contra las leyes naturales, también le aportaba una nueva abundancia, vitalidad todo el placer de la experiencia del presente que estaba viviendo.

De repente, algo en su interior comenzó a trascender los límites de la totalidad de su propio ancestro y de su destino, así como la fragmentación del conocimiento adquirido interiormente; alguien estaba trascendiendo todos los sepulcros en los cuales había vivido en el pasado. Y, en el momento más álgido de la partenogénesis, en medio de los estertores universales que anunciaban un nacimiento, la gigantesca bestia se desgajo desde el infinito cayendo estrepitósamente sobre la húmeda campiña.

¿Cuánto tiempo estuvo tirada en el piso? Nadie lo supo porque todo el mundo había salido corriendo despavorido hacía mucho tiempo. De pronto, mientras el Sol salía victorioso en el horizonte y sus rayos iban calentando ese montón de piel escamosa que había arrumada en la pradera, algo en su interior comenzó a moverse palpitando entre las escamas, como si se estuvieran despejando y disipando las vagas brumas y nubes internas que alejaban a quien iba a nacer de sí mismo. El Sol, que comenzaba a despertar los aspectos interiores de un ser natural que surgía de las entrañas mismas de la terrenal bestia, estaba dando pié a que naciera esa cosa oculta. El astro padre ofrecía a quien iba a salir de allí, una comprensión de las pautas causales ocultas e innovaciones repentinas, a las que se estaba viendo expuesto a través de semejante nacimiento.

Y así, haciendo a un lado la babosa y pesada piel que lo cubría; quitándose de encima una especie de tela transparente que lo asfixiaba, salió a la plena luz del día... el Loco. ¡Sí, el Loco se había liberado y parido a sí mismo una vez más! No le debía la vida a nadie; era el hijo de sí mismo con todo el esplendor de la naturaleza en su luminoso cuerpo.

- Siento que me he liberado del mundo que me vio nacer, se dijo responsable y conscientemente enderezándose en su desnudez.

Algo por vez primera en su vida le estaba dando un sentido de independencia personal muy especial; algo en él le estaba haciendo caer en la cuenta que debía salvaguardar y expresar la necesidad de libertad, de una manera que, aun cuando no lo aislara de los demás, le diera a comprender que no debía depender tanto de ellos ni de ninguna tradición; que debía ser mucho más original, porque ya sabía, al menos, que su origen no estaba en esta Tierra.

- Seguiré viviendo en el mundo pero sin ser mundano. Ya sé que estoy en la Tierra, pero mi reino no es de este mundo. Y, si no pertenezco a esta Tierra, entonces ¿a dónde?

Con su raciocinio, el Loco se estaba liberando de compromisos y responsabilidades; de la calma de su mundana existencia; de las antiguas limitaciones; de las interpretaciones de la vida y de los valores más aplicables y más universalistas; en fin, de las pautas que se habían vuelto demasiado rígidas. Ahora le correspondía vivir todo lo contrario de aquello que había experimentado en el pináculo de la montaña. En vez de la rigidez, quería vivir la libertad de movimiento y proponer grandes reformas que ofrecieran la libertad para todo el mundo. Si él se había podido liberar y parir a sí mismo ¿por qué los demás no podrían hacerlo?

- A nadie le debemos la vida, exclamó mientras corría dando saltitos por toda la campiña como un verdadero loco. Voy a respetar la libertad llevando a los demás libertad y progreso. He de transformar el espíritu, este sentido de libertad que me posee, de finalidad individual de mi singularidad personal y la vida, a través del entendimiento y la concepción, mediante mi claridad mental. Voy a vivir para disfrutar de una libertad lejos de los temores; y así como hice estallar la estructura que me contenía, he de acabar con todas aquellas que empiezan a avasallar mi espíritu.

Si al Loco jamás le habían importado los riesgos, ahora sí que menos lo iba a atemorizar correr el de desmoronarse o desmoronar los esquemas de pensamiento calcificados, en nombre del progreso y la evolución. Hacía tiempo había logrado cortar con los lazos familiares y sociales, así como soltar todas las amarras que lo vinculaban al pasado. Ahora estaba demoliendo todo para dejar lugar a lo nuevo, descartando lo irreal y tradicional. Su nuevo modo de ver la vida le estaba despertando la insatisfacción con respecto a lo superficial, habitual y mecánico. Se estaba desprendiendo de todas las reacciones y situaciones emocionales que no le habían permitido verse a sí mismo con claridad; estaba destruyendo las ilusiones incuestionables y la vida que no estuviera a la altura del ideal de un futuro mejor.

- Voy a acabar con el miedo, la rigidez y las adicciones a normas sociales, se dijo pensando en los compromisos que tenía adquiridos con la gente. Voy a arrancar a cada persona de su sueño y a enfrentarme a la autoridad y hasta a mi propia edad. ¡A la mierda los años! ¡No tengo edad porque no pertenezco a este mundo! Voy a barrer la antigua postura de los destinos sociales fijos y también las ilusiones.

Algo en él había hecho que estuviera haciendo trizas la concentración y se pusiera en contra de toda la rigidez y dominio de sí mismo que tanto había pregonado antes. Según su nuevo pensar quería romper cualquier cosa que lo comprometiera; quería no ser esclavo del tiempo y liberarse de las barreras internas que limitaban su conciencia; iba a despedazar sus propias defensas, aquellas que tanto trabajo le había llevado construir; quería salir de todas las leyes y limitaciones; no deseaba volver a escuchar nada que tuviera que ver con las pautas de estabilidad y de pensamiento establecidas con anterioridad; para él habían terminado las relaciones de dependencia; las tradiciones, lo cristalizado y todos los lazos.

- ¡Incluyendo los que tengo con el tal llamado "prójimo" ¡ Exclamó mientras daba bota canelas por una loma abajo. ¡Soy libre de la gente! ¡Que coman mierda y la transformen en abono orgánico, si es que pueden!

El Chiflado, más loco que nunca, estaba agudizando la percepción como jamás lo había hecho. Instruir a otros ya no era tan importante como despertar, percibir, y brillar con genio y con originalidad. Estaba expandiendo los límites de su receptividad individual, así como antes había construido murallas a su alrededor para que nadie lo conociera. Ahora estaba emocionado con las circunstancias con las cuales podía contar con la intuición perceptiva de la nueva vida.

- Procuraré no perder esta intuición consciente, se dijo corriendo con los brazos abiertos cual si fuera un cohete espacial. La perceptividad de esta nueva gama de manifestación cromático-sonora que soy, me está llevando a tener percepciones claras sobre las cosas. No tengo obligación alguna, ni misión en esta Tierra. Mi única misión soy yo y no me podré llevar de este mundo sino la comprensión que estoy adquiriendo en este momento acerca de una sola cosa: ¡de quién soy yo!

Y más corría y se lanzaba por los barrancos, descolgándose por los bejucos que colgaban de los gruesos árboles de la pradera. Hasta el mismo paisaje le estaba aportando un afán evidencial, verificador y vivencial de la realidad trascendente mundial. Sentía que con su carrera y la danza cósmica que lo poseía, iba hacia un desarrollo más allá de los límites físicos, de los modelos tradicionales de pensamiento y hacia un nuevo modelo de realidad.

- Este es mi nuevo modelo del universo, se dijo. Ahora sé que el mundo no es real sino cuando yo soy; ahora, cuando he logrado quebrar la estructura normal de la realidad y soy consciente de la completa espontaneidad que existe en el momento presente.

El Loco era la felicidad viviente. Ya no necesitaba buscar la paz ni el amor, porque él mismo los era. Y, en medio de su locura, comenzó a aportar creatividad, genialidad y sorpresa a todo lo que tocaba. Parecía que de sus manos saliera una resplandor sin par que ponía un nuevo toque lumínico a lo que veía y palpaba a su alrededor. Ya no veía el azul, él era el azul, el verde, el blanco. Él era la roca, el árbol, las aves que volaban encima suyo, las nubes que le daban sombra, el aire que lo acariciaba y, en especial, cada una de las personas que había conocido.

- El prójimo y yo somos uno, como mi Padre y yo, también somos uno. ¡Soy uno, soy uno, me he convertido en uno, mi ropaje es el universo, soy el universooooo! Exclamaba llevando la belleza del conocimiento y del intelecto a un nivel más creativo, inventivo y original que nunca.

Estaba comenzando a impartir el amor verdadero a través de una actividad espontánea e innata, marcada por acontecimientos repentinos y sorpresivos. Aquello que le había proporcionado genialidad, lo invitaba a aplicar su capacidad de innovación y de ingenio. Lo que le había producido destellos de súbita inspiración y comprensión, traía a su conciencia todo cuánto estaba debajo de su umbral. Comprobar la importancia y libertad de su yo personal producía un afán de excentricidad. La unificación de los yoes superiores e inferiores por medio del empleo inteligente de la mente, le habían procurado plenitud cósmica constante del Yo y poder transferente mágico y trascendente.

- Esto es haber sabido sobreponerme al ego, disolviéndolo en aquella bestia de la cual salí y transformándolo en algo consciente y completamente individualizado. Me liberé de la gente tanto como del inmundo animal en el cual estaba encerrado

El plan aquel de ponerse a reestructurar la personalidad y la sociedad, ya no tenía ningún valor para el Demente. Le bastaba con seguir supervisando la acción del alma sobre su personalidad. Habían quedado atrás esos estados anímicos de crisis internas con respecto a su relación con la gente, pues había recuperado la paz.

También había perdido su valor todo aquello que le había revelado el proceso mediante el cual antes se había encontrado en situaciones incómodas, percibiendo el sentido de lo que tenía que afrontar o soportar con los bárbaros. Ahora era consciente de todo lo que sucedía en su vida sin juzgarlo como bueno o como malo; y pasaba de una actitud a otra, y de un tema a otro, porque él ya era la verdad viva que le permitía verse y aceptarse tal cual es.

- Soy alguien extraordinario, informal y rebelde, exclamó. Puede ser que para los demás sea caprichoso e incalculable; no importa, como los demás y yo somos uno, voy a conectarme con la parte de mí que hay en ellos y dejaré que ellos, a su vez, se conecten con la parte de ellos que hay en mí. Voy a integrar los aspectos dispares de nuestra naturaleza en una unidad que funcione.

El Demente estaba cambiando el rumbo de su relación con la gente. Ya no le interesaba producir resultados explosivos, sacudir del sonambulismo a nadie o perseguir metas de forma agresiva, egocéntrica, impulsiva e inescrupulosa; ni producir separaciones, sorpresas desagradables, perturbaciones, trastornos bruscos, imprevistos y súbitos, o provocar accidentes en todo el mundo. No, ahora sólo quería estar atento para cuando una relación o un estilo de vida se convirtieran en algo falso, pretencioso o sórdido, salir de él.

- Ya no me interesa separar el bien del mal o tomar conciencia de la imperfección, ni de todo aquello que no se encuentra unido correctamente por fuera, sino adentro de mí. Ya no me es importante ver deficiencias en la sociedad, sino ser consciente del valor de todo lo que ocurre en el presente dentro de mí. Voy a velar lo que es esencial y el resto me importa un culo.

Este Loco nada tenía que ver con aquel de la pétrea y gélida cima ¿Qué había sucedido con todos los propósitos que se había propuesto lograr? ¿Qué iba a ser de aquella sociedad perfecta que quería construir? ¿En donde quedaba su famoso "amor al prójimo"? ¿Por qué daba la sensación de que para él lo único importante era él mismo? Definitivamente el Loco... se había liberado.

Y, entonces, pasado el tiempo regresó donde la multitud, pero ya no con la idea de que vivieran aquel mundo perfecto que él había imaginado, sino como quien va a un museo a ver que hay en las vitrinas; es decir, para ver qué estaba haciendo la gente. Y le importaba absolutamente un comino cómo estaban dispuestos los muebles en el salón o los animales en las jaulas. Porque eso era la gente para él: objetos que el destino huracanado llevaba de aquí para allá poniéndolos a su antojo. ¿Cómo se iba a afanar, si una mesa estaba en donde debería ir una cama? ¿O un león en la jaula de un mico?

Tiempo atrás había llegado a la cima trepando como cabra en medio de su soledad, en donde había nacido como el Salvador del mundo atacado por la duda de si dejarse o no crucificar. Y el Loco, que se había atrevido a seguir con dicha locura, se preguntaba si ahora sería el momento del acto final. Para él ya no había inmovilidad, fijeza, ni dureza..

Si en la primera puerta se había visto por vez primera como la luz que daba de sí misma, en la segunda se había visualizado como la vasija que la contenía o que recibía todo lo que ésta le ofrecía. En la tercera puerta se había encargado de compartir dicha Luz y en la cuarta había hecho conciencia de la herencia que la vasija había heredado de su Creador. Atravesar la quinta puerta le había hecho comprender que la vasija había querido irradiar la Luz por sí misma y ser más una causa que un efecto; mientras que en la sexta había creado una realidad inmediata para emprender en la séptima el afán de compartir dicha luz con los demás.

En la tenebrosa octava puerta había sido testigo de cómo él, como receptáculo de la energía, había explotado en una gran cantidad de fragmentos ígneos; haciendo conciencia de que el deseo de compartir es el motor que mueve el universo, tal cual el apasionado Loco Eros había nacido dentro del huevo primigenio como la fuerza indispensable para mover dicho universo. Y ese huevo, que es semejante a la vasija, había nacido para dar lo que había contenido en su interior como manifestación del mundo espiritual superior, que el Loco llamó la Luz; que, atravesando la novena puerta, había aprendido a enfocar y dirigirla, para revelar una Luz mayor universal que iluminara el camino hacia el centro de ella misma; pues ésta es la fuerza que da y quita la vida. Allí supo que un haz, así sea de leña seca o de Luz, es símbolo del conocimiento, de las energías del fuego, de los poderes y de la riqueza del espíritu. Recibir esa Luz es ser admitido en una iniciación y con el hecho de cruzar dicha puerta había iniciado el sendero de lo Universal, que abarca hasta la última de todas las puertas.

Todas las partículas del Universo están empapadas del deseo de recibir. Pero fue al atravesar la décima puerta cuando, al subir en la escala de la Creación, el Loco encarnó la Luz de la Iniciación con la cual allanó el camino hacia la cima para producir la transfiguración y revelar así, el Sol naciente que había observado desde lo alto. Había ascendido en la escala evolutiva y, como ser humano, había necesitado no sólo de los cuatro elementos, sino que había buscado la realización universal como tal y de forma tal, que el Creador, en la undécima puerta, lo estaba llevando a la humanidad como el más alto exponente del deseo.

En la décima puerta había sido tentado por el poder externo, con el fin de que si lo vencía, pudiera descubrir cuál era su misión conociendo, además, cual era la clase de prójimo con quien le correspondía desarrollar dicha tarea. Había dejado atrás, entonces, la percepción de la masa multitudinaria y la percepción individual del ego mal dirigido; entrando así en la percepción grupal de la undécima puerta, por medio de la conciencia intuitiva, dejando atrás a su vez la instintiva y la inteligente. La undécima puerta se había convertido para el Loco en la Luz que brillaba sobre la Tierra y a través de los mares, para limpiar lo que debía ser purificado hasta cuando la oscuridad desapareciera.

- ¿En dónde estará la siguiente puerta? Se dijo pensativo rascándose su barba. Ya he vertido el agua de la inagotable sabiduría sobre los demás. Y he sido el manantial de amor que cayó sobre la tierra reseca que es la ignorante humanidad. Les he dado a probar del brebaje de la inmortalidad desde su matriz original y, por lo tanto, les he dado una nueva vida en su vieja vida. Los llevé de la conciencia de masa a la autoconciencia o conciencia inteligente.

Este Loco aguador se había visto a sí mismo en su peregrinaje como símbolo de dinamismo, impulso juvenil, aprendizaje en la búsqueda de respuestas, genio, pureza, reflexión, soledad, independencia y superación, así como tiempo de espera antes de la próxima primavera. Desde cuando había emprendido la búsqueda de un nuevo conocimiento, había sido un placer para él compartir con sus bárbaros y la gente que se había ido encontrando en el sendero, lo que iba descubriendo en su viaje. Todo ello le había servido de despertador para convertirse, a su vez, en despertador de personas o multitudes, habiendo pasado para mentes más obtusas, cerradas y ortodoxas, como un Demente revolucionario. Como alguien que jamás había querido tragar entero y que necesitó descubrir esas nuevas ideas acerca de aquello que le habían dicho que era la verdad.

Ahora llegaba al final de la undécima puerta siendo consciente de cómo otras personas le habían querido manipular la existencia con la verdad de ellos. Pero en este umbral, también había comprendido que era preferible ser un Loco entre la masa, que una masa de locos superficiales e inconstantes como sus bárbaros. Se había liberado del pueblo y los movimientos populares, aún promoviendo los suyos con o sin discreción, pero sí con fidelidad hacia los principios universales que los beneficiaban. Ya había podido ser el Hijo del Hombre que había en él; pero ahora le faltaba, entonces, ser el Hijo de Dios que también había en él.

Afortunadamente el Loco había llegado al punto de no importarle qué habían dicho, decían o dirían lo demás acerca de él, ni que opiniones o críticas acerca de sí mismos tenían las personas. Habría que recordar que en la décima puerta había aprendido a qué había venido hasta la Tierra; y que desde entonces, sólo le había interesado una sola cosa: hacer la tarea con los demás para poder descansar... Pero ¿cuándo y en dónde?

De pronto, una voz detrás de él lo sacó de sus recuerdos. Y al voltear a ver se encontró con el par de jóvenes que lo habían acompañado en un trecho del camino.

- Señor váyase lo más pronto posible, porque los bárbaros se están armando en su contra, dijo uno de ellos.
- -No importa -respondió- recuerda que son producto de mi imaginación. Tal vez necesito ser rechazado, precisamente, por el prójimo al cual he ayudado tanto. Díganles que los perdono, porque jamás supieron quien les dio vida, ni lo que tenían que hacer.

El Loco, comprendiendo que tal vez, su único verdadero amigo era Dios, miró con mucha ternura al par de jóvenes y poniendo las manos sobre sus hombros, les dijo: vayan en paz.

Ellos a su vez, mirándolo desde la profundidad de sus entristecidos ojos, se despidieron de él diciéndole: ¡Gracias, Maestro, que Dios le pague!

LA ÚLTIMA PUERTA

Entonces el Loco, dejando detrás de él al par de jóvenes apesadumbrados, se fue alejando por el pasillo del museo-zoológico; y, atravesando la enorme puerta del recinto, como símbolo del lugar infranqueable para los profanos y de la reserva sagrada para los iniciados, la cerró de un solo golpe.

- Eso ha sido para mí la vida, se dijo pensativo abriendo sus brazos al Sol que se ocultaba en el horizonte. La gente no son más que objetos coleccionables como en cualquier museo, en donde se encuentran todos ordenados perfectamente para ser gozados por sus pasiones y deseos. Son presos que no saben que están presos, porque las vitrinas son de vidrio. Creen que porque pueden ver a través de sus ojos son libres; cuando su vista los vuelve ciegos. Creen que porque se escuchan gruñir, como cualquier gorila de zoológico, sus palabras las pueden entender los demás; cuando es su palabra quien los vuelve mudos. Creen que porque pueden tocarse unos a otros y todo lo que los rodea dentro de su vitrina o jaula, esa es la realidad; cuando su tacto los vuelve impalpables de otras realidades. Creen que porque huelen y gustan de lo que les dan de comer, ese olfato y gusto es delicado y fino; cuando es tan burdo como su áspera lengua.
¿Que estoy haciendo aquí? ¿Hasta cuándo voy a ser parte de este sitio de reclusión? Nada que perder si me voy; y pase lo que pase, tampoco es mucho lo que importa. Siempre me dijeron que soñar no cuesta nada, cuando es carísimo. Imagínense a la gente de esas vitrinas soñando que son libres cuando están presos de sí mismos, de los demás y de las circunstancias que los rodean, como los armarios transparentes en los que viven.

Creo que llegó el momento de enfrentarme a lo desconocido del cosmos profundo con la fe de un niño, pero con la sabiduría del anciano que soy. Ha llegado el momento de la emancipación o del fracaso total. ¿Cómo debería ser la muerte de un loco como yo, que ni siquiera supo en su niñez cómo atentar correctamente contra su propia vida? ¿Me matará el suicidio o me moriré de... repente? ¿Acaso debo morir por abandono y renuncia personal? ¿Por amnesia; es decir, por qué se me olvidó que soy la vida? ¿Me matará la locura o la tristeza? ¿Me moriré de risa? ¿Moriré en los brazos de alguien? Al menos sé que no me morí arrinconado de miedo, ni tiritando de frío y tampoco moriré de hastío.

No era un demente el Loco que estaba llegando al último acto consciente de su larga permanencia en la Tierra: escoger su propio estilo de muerte. Pensaba que así como los deudos escogían el sarcófago del difunto, él estaba en la absoluta libertad de escoger su tipo de muerte. Si había cooperado toda la vida con la Vida, ¿por qué no iba a cooperar con la muerte que lo estaba esperando? Siempre había creído que la inexistente muerte era como un ilusorio sueño; y más ahora que sabía que...

- Yo y el Padre somos Uno, dijo suspirando. Y lo somos en ese orden.

Podía ser que para otras personas el enemigo hubiera sido el soñar despierto o el temor al fracaso; escaparse de sus responsabilidades; la falta de fe en la vida; la indecisión, la falta de voluntad y hasta la confianza en sí mismo. Pero eso era, precisamente lo que el Loco había matado a lo largo su existencia. Ahora estaba comenzando a destilar un significado más profundo de todo lo que había vivido con anterioridad, y nadie lo podía acusar de cobarde. Había aligerado la carga del mundo que le había correspondido; y sólo él sabía que cargar con el cuidado de los demás no siempre le había resultado fácil. Había aceptado la crítica y en algunas oportunidades hasta había aprendido a ofrecer la otra mejilla, sin dejar que las opiniones ajenas lo influenciaran. También había demostrado su rara capacidad para escuchar con una sincera comprensión, y transmutar la auto conmiseración en compasión, divina comprensión y simpatía hacia el prójimo, cediendo ante dichas personas.

Y, entonces, el Demente hizo algo incomprensible para cualquiera. Deteniéndose en medio del sendero por el cual debía continuar, mirando atrás, regreso tras de sus huellas. Y, abriendo de nuevo de par en par lo que para él parecía un museo zoológico, irrumpió en medio de todas las criaturas desvalidas y torpes que había dejado encerradas en vitrinas y jaulas. Y, rompiendo los vidrios y destrozando las cadenas, comenzó a sustituir el apego por el amor y a transmutar la identificación al medio ambiente y a las condiciones de la personalidad, en desapego de la forma y capacidad para identificarse con el alma.

- El egoísmo debe ser altruismo divino, gritó a los cuatro vientos asustando a algunas de las personas que, al verse libres de sus cadenas, no sabían qué hacer con su inesperada libertad.

El Loco había regresado pero para relacionarse con todos ellos de un modo más fraternal. Quería servir de ayuda al mayor número de personas, liberándolas de sus ataduras; para así satisfacer su necesidad interna de servir y serles útil. Sencillamente no los podía abandonar y eso lo había resuelto con altruismo y coraje. ¿Cómo iba a dejarlos sin antes recoger todas las tristezas de la humanidad para devolverlas al Creador?

- Deseo mucho más para la humanidad, se dijo abrazando al par de muchachos. Yo siempre les traje buenas noticias anunciando días mejores. Y estoy dispuesto a darte todo lo que tengo, dijo dirigiéndose a la bella mujer del jardín encantado.

Pero el Lunático, más que entregarse a una obra humanitaria o social, lo que deseaba ahora era disfrutar con la compasión, la solidaridad y la espiritualidad a través de actos altruistas que aliviaran el sufrimiento personal y ajeno.

- Voy a compadecerme de todo aquel que sufre, se dijo buscando a la mujer enferma entre quienes corrían desesperados. Necesito ayudar a otros a hallar el sendero del autodescubrimiento, en donde pueden actuar para lograr satisfacer sus necesidades y solucionar sus problemas.

Se estaba adaptando de nuevo a la gente por medio de sus emociones y los sentimientos, porque había comprendido que así podía abarcar y proteger todas las formas de seres conscientes, unificando todos los campos energéticos; buscando un vínculo entre elementos dispersos; utilizando la compasión y la empatía para percibir la unidad de todas las cosas. Y así, estableciendo la unidad en la diversidad, empezó a matar todo deseo y amor separatista.

- Definitivamente no me puedo ir sin hacer del mundo un lugar mejor, se dijo suspirando y levantando los brazos en actitud de plegaria. Voy a hacer desesperadamente lo que es correcto, para inspirar a los demás a través de la compasión, para así elevarlos a un estado superior y más evolucionado. Voy a instalarlos a creer en el poder universal del amor, por más bárbaros que sean.

El Demente estaba tratando de prever el dolor propio y ajeno, demostrando ser cada vez más compasivo y una fuente inagotable de esperanza y optimismo para sí mismo y para los demás. Una vez más, quería transmutar la autopreservación en desinteresado servicio al mundo; y la dedicación a las necesidades del yo, en dedicación y respuesta desarrollada a las necesidades de la humanidad. Definitivamente necesitaba vivir en comunidad y en un mundo ensoñador de ideales.

- Debo ampliar y agrandar la fe, se dijo abrazando a una de las matronas del pueblo. Si crees en todo no necesitas creer en la esperanza. Tienes que darte cuenta de tus propios potenciales y, descubriendo el modo de utilizar tu enorme sensibilidad, sin dejarse apachurrar por ella, dejar de subvalorarte.

El Loco quería que desarrollaran la consciencia divina que lo estaba poseyendo; y que se elevaran más allá de sí mismos para pasar del mundo de los deseos y emociones, al del pensamiento. Es decir, elevar los sentimientos hacia el cielo para poder entenderse con los sistemas convencionales de la realidad, cuando éstos tuvieran algo de superior.

- Vamos a alcanzar la meta y la forma de evolución espiritual más elevada posible, le dijo a la mujer que había puesto las sandalias en sus pies. Juntos podemos captar el espíritu detrás de la materia; así como cubriste con amor mis llagados pies. Vamos a centrarnos en las verdades eternas y en la universalidad del espíritu humano. Mientras me calzabas, yo imaginaba estar concretando mi materia en espíritu. Con tu acción me enseñaste a equilibrar el mundo espiritual interno con la realidad mundana y cotidiana que debo vivir a diario. Desde entonces transmuto la inhibición espiritual y mental, en expresión del alma y dicha sensibilidad mental. Vamos juntos a convertir los poderes psíquicos inferiores en facultades espirituales superiores.

Para el Lunático había sido muy importante que esta mujer le hubiera puesto las sandalias de cuero en sus pies; pues, desde entonces, se habían convertido l en símbolo del alma y de su humilde celo apostólico. Las sandalias le habían indicado que el viaje jamás terminaría y que, por lo tanto, siempre contaría con su protección.

- Pero hay que aprender a tener cuidado con posesiones propias y ajenas, le advirtió ella dulcemente. Te es necesario practicar la abstinencia para purificarte de aquello que no es bueno para tu cuerpo, espíritu y mente; en especial para limpiar esta última de tantas preocupaciones mundanas que tienes por nosotros.

Y ella tenía toda la razón. El Loco había podido evitar las ambiciones mundanas originando así una transformación del yo mediante la disminución del ego y la entrega del alma; pero aún se mantenía con el firme propósito de cumplir con la tarea de rescatar lo que se le había perdido: la paz interna al ver sufrir a otros. Comprometerse en un ideal o sueño para llevarlo a cabo, era dar compasión y alas a su imaginación creadora para comenzar de nuevo... cosa a veces imposible.

- Quiero que me expreses tus conocimientos relacionados con el más allá y tus talentos artísticos, dijo de repente una suave voz detrás suyo acompañada por un delicioso aroma de flores del campo. Era la mujer del jardín encantado quien, acercándosele, quería secundar la inspiración de su amado Loco. Enséñame a ver aspectos del ser que otras personas consideran imposibles; dime cómo convertir la clariaudiencia en telepatía mental y ésta en inspiración, para atraer al ser amado.

Pero el Lunático no sabía cómo transmitir la clarividencia en percepción espiritual, ni transmutar la mediumnidad en mediador. Eso era algo adquirido pero no aprendido de nadie. Él solamente sabía que haberse despojado de las vestiduras materiales y permanecido tal cual era ante su Dios Interior, es decir, su destino futuro, como la mariposa lo es del gusano, le había permitido cambiar la adquisición por renunciación. Nada era lo único que podía darle a la mujer porque era dueño de... nada.

- Mejor vamos a lograr la verdadera y universalmente válida identificación con algo que va más allá del yo, le propuso. Vamos a trascender ese yo y a servir a Dios, simplemente servir.

- Y yo, ¿cómo voy a encontrar mi verdadero destino ahora que estoy fuera de la jaula que me encerraba? Preguntó el muchacho peregrino.
- Ahora que estás afuera es cuando puedes saber que estuviste adentro ¿cierto? Porque antes no lo admitías y creías estar libre sin saber que estabas preso. Ahora eres un preso que se quiere liberar de su sitio de reclusión. Para encontrar tu destino lo único que tienes que hacer es... continuar el sendero y enfrentarte a lo desconocido como yo lo he hecho..
- Y yo ¿cómo hago para pasar de un mundo a otro? Preguntó el otro joven sentado en las afueras del recinto al lado de su venado.
- Tienes que transmutar la naturaleza inferior en manifestación superior, le respondió. Y la negatividad en control positivo del alma para poder percibir el Todo. Pero lo más importante es que tienes que fortalecer tu voluntad para liberarte y así lograr definirte más como individuo aparte.

Uno de los más grandes logros del Loco, era haber podido subordinarse al universo mismo; es decir, haberse convertido en uno, para luego ofrecerse como un don a la totalidad de la vida. Y, entonces, recordó las palabras del Loco Mayor, cuando había advertido que si la semilla de trigo no moría no nacería.

- ¡Eso es!, exclamó ante quienes lo escuchaban. ¡Debo morir -saber morir- para traer la salvación!
- ¡No, no te mueras! Gritaron todos en coro. No nos abandones, es mucho lo que te amamos para que nos dejes huérfanos y viudas.

No convertirse en víctima o saber hacerlo, era un asunto delicado para el Demente. Precipitar el proceso de transmutación y la eventual elevación por medio de su muerte, era un asunto que aún no sabía cómo hacerlo. Algo en él le había revelado su destino; pero la belleza y el significado de su muerte con su trabajo destructor, aún no lo comprendía. No quería seguir el ejemplo de alguien y, menos aún, de quienes habían vencido la muerte para convertirse así en los Salvadores del mundo.

- Sé qué no puedo salvar a nadie hasta no salvarme a mí mismo de la ignorancia en que he vivido, se dijo. Aún necesito seguir ese llamado interior del más allá, que me dice que debo sostenerme por sí mismo.

Pero lo que escuchó en ese momento fue el clamor de las innumerables voces angustiadas que sabían que el Loco las iba a abandonar

- Háblanos acerca de cómo llegaste a esos estados diferentes o superiores de conciencia, siendo mucho más joven que yo, dijo afanosamente la campesina que le había traído las semillas, creyendo que su tiempo terrenal ya casi se terminaba.
- Llegué a ello comenzando por tener acceso a mi potencial creativo innato, y manifestándolo exteriormente de la forma como te diste cuenta. No es fácil contactar con el sentimiento arquetípico, pero hacerlo me ayudó a despertar a fuentes internas de inspiración, a mi yo interior, al deseo de buena voluntad entre todos, a la espiritualidad, a la paz y a la unión con lo Divino. Y de allí comencé a querer proyectarme hacia Dios, expresando la conciencia interior de mi utopía personal. Eso sí, tuve que sacrificar lo individual para identificarme con la unidad o con el Todo. Y así, mi eterna y joven campesina, logré trascender las exigencias y restricciones de la vida sometida a las formas en las que he habitado a lo largo de las edades.
- Y yo, ¿cómo hago para estar verdaderamente en paz conmigo mismo? ¿Cómo hago para arrastrar hacia la disolución, el Yo que me atormenta? Preguntó el valiente muchacho de los ojazos negros que lo había acompañado en la caverna. Esta intranquilidad me va a llevar a la locura, que es la pérdida de conciencia.

- Para difuminar y disolver las fronteras del "yo", y entre tú y los demás, primero tienes que acceder a otras realidades y reconocer que existe algo mayor que la voluntad del yo acerca del cual me hablas.
- ¿Y cómo hago para acceder a ello?
- Dejando la pereza espiritual a un lado, contestó enfáticamente el Loco. Los escapes fuera de la realidad de todos los días son muy necesarios; pero, si quieres huir de las limitaciones de tu propio yo y del mundo material, tienes que cortar los cordones umbilicales con aquello que te afecta y comenzar a cooperar con tu Yo Superior. Tienes que impulsarte a actuar de una forma elevada e idealista, para escapar de las limitaciones del yo y de ese mundo material que habitas. Te puedo indicar las graves debilidades de tu yo, pero el interés y la atracción hacia la trascendencia de dicho yo, dependen de ti.
- Pero es que me resulta tan difícil renunciar al sentido de separarme de los demás, hasta cierto punto al ego mismo y a mi sentimiento de ser un "yo" aparte de toda la gente.
- ¡Carajo! No se trata de que te separes, sino de que no te dejes afectar por ellos. Tienes que trascender las barreras del yo y el sentimiento de ser un yo aparte. Vas a tener que comerte las cristalizaciones de tu ego, porque si no aplicas lo aprendido, de nada te sirve haber sabido tanto.
- Enséñame una vía de escape, le pidió el mozo con el seño fruncido por el desespero. A veces me confundo con cosas que percibo como falsas realidades; y me pongo a crear fantasías y un refugio o salida cuando las cosas están mal.
- Bueno, ahí tienes la respuesta; esa es tu vía de escape. Jamás vas a escaparte de ti mismo mientras no crees un desenfoque adecuado en los dominios de la psique. El problema es que le permites acceso en tu vida al inconsciente colectivo y al personal; a los mitos familiares, a los símbolos universales y al subconsciente privado que te maneja. ¿Cuándo vas a dejar al descubierto lo que mantienes oculto?

- Pero es que no sé cómo demoler la frontera interna entre el consciente y el inconsciente, confesó el muchacho aún más intranquilo.
- Esa confusión es parte del camino. Porque es esa misma sensación quien va a denotar en ti, los deseos idealistas y los patrones de comportamiento que te conducen desde la autoderrota y a la confusión, hasta llevarte a demostrar en carne propia que la realidad tiene otra cara. Es allí cuando vas a comenzar a reemplazar tus antiguos valores por criterios nuevos y más amplios. Y en ese momento, alguien en ti te va a revelar cuán insignificante y pequeño eres, así lo que en última instancia es real. Jamás podrás ser feliz emocionalmente en compañía de alguien. Y es allí, exactamente cuando sientas eso, que va a comenzar tu verdadera tragedia.

El muchacho, no sabiendo qué responder ante la sentencia que el Loco le acababa de formular, y sintiendo el peso de todos sus ancestros, se tiró al suelo abrazándose sus pies adoloridos por el esfuerzo hecho durante todo el sendero que lo había hecho andar el Demente; y, entonces, poco a poco se fue quedando... dormido.

En ese momento, aprovechando la oportunidad que se le presentaba, la bella mujer del jardín encantado se acercó corriendo con sus velos vaporosos movidos por el viento. De nuevo le estampó un tercer beso en sus fríos labios y le dijo:

- Por favor no te vayas sin contestarme una duda que tengo: ¿Cómo hago para actualizar el verdadero amor? Y no me hables del amor altruista ni la compasión por los desamparados o la belleza ideal entre los seres humanos. Eso ya lo sé. Yo quiero que me hables del amor, amor. Y no que me toca trasladar la chispa de la atracción sexual a una esfera muy superior.
- Te encanta sufrir por amor y sacrificarse por él ¿No? ¿Por qué no quieres que te enseñe a llevar el amor a un reino superior más espiritual y así saber que las

cosas no son tan buenas ni tan malas como te parecen? ¿Por qué no quieres cambiar orgasmos por nirvanas?
- No quiero transformar mis emociones, deseos, ideales espirituales ni sociales, en amor y aspiraciones, orientándome sólo a dedicarme al alma interior. Yo sé lo que es la meditación y elevarme con el humo por los aires. Lo que necesito es un amor terrenal, terrenal.
- Está bien, ya sé que sabes dar acceso, amor, energía e inspiraciones brillantes para transformar la vida. ¿Entonces por qué sufres?
- Porque siempre he anhelado el nacimiento de un corazón abierto y compasivo, y la imaginación creadora de unos brazos, de unos labios, de una piel que se apriete contra la mía. Estoy cansada de interesarme más por la vida interior del alma que del corazón.
- Pero yo he visto que has creado la hermosura a través del amor, le recordó el Demente. Hago repaso de mi memoria pues cuando te acompañé a andar por tu mágico Edén, eras feliz generando compasión, creatividad, inspiración, intuición y sensibilidad ante la belleza por en medio de la cual andábamos. Me parecía que amabas la vida misma y todo lo que ésta expresaba, sin pedir nada a cambio. Juntos expandíamos la conciencia, nuestras percepciones y, en especial, el aprecio por la hermosura y el amor que se apoderaba de nosotros por medio de los anhelos, los sueños y la ternura que me dabas.

La etérea mujer se quedó mirándolo pensativa, pues el Loco la había desarmado con sus últimas frases. Había entendido que podía seguir amándolo con todo su corazón, pero sólo en su privado jardín emocional interno.

Cuando el Demente estaba próximo a partir, una mano puesta sobre su hombro lo detuvo. Al darse cuenta que era el joven caminante con el libro bajo su brazo derecho, le preguntó qué había aprendido con su lectura.

- Aprendí a ayudar a otras personas a comprender más plenamente su necesidad de nutrición cósmica; y a trascender la realidad de todos los días, respondió sabiamente. Pero ahora vengo a sus pies buscando algún alivio por la impuesta ansiedad que me produce el servir a la humanidad. Quiero encontrar la forma de hacer de mi vida algo más vital y más rico. Y estoy como mi hermano de piel, buscando una mayor libertad frente a la limitación del yo personal y del entorno material que nos tocó vivir. ¿Qué debo hacer?
- Enfocar las cosas de un modo tolerante, le contestó contundentemente el Loco. Es bueno que te compadezcas con todo tu entorno pero, entonces, debes conocer en qué forma puedes servir a la humanidad sin construir utopías imaginarias. Hay algo o alguien que define la misión divina de cada generación; y tú y yo pertenecemos a generaciones completamente distintas. A mí me correspondió identificarme con los desvalidos de una manera; a ti te corresponde liberarte de relaciones viejas y atrofiadas para dejar espacio a otras nuevas.
- Y ¿cómo hago para renunciar a lo que ya no me es necesario y abrazar lo requerido ahora?
- Tienes que ocuparte del éxtasis y de los sentimientos compartidos; es decir, para ti tiene que ser un verdadero placer predicar la compasión para que sepas resonar con el alma del grupo en donde te tocó evolucionar.
- ¿O sea que debo sacrificarme en beneficio de la colectividad y saldar las deudas kármicas con esas personas?
- Sí, respondió. Tienes que aprender a satisfacer las obligaciones de la sociedad como un deber espiritual, y a vivir desde la perspectiva de un corazón más comprensivo, con un ideal que te enseñe cómo llegar al verdadero mesianismo.

El caminante, quedándose pensativo acerca de qué le había querido decir Maestro Demente con la última advertencia, tomó del hombro a su compañero de viaje y juntos, emprendieron de nuevo su camino.

Entonces se le acercó la matrona del pueblo, que no sólo traía una sartén en la mano, sino una inquietud muy personal acerca de cómo poder comprender que los pensamientos también eran cosas.

- Muy fácil, le contestó. Cuando pienso en cenar deliciosamente, tú materializas mi pensamiento.
- Pero ¿hasta qué punto debo dejar que el idealismo personal invada mis razonamientos y actividades personales?
- Bueno, para empezar es muy importante valorar el no pensar. ¿Cuántas veces al día eres arrebatada por una línea de pensamiento o por una reacción emocional?
- Es que no sé como aflojar el control que tengo sobre mis impulsos y complejos inconscientes, confesó ella. Y me parece que es eso lo que no me deja estar en armonía con mi naturaleza impersonal.
- Pero, ¡Por Dios! Si tú misma sabes que hay que confiar en el universo con el fin de satisfacer tus deseos idealistas. No seré yo quien te ha a enseñar cómo pedirle al cosmos que te ayude. Ya tienes que saber el terreno en donde permites que se manifieste el universo de acuerdo a tus normas de perfección.
- Sí, es cierto. Ya sé mezclarme con una mayor unicidad universal, conmigo misma y con el mundo que me rodea; pero aún me cuesta trabajo significar el área de mi vida que me ofrece el éxtasis del contacto divino; a veces me falta fuerza y serenidad, y una confianza y visión de los procedimientos universales que debo dejar obrar sobre mí misma. ¿Acaso puedes mostrarme la manera en que se podrían materializar mis ideales de una manera efectiva y gratificante?
- Definitivamente tienes que ahondar la fe acerca de que eres parte del plan divino, le sugirió el Lunático sabiendo por qué se lo decía.

- Y ¿qué me puede inducir a la fe, al amor, la caridad y la esperanza permanentes?
- Tienes que aprender a socavar cualquier clase de frontera que tengas y la capacidad de confiar sólo en tu propio juicio. Tienes que encontrar tu lugar a través de una intensa fe o de un sólido sistema de creencias, como el que ya conoces.
- Pero es que aún me falta por aprender a dominar mi confusión, hipersensibilidad e inseguridad; necesito lograr orientarme en la vida por la luz de unos ideales más sólidos.
- Eso me sonó a que tienes que expiar tus culpas por medio de la purificación y la reconciliación contigo misma.
- ¿Y es que acaso has experimentado tus pasiones mortales con aflicción, como yo? Preguntó ella un tanto indignada.
- Bueno, de una u otra manera todos tenemos que hacer frente a nuestra propia oscuridad en algún sitio de reclusión. Yo lo hago en mi cuerpo, que es el sitio de reclusión del alma. Y lo haré hasta cuando me halle contento en un mundo onírico privado e inmune al mundo real. ¿Acaso no es tu sitio de reclusión la casita que con tanto cariño y detalle me mostraste hace años?
- Sí, también tienes razón, admitió ella. He de proponerme, entonces, propiciar la iniciativa acerca de la aplicación de mis poderes psíquicos y del estudio de los misterios de la naturaleza. Voy a dedicarme a inspirar a otros, y a construir una versión mejor del mundo por medio de mis fantasías.
- Pero ten cuidado, le advirtió el Demente. Porque la fantasía es hermana de la quimera.

La sensible mujer se quedó observándolo intrigada. ¿Qué habría querido decirle su amigo el Loco, con esa última advertencia? Pero no alcanzó a preguntárselo porque en ese mismo momento se apareció la mujer aquella que, habiendo estado enferma, decía que se había sanado del todo oyéndolo a él; como si su voz hubiera tenido un poder mágico de sanación total sobre ella.

- En ti he encontrado la fuente de mi purificación redentora, le dijo acercándose felizmente transportada ante su presencia. Pero, si ahora dices que te vas y me dejas, ¿cómo voy a encontrar un camino hacia adelante?
- Querrás decir hacia adentro. Le corrigió el Loco. Tienes que seguir sintonizándote con tu potencial para la trascendencia, buscando una realidad mejor por la senda de la devoción y de tu evolución mística.
- Pero es que necesito ir en la búsqueda de un redentor siempre más allá de mi realidad presente.
- ¿Quieres volver a comprar tu vida? Le preguntó el Demente.
- Quiero prepararme para la vuelta a mi espiritualidad corporal, dijo ella arrodillándose en frente de él. Quiero propender a lo espiritual y a lo místico para poder realizar mi condición y dimensión espiritual. Pero no quiero que te vayas Loco, eres Divino.
- Precisamente, por eso me voy mujer. Y, porque si no lo hago, todos van a empezar a deformar las percepciones que tienen acerca de mí, y a fabricar trances en vez de volver impresionable aquello que influencié en todos ustedes.
- Pero, entonces, ¿quién va a seguirnos enviando mensajes relacionados con nuestro propósito y dirección en la vida a través de la intuición, los sueños y las visiones interiores?
- Sí, ¿quién nos va a indicar en donde está la capacidad de armonización, de imaginar y visionar con influencias trascendentales? Preguntó una de las matronas.
- ¿Quién va a crear en nosotros un mundo de sueños visionarios y a mostrarnos el mundo de los sueños y la fantasía como lo hiciste tú mi amado Loco? Preguntó a su vez la flotante mujer del jardín encantado, bailando alrededor de él.
- Pero es que si sigo viviendo con ustedes puedo llegar a traer desilusiones y sueños que no terminan como lo esperaban. Advirtió el Loco zafándose sus

sandalias, en el exacto momento en que la mujer que se las había puesto en sus pies, se acercaba al grupo.
- Ellos tienen toda la razón, exclamó. ¿Quién nos llevará ahora desde el desarrollo de la sensibilidad síquica inferior a la superior? ¿Quién nos va a mostrar los patrones de comportamiento, mediante los cuales se perpetúa en nosotros el autoengaño y las emociones que impiden experimentar el éxtasis inherente al verdadero ideal que nos enseñaste?
- Ustedes tienen que saber usar su imaginación de manera positiva y constructiva, para re-crear la personalidad y su vida, de acuerdo con un diseño más armonioso y satisfactorio. Nunca dejen de favorecer la receptividad psíquica, ni de llevar su sensibilidad al reino de lo psíquico.
- Y, si eso nos genera tormentas en el inconsciente, ¿quién nos va a salvar de ellas? Dijo la mujer recibiendo en sus manos las sandalias que el Loco le estaba devolviendo. ¿Por qué me las devuelves?
- Porque me dijiste que era para que mis pies no se hirieran mientras recorría el camino.
- ¿Y es que no te los vas a herir más?
- No, porque para mí se terminó el sendero. Contestó el Loco levantándose. No quiero que se pierdan en estados caóticos, por un paraíso que para ustedes es artificial. Ahora les corresponde visualizar internamente cómo trascender las fronteras inhibidoras de su identidad menor; cómo ver el significado de la no estructura y comprender que nada es todo y que todo es nada.

El amoroso Loco les había aportado la energía necesaria para transformar su vida y superar el lastre de la inercia; les había sabido transmitir las energías más sutiles y refinadas que pudiera recibir el cuerpo humano, así como los mensajes o premoniciones futuras. Pero transfigurar a la persona a través del Maestro interior, le correspondía a cada uno de sus bárbaros. Pero, para lograrlo, les era fundamental reavivar el fuego de la imaginación y de la inspiración, así como aprender a no dilapidar la energía personal en fantasías y hechizos religiosos. Debían permitir que su imaginación traspasara su vida de todas las maneras posibles; que sus sentimientos fluyeran sin represión; y que su vitalidad se renovara asumiendo nuevas formas.

Sublimar la sensibilidad y la voluntad, así como los voraces apetitos del cuerpo en todo sentido, en anhelos de la redención espiritual, les indicaría el desenvolvimiento afortunado y el oportuno empleo de la forma en que les había tocado vivir como si fuera su sitio de reclusión. Haciendo eso, les correspondería limpiar y purificarse por medio del sacrificio y del sufrimiento necesario, sin manifestar sentimientos de culpa estúpidos. De nada eran culpables, más que de su propia ignorancia y de rehusarse a asumir sus responsabilidades.

De repente, una espesa neblina, como jamás la había visto ni siquiera en la cima de su encumbrada montaña, comenzó a arropar la desnuda humanidad del Loco. Y, mientras la gente lloraba desesperada estirando sus brazos hacia él tratando de detenerlo cogiéndolo por sus pies descalzos, y clamándole que no se fuera, que no los dejara solos, el Demente fue desapareciendo suavemente de su vista. ¿Hacia dónde iba? ¿Quién se lo llevaba?

Se había abierto la última puerta en donde iba a experimentar el sufrimiento y la agonía del espíritu encarnado. Habiendo ablandado el ego, se estaba abriendo a algo que estaba más allá de dicho ego. Estaba comenzando a actuar sobre él el depósito de todos los nacimientos, pérdidas, rechazos y separaciones de lugares seguros y conocidos en los cuales había vivido. Estaba pasando por su conciencia la película de toda su vida, y entrando en una esfera más amplia de universalidad y expansión. Una como jamás había sentido

Y, entonces el Demente, estirando lo que ya no parecían ser sus brazos, sino ráfagas de luz que ya ni siquiera salían de su materia porque tampoco tenía cuerpo, comenzó a adherirse a la Unidad Superior; es decir a afinarse con la Totalidad. Alcanzar las dimensiones de lo sobrenatural era como anegar o sumergir la identidad consciente, en contenidos provenientes del inconsciente. El estado en que estaba navegando ahora el Loco, le aportaba una inmensa armonía y paz consigo mismo y con el recuerdo que llevaba acerca de los demás. Algo en él había anestesiado el dolor de la muerte y de la vida.

Habiendo aprendido a renunciar, ahora se sentía fuera de sitio y en completa armonía emocional con la totalidad de los niveles superiores. Siempre había anhelado dichas experiencias emocionales de la imaginación, la redención y estos planos superiores en donde ahora navegaba y tenía su ser. Como poco a poco estaba aumentando su capacidad de empatía y su sentimiento de estar conectado con toda la existencia, ya no necesitaba buscar el amor cósmico, ni el Paraíso perdido sobre la Tierra o la redención. Ahora sabía que él era todo eso y mucho más.

Buscar la vinculación universal había sido la fuerza predominante en su vida. Siempre se había capacitado para abarcar territorios que trascendieran las fronteras ordinarias de su yo y lo universalizaran efectivamente; tanto como lo estaba sintiendo en este momento. Ahora podía comprender el verdadero precio de las dimensiones espirituales de la experiencia; así como el valor que tenía ningún valor. El ser sin forma lo estaba conduciendo, precisamente, hacia lo amorfo y hacia una visión más elevada de la Totalidad.

Pero, como la gente había quedado conectada con él mediante el duelo y la nostalgia, una fuerza inexplicable no lo dejaba ascender del todo. Debía cortar esa especie de cordón umbilical o cordón de plata que retenía aún una parte de su energía al mundo terrenal. Sentía que ellos lo necesitaban tanto de él, como él quería conectarse con el deseo de fundirse con la fuente divina; con su alma que emanaba de lo divino; con la visión idealista que siempre había imaginado; con el sentido de la totalidad y con la mismísima unidad de la vida

Ya había conocido que todas las cosas vivientes estaban interconectadas y que además formaban parte de una inmensa fuente de vida creativa; la misma hacia la cual ahora se dirigía. Pero al Loco le había costado mucho trabajo el hecho de definir la razón por la cual la imagen personal había debido ser sacrificada para que apareciera la realidad. El Demente apenas podía sentir, más no hablar; presentir, mas no palpar; podía prever, mas no oler y creer, mas no ver; y no podía, porque aún no tenía un cuerpo completamente construido para su nuevo y único sentido. Ahora todo dependía de su guía interior y de dejarse llevar, como nunca antes, por el vuelo de la imaginación; pues estaba viajando en la matriz de su locura.

El Lunático estaba comenzando a apreciar las sublimes manifestaciones creativas de una cualidad superior. Le estaban siendo desintegradas las formas y estructuras vitales anticuadas que aún perduraban en sus centros emocional, físico e intelectual. Es decir, en él se estaba desplazando la ilusión para revelar la verdad; se estaba desprendiendo de su insignificancia, limitaciones y temores ancestrales. Se estaba desvaneciendo en él todo aquello que ya no servía: las arcaicas emociones personales; la fuerza de una energía hasta entonces concentrada; las pautas de ordenamiento de la conciencia y de la mente racional; los límites de la unidad informe y la más mínima sombra de lo que él había sido.

Durante un largo período que no tiene escala en términos de tiempo terrenal, al Loco le fueron disueltos constante y lentamente aquellas partes que nunca le gustaron y que siempre lo habían hecho sentir incómodo; por ejemplo: el antiguo residuo kármico; las restricción del ego aislado; las barreras entre él y la Totalidad; las estructuras inhibidoras; su forma en cuanto tal reduciéndola de nuevo a sus orígenes; las fronteras rígidas o muy estrechamente definidas; las limitaciones ilegítimas; las ordenadas y muy viejas pautas de conciencia; la sicología de su comportamiento y todo aquello que le impedía sumergirse por completo en el eterno ahora;, Estaba siendo fulminado el sentimiento rígido de su individualidad y de la separación, para redescubrir la unidad subyacente en toda su vida y así poder reconectarse con ella.

Como nunca antes, estaban elevando al Loco por encima de las consideraciones materiales y terrenales, volviéndolo más receptivo a lo que es superior en él; discerniendo las cosas muy sutilmente al descubrir la libertad en la unidad y en la universalización. Y también, como nunca jamás, estaban eliminando de su alma cualquier defecto o imperfección que se le hubiera adherido en su paso por la Tierra. A pesar de que el Demente había actuado como un verdadero loco al entregarse al cosmos sin saber qué recibiría a cambio, algo en él estaba estimulando su anhelo de volver al lugar paradisíaco en donde se le nutría de afecto y protegía del áspero mundo de la realidad que le había tocado vivir. La unidad que estaba experimentando con el origen de la verdadera vida universal, sólo se podía comparar con un sentimiento semejante al de estarse extendiendo fuera de sí mismo. Lo único que podía hacer era fluir con la corriente de vida que lo llevaba, para por fin fundirse completamente con el Todo.

De pronto, no sé cómo decirlo porque así me lo contó mi abuela, el Loco oyó, sintió o presintió una voz en su interior que le dijo: has sabido guardar el recuerdo del dolor de verte separado del útero de la madre.

- Y ¿Quién es mi madre?
- ¡La vida. La vida es tu madre! Fue ella quien hizo que la Luz fuera accesible y que sintieras la vida de la forma más directa e intensa, cuando todo parecía derrumbarse a tu alrededor. Tu madre jamás te ha abandonado; porque la vida no puede abandonarse a sí misma.

Precisamente, haber hallado la fuerza en el auténtico alimento espiritual dentro de sí mismo, era lo que había mantenido al Loco con vida, para poder liberarse del ego y, ahora, de la prisión corporal a la cual había estado encadenado su espíritu. Nada antes lo había llevado a un estado más meditativo y espiritual, como el que vivía ahora, cuando poco a poco estaba logrando su autorredención.

Y, de pronto, sucedió algo imposible de describir. A pesar de ya no tener oídos físicos visibles, el Loco comenzó a percibir un indefinible sonido: el sonido de su propia canción interior. Era la belleza más sutil y más pura de la vida que jamás había escuchado. Era el sonido de su madre, la vida.

Eran tantas las veces que el Demente había nacido de diferentes maneras, que ya estaba protegido del dolor de nacer. Pero ningún nacimiento como éste, a través del cual no sólo estaba siendo reducido a un estado embrionario, sino redimido definitivamente de la solitaria prisión de su mortal existencia. Poco a poco estaba siendo regresado a la fuente de su madre vida: al Paraíso de la eternidad. Y es que nadie puede regresar al origen, si no ha estado ya antes allí. De no ser esto cierto ¿cómo hubiera hecho para encontrar el camino de regreso?

No cualquiera estaba preparado para unirse a la fuente divina, trascendiendo los límites a través de la experimentación de una mayor unión con la totalidad y mediante la fusión con el Todo o algo más grande. Pero algo en él, trascendiendo el tiempo, estaba teniendo atisbos de aquella parte suya que era universal e ilimitada; una visión de la eternidad y del infinito. Sí, algo en él estaba sintiendo, cada vez con más fuerza, que era naturalmente... Divino.

En lo que quedaba de su loca imaginación, de pronto se comenzó a delinear una especie de puente formado por dos arco iris entre el mundo físico y el espiritual. El capullo lumínico que ya era él mismo, comenzó a abrirse lentamente, hasta cuando saliendo de él, la Luz del Mundo comenzó a revelarse como la luz de la Vida, terminando así y para siempre con la oscuridad de la materia. Aquello a lo cual habían visto siempre en el Loco, estaba entrando al reino de la Conciencia Universal, sendero que había recorrido desde la autoconciencia hasta ahora, la Conciencia Universal.

No podía haber hecho conciencia de lo Universal, sin antes haberlo hecho de sí mismo. De la individualidad personal había pasado a la universalidad esencial. Ahora, en el centro de la matriz cósmica, él era Uno con su Madre la Vida que lo había procreado con el soplo fecundador del viento.

Por fin la Luz había dado a luz... a la Luz.

UNA HISTORIA INCREÍBLE

Mucho tiempo después de sucedida esta historia que ustedes acaban de leer, a orillas del Océano sin nombre, se hallaba navegando un grupo de pescadores regresando a sus hogares con las naves repletas con la pesca diaria. En la orilla y en las casas humeantes, los esperaban sus mujeres con una suculenta cena propia de alguien que quería calmar la fatiga con la cual sus maridos e hijos habían azotado sus cuerpos durante todo el día. El viento, el Sol, la sal marina y el sudor, los curtían todos los días, al igual que había sucedido con los viejos bárbaros de quienes se consideraban sus descendientes.

Mientras despachaban la comida a rienda suelta, las madres alrededor del fuego en la cocina, contaban a sus hijos y las abuelas a sus nietos, las fantásticas historias narradas por sus propios ancestros, acerca de guerreros, zarzas, cotorras y tortugas parlanchinas, leones de diamantes; y de hermosas mujeres que hablaban con las flores, mientras algún monje encerrado en una cueva, se convertía en serpiente y en ave de fuego.

Los traviesos muchachos y las niñas de todas las edades, no veían la hora de que llegara la noche para que sus padres contaran una y otra vez las mismas historias de águilas que los llevaban por los aires y de enormes dragones que los devoraban en medio de rayos y centellas. Cómo les fascinaba aquella parte cuando decían seguir a un loco encerrado en un huevo luminoso transportado por el éter. Sí, cómo les gustaba, pero no les creían ni una sola palabra. Y menos cuando llegaban a la parte aquella en donde les hablaba la Luna y les decía que ella era su más fiel esposa. ¿! Y al fin qué!? Les preguntaban por molestarlos: la bestia salió de las entrañas del Loco, o el Loco salió de las entrañas de la bestia.

Definitivamente sus abuelos y abuelas debían haber estado locos de remate para haber creído en semejantes historias que ahora los hacían reír tanto.

Pero, en medio de los niños había uno, como de unos doce años de edad, que creía a pie juntillas en lo que su abuela le narraba con tanto lujo de detalles. Y una noche de Luna Llena, recordando lo que ella le había contado, salió a caminar por la playa para ver si se encontraba algún caracol o una concha nueva; hasta podía ser un trozo de coral o de arrecife arrancado por la fuerza del mar. La Luna brillaba provocando un halo de luz como nunca antes en sus cortos años de vida, lo hubiera contemplado en el firmamento; y, además, a los ojos del muchacho, éste fantástico brillo estaba produciendo un camino ondulante de plata entre él y aquel enorme disco que ya casi se ocultaba en el horizonte.

Y así, sentándose enfrente suyo, comenzó a dialogar con la Luna Llena mientras el mar se encrespaba poniéndole sonido a la voz del niño allí sentado en la suave arena. Pasados unos cuantos minutos, cuando la Luna ya llevaba medio cuerpo sumergido en el mar, el muchacho se recostó en su espalda poniendo los brazos cruzados debajo de su cabeza sobre la arena. Pero algo duro chocó con ellos y, arrodillándose para ver que tenía tras de él, fue desenterrando una extraña caracola marina como nunca en la vida había visto jamás.

Entonces, tomándola con ternura y limpiándole la arena adherida a su brillante nácar blanco y ambarino, se la puso sobre su cabeza, en el preciso instante en que la Luna ocultaba su último rayo de luz en el lecho marino. El niño, levantándose de un brinco, comprendió en ese momento que todo lo que su abuela le había narrado era cierto; que el Loco sí había existido pero que él no había sido su cuerpo. Que el Loco, simplemente, seguiría siendo un loco cualquiera que usara la materia para manifestarse en este mundo a través de ella. Y gritó al universo henchido de éxtasis consigo mismo.

En ese instante el muchacho sintió en la profundidad de su pecho, que la Luna lo estaba invitando a andar por el sendero luminoso que le estaba marcado sobre el mar con su reflejo. Fue allí cuando el niño comprendió que ese era... el Sendero del Loco.

CPSIA information can be obtained
at www.ICGtesting.com
Printed in the USA
FSHW010702250421
80814FS